东数西算工程丛书

东数西算与算力网络

唐雄燕 李红五 等编著
中国联通研究院 审 校

电子工业出版社
Publishing House of Electronics Industry
北京·BEIJING

内 容 简 介

新一轮科技革命和产业变革推动数字经济高速发展，算力成为核心生产力，并逐步形成云、边、端多级算力及协同服务范式。数据中心作为算力基础设施，规模持续高速增长，但也导致东西部地区数字经济发展的不均衡性，为此国家出台《关于加快构建全国一体化大数据中心协同创新体系的指导意见》，启动东数西算工程，指导数据中心产业规范化发展。中国联通作为算力网络（简称算网）概念的倡导者，专门组织多位专家，研究东数西算工程相关政策和算力网络协同发展关键技术，撰写了本书。

本书共 9 章，首先分析东数西算的政策脉络、发展目标和当前进展，以及东数西算对算力网络的能力要求；其次介绍面向东数西算工程的算力网络架构、发展演进思路和全光传送、IPv6 演进、算力标识和度量、算网业务协同编排等关键技术；再次分析了东数西算面临的安全风险，提出了东数西算的安全保障思路及相关技术；接着阐述数据中心基础设施，绿色低碳发展的思路及关键技术；最后对东数西算与算力网络产业链进行分析，同时面向未来，对东数西算和算力网络的发展进行总结和展望。

本书条理清晰，内容全面，不仅适合通信、计算机、互联网领域的相关从业人员阅读和参考，还适合通信工程、电子信息和计算机科学等相关专业的高校师生阅读。

未经许可，不得以任何方式复制或抄袭本书之部分或全部内容。
版权所有，侵权必究。

图书在版编目（CIP）数据

东数西算与算力网络 / 唐雄燕等编著. —北京：电子工业出版社，2023.9
（东数西算工程丛书）
ISBN 978-7-121-46248-1

Ⅰ. ①东… Ⅱ. ①唐… Ⅲ. ①信息经济－基础设施建设－研究－中国 Ⅳ. ①F492.3

中国国家版本馆 CIP 数据核字（2023）第 163307 号

责任编辑：李树林　　特约编辑：田学清
印　　刷：三河市双峰印刷装订有限公司
装　　订：三河市双峰印刷装订有限公司
出版发行：电子工业出版社
　　　　　北京市海淀区万寿路 173 信箱　邮编：100036
开　　本：720×1 000　1/16　印张：19.75　字数：343 千字
版　　次：2023 年 9 月第 1 版
印　　次：2023 年 9 月第 1 次印刷
定　　价：128.00 元

凡所购买电子工业出版社图书有缺损问题，请向购买书店调换。若书店售缺，请与本社发行部联系，联系及邮购电话：(010) 88254888，88258888。
质量投诉请发邮件至 zlts@phei.com.cn，盗版侵权举报请发邮件至 dbqq@phei.com.cn。
本书咨询和投稿联系方式：(010) 88254463，lisl@phei.com.cn。

编 委 会

主　任：唐雄燕　李红五
副主任：王海军　曹　畅　王光全　王泽林
　　　　徐　雷　李福昌　杨锦洲　马瑞涛
委　员：（按姓名笔画排序）
　　　　王立文　师　严　朱　威　刘永生
　　　　刘郑海　刘　晶　负晓雪　杨开敏
　　　　何　涛　张　岩　岳　毅　庞　冉
　　　　赵　良　柳　兴　贾智宇　顾照杰
　　　　郭耀隆　陶　冶　曹　咪　董　雯
　　　　韩莹莹　傅　瑜　满祥锟
编　校：左　冰　王施霁

序一

自2020年以来,我国发布了以"新基建"为导向的一系列政策,党中央高度重视数字经济发展,对数字中国、网络强国战略进行了部署,推动建设高速泛在、天地一体、云网融合、智能敏捷、绿色低碳、安全可控的智能化综合性数字信息基础设施。2022年2月,国家发展改革委等四部委联合印发通知,全面启动东数西算工程,这对构建全国一体化大数据中心体系,促进区域协调发展和绿色发展,具有举足轻重的战略意义。我国信息通信行业积极思考东数西算时代的业务特征和网络特性,面向东数西算工程积极开发算力网络技术。

算力网络连接分布的计算与存储资源,通过对网络、存储、算力等多维度资源的统一协同管理和实时按需调用,实现连接、算力及存储能力的全局优化,满足应用需求和用户体验。算力网络的提出促进了云网融合和算网协同发展,催生了多云与多网互联的格局,形成了数字基础设施的新架构。

算力网络是新兴的技术领域,东数西算更无国外先例。东数西算工程为算力网络的应用创造了难得的机会,也给算力网络提出了很多研究课题,低时延、高能效和绿色化成为算网协同和资源优化需要考虑的新维度,给云网的技术异构性和跨运营主体协同带来新挑战。中国联通深入研究云网融合和算网协同,勇于实践,研究成果既有探索性也有实用价值。

本书由中国联通研究院组织相关专家撰写,对该领域的政策背景、研究思路和研究成果进行了系统总结。通过阅读此书,读者既可以了解算力网络的背景与发展脉络，也可以把握算力网络与东数西算之间技术上的联系，书中提供的技术方案与应用场景对从事该方向研究工作的科技工作者和技术管理人员及相关专业的高校师生都具有参考借鉴意义，希望本书能激励更多工程技术人员在算力网络技术创新中做出更大的贡献。

中国工程院院士

序二

2022年2月，国家发展改革委批复8大算力枢纽节点建设方案，东数西算建设工作全面启动，国家算力网络体系建设也正式进入实施阶段。东数西算工程将推动数据中心合理布局，实现区域协同绿色发展，提升国家整体算力水平，更好地为数字经济发展赋能。东数西算工程也对算力网络技术体系提出了诸多技术挑战，从运营商、云服务商到设备供应商，以及从国家实验室到高等院校，业界掀起了算力网络架构、关键技术及面向数字经济的创新服务研究热潮，广大科技工作者也渴望有全面介绍算力网络技术体系、发展方向和目标、演进路径等方面的专业参考书籍。

本书是业界首部对我国东数西算工程及相关政策、实施机制、应用发展进行全面分析的书籍，作者在对算力技术发展的方向、东数西算工程对算力+网络服务发展的模式、算网基础设施的技术需求进行全面分析的基础上，提出基于算力网络架构推动东数西算战略工程实施的关键技术及演进思路，内容覆盖全光网络、IP网络、算力设施、安全防护等多个方面，并介绍了业界关于算力网络的最新研究成果，对算力网络研究人员、东数西算相关产业管理和技术人员都具有较强的参考价值。

第一作者唐雄燕博士，是中国联通研究院副院长，首席科学家，也是业界著名的网络架构和技术发展战略创新专家。2015年和2021年先后提出和发布CUBE-Net 2.0、CUBE-Net 3.0网络创新体系，引领国内外信息通信网络技术架构创新并向算网一体方向演进。最近几年一直在带领中国联通算力网络研究团队开展算力网络关键技术研究，提出算网可编程服务技术体系、全光算力网络底座等创新网络技术方案，在业界持续推动算力网络技术研究的发展。中国联通在CUBE-Net 3.0架构指导下，向ITU、IETF、CCSA等标准化组织提交了多项与算力网络有关的标准提案，引领算力网络技术研究和产业协同；将数字技术（大数据和 AI 等）与网络技术充分结合，开展智能算网大脑技术和平台研发，建立起国内领先的集约化智能云网运营平台体系，向广大政企客户提供一体化的算网协同运营服务。

本书从东数西算工程展开，对近几年业界算力网络技术最新研究成果进行总结和提炼，提出了算力网络发展演进的思路，全面阐述了算力网络体系涉及的 IPv6 可编程网络、全光传输与接入、新型算力及发展、智能算网大脑、算力度量与交易、算网安全防护、绿色低碳等领域关键技术及发展方向，对算力网络产业链也有深度的分析。本书内容全面，观点客观公正，是不可多得的东数西算和算力网络领域的精品图书。

中国工程院院士

前言 PREFACE

  历史上的每一次技术革命，都伴随着生产要素和生产力的跨越式发展。迈过农业时代、工业时代、信息时代，人类进入了以数据为关键生产要素、算力为核心生产力的数字经济时代，算力成为支撑数字经济向纵深发展的新动能，数据量的爆发式增长对数据中心的算力提出了更高要求。党中央高度重视数字经济发展，对数字中国、网络强国战略进行部署，推动建设高速泛在、天地一体、云网融合、智能敏捷、绿色低碳、安全可控的智能化综合性数字信息基础设施。2022年2月，国家发展改革委等四部委联合印发通知，全面启动东数西算工程，构建全国一体化大数据中心体系，促进绿色发展，推动区域协调发展，这具有举足轻重的战略意义。

  算力网络是东数西算工程实施的核心技术，也是国内企业创新性地提出的促进新时代数字经济高质量发展的技术架构体系。算力网络将泛在分布的计算与存储资源连在一起，通过网络、存储、算力资源的协同调度，智能灵活地满足海量应用的按需、实时、多样化的算力需求。可以预见，随着东数西算工程的实施，第五代移动通信技术（5G）引领工业互联网快速发展，算力和网络两大基础设施将加快协同发展，向融合计算、存储、传送资源的智能化算力网络基础设施演进。中国联通高度重视算网融合网络架构创新，2021年围绕连接、计算与数据融合等创新技术，发布智能融合服务的CUBE-Net 3.0新一代数字基础设施架构，提出基于IPv6演进技术，强化计算、网络、数字技术的深度融合，打造"连接+感知+计算+智能"的新型数字基础设施。中国联通主导成立了国内首个算力网络产业技术联盟，推动算力网络技术的产业协同创新，并在国际国内标准组织中主导了多项研究。

  为了让更多的读者了解东数西算工程与算力网络的技术和产业发展脉络，中国联通研究院组织相关领域专家，编著了本书，研究分析东数西算等最新政策、对算网能力的要求及可能的商业模式创新，提出了算力网络架构设计、发展思路及实现算力网络的相关技术。

本书分为9章，第1章和第2章分析东数西算和数字经济的背景、意义、政策脉络、发展目标和当前进展，对未来的算力网络服务模式进行展望。第3章分析东数西算对算力网络的多样性算力资源供给、高品质电信网络连接、智能化管控与编排等能力要求。第4章和第5章阐述了面向东数西算工程的算力网络架构、发展演进思路，对全光传送、IPv6演进、算力标识和度量、算网业务协同与编排等关键技术进行分析。第6章分析了东数西算面临的安全风险，提出了东数西算的安全保障思路及相关技术。第7章阐述了数据中心基础设施绿色低碳发展的思路及关键技术。第8章对东数西算与算力网络产业链进行分析。第9章面向未来，对东数西算和算力网络的发展进行总结和展望。

本书不仅适合通信、计算机、互联网领域的相关从业人员阅读和参考，还适合通信工程、电子信息和计算机科学等相关专业的高校师生阅读。

本书撰写过程中，不仅得到了中国联通集团和研究院的相关领导，以及国家信息中心、中国信息通信研究院的相关人员的大力支持，还得到了中国联通研究院的史金雨、加雄伟、边林、张曼君、张燕琴、陆鳃、周桂英、孟熙慧子、赵灿、侯乐、贾宝军、黄一申、康旗、谭艳霞、穆晓君和魏步征等的诸多帮助，在这里一并表示感谢！

由于东数西算工程和算力网络目前还处于产业发展的初期，相关技术仍在快速发展中，加之作者的知识水平有限，书中难免存在疏漏之处，恳请各位读者批评指正。

作者

目 录

第1章 东数西算的背景与意义 … 1

1.1 数字经济与算力时代 … 1
- 1.1.1 我国数字经济发展概况 … 1
- 1.1.2 算力规模与算力质量 … 6
- 1.1.3 新基建与算力时代 … 8

1.2 东数西算的内涵特征 … 10
- 1.2.1 政策脉络 … 10
- 1.2.2 发展目标 … 10
- 1.2.3 建设内容 … 12
- 1.2.4 战略意义 … 14

1.3 东数西算的业务与应用 … 16
- 1.3.1 数据中心业务 … 16
- 1.3.2 云计算与云存储 … 17
- 1.3.3 行业智慧应用 … 18

1.4 本书组织结构 … 19

本章参考文献 … 20

第2章 东数西算的布局与展望 … 21

2.1 工程总体介绍 … 21
- 2.1.1 东数西算工程实施思路 … 21
- 2.1.2 国家算力枢纽节点布局 … 22

2.2 工程实施进展 … 23
- 2.2.1 示范工程开展情况 … 23

2.2.2 八大枢纽推进情况 ··· 28
2.2.3 地方落地特色举措 ··· 35
2.3 长效保障机制 ·· 36
2.3.1 市场主体的角色及认识 ·· 36
2.3.2 工程落地的问题及策略 ·· 37
2.4 未来算力服务模式展望 ·· 39
2.4.1 基于服务的商业模式 ·· 39
2.4.2 基于交易的商业模式 ·· 40
本章参考文献 ·· 41

第 3 章 东数西算对算力网络的能力要求 ·· 42
3.1 多样性算力资源供给 ·· 42
3.1.1 算力供给概况 ·· 42
3.1.2 算力需求特征 ·· 44
3.2 高品质电信网络连接 ·· 47
3.2.1 大带宽 ·· 47
3.2.2 低时延 ·· 48
3.2.3 弹性敏捷 ·· 51
3.2.4 高可靠性 ·· 51
3.2.5 低成本 ·· 53
3.3 智能化管控与编排 ·· 54
3.3.1 网络智能管控 ·· 54
3.3.2 业务协同编排 ·· 55
本章参考文献 ·· 56

第 4 章 构建以算力网络为代表的新型数字基础设施 ·· 57
4.1 算力网络发展历程回顾 ·· 57
4.1.1 计算与网络协同发展历程 ·· 57
4.1.2 算力网络技术研究进展 ·· 58

		4.1.3 "中国算力网"的探索实践	61
	4.2	算力网络架构与特点分析	63
		4.2.1 运营商算力网络架构	63
		4.2.2 行业特点与差异化分析	68
	4.3	算力网络发展演进思路	69
		4.3.1 构建以数据中心为核心的网络架构	69
		4.3.2 夯实全光底座	76
		4.3.3 发挥IPv6演进技术优势	98
		4.3.4 做强以算网大脑为中枢的智能调度	121
	本章参考文献		125
第5章	算力网络关键技术分析		126
	5.1	全光算力网络关键技术	126
		5.1.1 全光传送	126
		5.1.2 全光交换	134
		5.1.3 全光接入	135
		5.1.4 全光智能	139
		5.1.5 多场景适配与开放组网	145
		5.1.6 光算协同	147
	5.2	"IPv6+"算力网络关键技术	149
		5.2.1 IPv6演进技术体系概述	149
		5.2.2 SRv6可编程技术概述	153
		5.2.3 基于SRv6的服务功能链技术	161
		5.2.4 基于IPv6的随流检测技术	164
		5.2.5 网络切片技术	170
		5.2.6 应用感知技术	175
		5.2.7 算力感知技术	178
	5.3	算力基础设施关键技术	182
		5.3.1 算力芯片技术	183

- 5.3.2 存储技术 ……………………………………………………… 184
- 5.3.3 网卡技术 ……………………………………………………… 185
- 5.3.4 服务器整机技术 ……………………………………………… 187

5.4 算力标识与度量关键技术 …………………………………………… 188
- 5.4.1 算力度量和建模 ……………………………………………… 189
- 5.4.2 算力统一标识 ………………………………………………… 191
- 5.4.3 在网计算 ……………………………………………………… 191
- 5.4.4 存内计算 ……………………………………………………… 193
- 5.4.5 并行计算 ……………………………………………………… 194

5.5 算网业务协同与编排关键技术 ……………………………………… 195
- 5.5.1 异构计算关键技术 …………………………………………… 195
- 5.5.2 可编程服务关键技术 ………………………………………… 197
- 5.5.3 算力纳管与算网编排技术 …………………………………… 199

5.6 发挥算网协同优势，构建算力精品网 ……………………………… 201
- 5.6.1 算网一体化总体架构 ………………………………………… 201
- 5.6.2 构建用户、算力双中心的精品公众互联网 ………………… 203
- 5.6.3 构建算网一体的多云生态精品产业互联网 ………………… 205

本章参考文献 ………………………………………………………………… 207

第6章 筑牢安全可信的东数西算发展屏障 ……………………………… 208

6.1 东数西算的安全风险和需求 ………………………………………… 208
- 6.1.1 总体分析 ……………………………………………………… 208
- 6.1.2 算力安全 ……………………………………………………… 210
- 6.1.3 网络安全 ……………………………………………………… 210
- 6.1.4 数据安全 ……………………………………………………… 211
- 6.1.5 供应链安全 …………………………………………………… 213

6.2 东数西算安全保障思路 ……………………………………………… 214
- 6.2.1 完善顶层设计，健全标准体系 ……………………………… 214
- 6.2.2 加强技术研究，促进新型安全技术产品落地 ……………… 215

6.2.3　提升供应链的安全性，健全信息共享机制 ………………………216
6.3　东数西算安全技术研究 …………………………………………………218
　　6.3.1　算力安全技术 ……………………………………………………218
　　6.3.2　网络安全技术 ……………………………………………………221
　　6.3.3　数据安全技术 ……………………………………………………229
　　6.3.4　新兴安全技术 ……………………………………………………232
本章参考文献 ……………………………………………………………………234

第7章　构建绿色低碳的东数西算基础设施 …………………………………235

7.1　提升整体效能，推动节能降碳 …………………………………………235
7.2　基础设施技术发展思路 …………………………………………………236
　　7.2.1　供电系统技术研究方向 …………………………………………236
　　7.2.2　空调系统技术研究方向 …………………………………………239
　　7.2.3　架构类技术研究方向 ……………………………………………240
7.3　电源类关键技术创新 ……………………………………………………241
　　7.3.1　一体化电力模块技术 ……………………………………………241
　　7.3.2　智慧锂电技术 ……………………………………………………243
　　7.3.3　固态变压器技术 …………………………………………………246
　　7.3.4　备用油机系统复用技术 …………………………………………247
7.4　空调类关键技术创新 ……………………………………………………248
　　7.4.1　间接蒸发冷却技术 ………………………………………………248
　　7.4.2　自然冷却技术 ……………………………………………………250
　　7.4.3　末端空调节能技术 ………………………………………………251
　　7.4.4　AI群控 ……………………………………………………………254
　　7.4.5　余热回收 …………………………………………………………255
7.5　数据中心集成与运营技术创新 …………………………………………257
　　7.5.1　集装箱式模块化数据中心 ………………………………………257
　　7.5.2　微模块数据中心 …………………………………………………258
　　7.5.3　基础设施管理系统 ………………………………………………260

7.5.4 基础设施管理技术的研究方向与发展趋势 ·············· 261
本章参考文献 ·············· 263

第 8 章 东数西算与算力网络产业链分析 ·············· 264

8.1 产业链上游 ·············· 264
8.1.1 空调 ·············· 264
8.1.2 供配电系统 ·············· 266
8.1.3 服务器 ·············· 269
8.1.4 网络设备 ·············· 272

8.2 产业链中游 ·············· 273
8.2.1 数据中心服务商 ·············· 274
8.2.2 云服务商 ·············· 278
8.2.3 通信网络服务商 ·············· 280

8.3 产业链下游 ·············· 286
8.3.1 互联网企业 ·············· 286
8.3.2 金融企业 ·············· 287
8.3.3 政府机构 ·············· 287
8.3.4 电力行业 ·············· 288

本章参考文献 ·············· 288

第 9 章 建议与展望 ·············· 290

9.1 发展建议 ·············· 290
9.2 未来展望 ·············· 293

附录 A 缩略语表 ·············· 295

第 1 章
东数西算的背景与意义

2021 年 5 月，国家发展改革委、中央网信办、工业和信息化部、国家能源局联合印发《全国一体化大数据中心协同创新体系算力枢纽实施方案》，标志着国家东数西算战略正式实施，与之相配合，算力中心和算力网络建设成为东数西算工程的重要组成部分，其对信息通信网络的发展带来的影响将会更加深远。本章从东数西算产生的背景入手，分析数字经济及算力时代的主要特征，重点论述东数西算的内涵与意义，以及相关的业务与应用。

1.1 数字经济与算力时代

1.1.1 我国数字经济发展概况

目前，世界已经全面进入数字经济时代，数字经济是以数据资源为关键生产要素，以数字技术为核心驱动力，与实体经济深度融合的新型经济形态，深刻影响着世界科技创新、产业结构调整、社会经济发展。党的十八大以来，我国深入实施网络强国战略、国家大数据战略，先后印发《"十四五"数字经济发展规划》和《数字中国建设整体布局规划》，各地政府明确数字经济发展目标，加快推进数字产业化和产业数字化，推动数字经济蓬勃发展。经过多年的努力，我国数字经济发展取得了举世瞩目的成就。中国信息通信研究院发布的《全球数字经济白皮书（2022 年）》显示，2021 年全球 47 个主要国家数字经济增加值规模达到 38.1

万亿美元[1]。中国数字经济规模达到 7.1 万亿美元，占 47 个国家总量的 18.5%，仅次于美国的 15.3 万亿美元，位居世界第二，数字化对经济社会发展的引领支撑作用日益凸显，数字经济已经成为驱动我国经济发展的关键力量。回顾过去二十年中国数字经济增长情况，数字经济主要围绕以下几个方面发展[2]。

1．加快新型数字基础设施平台建设发展

数字基础设施是新技术、新产业、新业态、新模式全面发展的必要物质基础和关键支撑，国内正加快推动高速泛在、天地一体、云网融合、智能敏捷、绿色低碳、安全可控的智能化综合性数字基础设施建设。

一是建设全球领先的大规模信息通信网络。我国深入实施"宽带中国"战略，建成了全球最大的光纤和移动宽带网络，光缆线路长度从 2012 年的 1479 万公里增加到 2022 年的 5958 万公里，增加了 3 倍。截至 2022 年 7 月，我国已许可的 5G 中低频段频谱资源共计 770 MHz，许可的中低频段频谱资源总量位居世界前列，累计建成开通 5G 基站 196.8 万个。网络基础设施全面向 IPv6 演进升级，IPv6 活跃用户数达 6.97 亿户。深入实施工业互联网创新发展战略，网络、平台、安全体系及工业互联网标识解析体系基本建成。

二是信息通信服务能力大幅提升。我国移动通信实现从"3G 突破"到"4G 同步"再到"5G 引领"的跨越，6G 领域的愿景需求研究、关键技术研发、国际交流合作加快。互联网普及率从 2012 年的 42.1%提高到 2021 年的 73%，上网人数达 10.32 亿人，移动电话用户总数达 16.43 亿户，其中 5G 移动电话用户数达 3.55 亿户，约占全球的四分之三。面向中小企业连续 4 年推进宽带和专线降费，让利超过 7000 亿元。相比 2012 年，宽带网络平均下载速率提高近 40 倍，移动网络单位流量平均资费降幅超 95%。三是算力基础设施达到世界领先水平。截至 2022 年 6 月，我国数据中心机架总规模超过 590 万架标准机架，建成 153 家国家绿色数据中心，行业内先进绿色中心电源使用效率降至 1.1 左右，达到世界领先水平。建成一批国家新一代人工智能公共算力开放创新平台，以低成本算力服务支撑中小企业发展需求。

2．推进数字产业创新能力提升

数字产业的质量和规模是数字经济核心竞争力的集中体现。

一是推进数字产业创新，初步形成规模化应用效应，瞄准重点数字产业，提升基础软硬件、核心电子元器件、关键基础材料和生产装备的供给水平和生产能力，强化关键产品自给保障能力。加快数字产业链现代化，实施产业链强链补链行动，加强面向多元化应用场景的技术融合和产品创新，提升产业链关键环节竞争力，完善重点产业供应链体系。培育新业态新模式，促进平台企业规范健康持续发展，深化共享经济在生活服务领域的应用，加快优化智能化产品和服务运营，发展智慧销售、智能制造、反向定制等智能经济。

二是产业创新能力不断提升。产业创新能力取得突破性进展，2021年我国数字经济核心产业发明专利授权量达27.6万件，占同期全社会发明专利授权量的39.6%。关键数字技术中人工智能、物联网、量子信息领域发明专利授权量居世界首位。不断发挥金融支持数字经济发展作用，深化股票发行注册制改革，2021年至2022年6月，近150家数字经济相关企业在主板、科创板、创业板完成首发上市，募集资金近3000亿元。持续扩大数字经济产业中长期贷款投放，截至2022年6月末，计算机、通信和其他电子设备制造业中长期贷款余额1.48万亿元。

三是数字产业快速成长。数字经济核心产业规模加快增长，全国软件业务收入从2012年2.5万亿元增长到2021年9.6万亿元，年均增速达16.1%。截至2021年，我国工业互联网核心产业规模超过1万亿元，大数据产业规模达1.3万亿元，并成为全球增速最快的云计算市场之一，2012年以来年均增速超过30%。

3. 产业数字化转型加速

深化企业数字化改造升级，鼓励企业打造一体化数字平台，推进企业"上云用数赋智"，加快推动工业互联网、数字商务、智慧农业发展，促进传统产业全方位、全链条转型升级。

一是制造业数字化转型持续深化。信息化和工业化融合不断走深向实，企业数字技术应用水平显著提升。截至2022年6月底，我国工业企业关键工序数控化率、数字化研发设计工具普及率分别达55.7%、75.1%，比2012年分别提升31.1个百分点和26.3个百分点。截至2022年7月底，"5G+工业互联网"建设项目超过3100个，形成一系列新场景、新模式、新业态。全国具备行业、区域影响力的工业互联网平台超过 150 个，重点平台工业设备连接数超过 7900 万台套，服务工业企业超过 160 万家，助力制造业降本增效。智能制造工程深入实施，通过智能化改造，110 家智能制造示范工厂的生产效率平均提升 32%，资源综合利用率平均提升 22%，产品研发周期平均缩短 28%，运营成本平均下降 19%，产品不良率平均下降 24%。

二是服务业数字化水平显著提高。全国网络零售市场规模连续 9 年居于世界首位，从 2012 年的 1.31 万亿元增长到 2021 年的 13.1 万亿元，年均增速达 29.15%。近年来，我国电子商务交易额保持快速增长，由 2012 年的 8 万亿元增长至 2021 年的 42.3 万亿元，年均增长 20.3%。电子商务、移动支付规模全球领先，网约车、网上外卖、数字文化、智慧旅游等市场规模不断扩大。

三是农业数字化转型稳步推进。2021 年，农作物耕种收综合机械化率超过 72%，农机应用北斗终端超过 60 万台套，产品溯源、智能灌溉、智能温室、精准施肥等智慧农业新模式得到广泛推广，大幅提高了农业生产效率。

4. 数字化公共服务水平不断提升

数字政府、数字惠民服务、数字乡村建设成效显著，推动公共服务更加普惠均等，让数字经济发展成果更多更公平惠及全体人民，不断增强人民群众获得感、幸福感、安全感。数字化公共服务水平不断提升。

一是"互联网+政务服务"取得显著成效。全国一体化政务服务平台基本建成，"一网通办""异地可办""跨省通办"广泛实践。全国 96.68% 的办税缴费事项实现"非接触式"办理，全面数字化电子发票试点稳步推进，电子发票服务平台用户数量突破千万级。

二是数字惠民水平不断提升。全国中小学（含教学点）互联网接入率达 100%，住房公积金小程序服务 1.64 亿个缴存人，社会保障卡持卡人数达 13.63 亿人，电子社保卡领用人数达 6.19 亿人，全国已审批设置 1700 多家互联网医院。在抗击新冠疫情期间，线上教学、互联网诊疗、线上健身等线上服务和无接触配送有力保障了居民需求。

三是数字城乡建设纵深推进。新型智慧城市建设取得积极进展，城市信息模型平台和运行管理服务平台建设稳步推进，全国国土空间规划数字化监管平台基本建成，数字孪生流域、水网、水利工程加快建设，智慧交通、应急、广电等建设成效显著。数字乡村建设加快推进，促进乡村宜居宜业、农民富裕富足。全国现有行政村全面实现"村村通宽带",农村通信难问题得到历史性解决。乡村治理数字化助力强村善治,党务、村务、财务"三务"在线公开率超过70%。乡村信息服务体系逐步健全,累计建设运营益农信息设施46.7万个,提供各类服务9.8亿人次。"互联网+"农产品出村进城带动农民增收,2021年全国农产品网络零售额达4221亿元。

5. 构建网络安全屏障,提升数字经济治理水平

全面筑牢数字安全屏障,提高防范和抵御安全风险能力。网络安全是保障国家安全,经济社会稳定运行,以及广大人民群众利益的前提。在全国人民代表大会的指导推动下,建立健全各行业领域安全管理规则、制度和工作机制,加快健全法律法规体系,提升网络风险防范能力,推动数字经济健康发展。

一是法律和政策制度体系逐步健全。相继颁布实施《中华人民共和国网络安全法》(简称《网络安全法》)、《中华人民共和国电子商务法》(简称《电子商务法》)、《中华人民共和国数据安全法》(简称《数据安全法》)、《中华人民共和国个人信息保护法》(简称《个人信息保护法》),修改《中华人民共和国反垄断法》(简称《反垄断法》),印发了《关于构建数据基础制度 更好发挥数据要素作用的意见》(简称《数据二十条》)。

二是网络安全防护能力持续增强。建立网络安全监测预警和信息通报工作机制,持续加强网络安全态势感知、监测预警和应急处置能力。完善关键信息基础设施安全保护、数据安全保护和网络安全审查等制度,健全国家网络安全标准体系,完善数据安全和个人信息保护认证体系,确保国家网络安全、数据和个人隐私安全。基本建成国家、省、企业三级联动的工业互联网安全技术监测服务体系。

三是数字经济治理能力持续提升。建立数字经济部际联席会议等跨部门协调机制,强化部门间协同监管。提升税收征管、银行保险业监管、通关监管、国资监管、数字经济监测和知识产权保护、反垄断、反不正当竞争、网络交易监管等领域的信息化水平,推动"智慧监管"。有序推进金融科技创新监管工具试点、资本市场金融科技创新试点、网络市场监管与服务示范区等工作,探索新型监管机制。

6. 积极参与数字经济国际合作,构建网络空间命运共同体

我国相关部门务实推进数字经济交流合作,推动"数字丝绸之路"走深走实,鼓励数字经济企业走出去，高质量开展智慧城市、电子商务、移动支付等领域合作，创造更多利益契合点、合作增长点、共赢新亮点，让数字经济合作成果惠及各国人民。

一是积极提出"中国倡议"。提出全球发展倡议，将数字经济作为倡议重点领域。发起《携手构建网络空间命运共同体行动倡议》《"一带一路"数字经济国际合作倡议》《金砖国家数字经济伙伴关系框架》《金砖国家制造业数字化转型合作倡议》等，共同构建和平、安全、开放、合作、有序的网络空间。截至目前，已与16个国家签署"数字丝绸之路"合作谅解备忘录，与24个国家建立"丝路电商"双边合作机制，中国-中东欧国家、中国-中亚五国电子商务合作对话机制建设取得积极进展，中国-东盟信息港、中阿网上丝绸之路建设成效显著。

二是加快贸易数字化发展，促进贸易主体转型和贸易方式变革，完善数字贸易政策，积极引进优质外资企业和创业团队。大力发展跨境电商，打造跨境电商产业链和生态圈。累计建设34条跨境陆缆和多条国际海缆，推动网络基础设施互联互通。中国电商平台助力全球中小企业开拓中国市场，2021年我国跨境电商进出口规模近2万亿元。

三是积极提供"中国方案"。深度参与数字经济国际治理，推进G20、亚太经合组织机制下数字经济合作，引导包容性规则制定。

1.1.2 算力规模与算力质量

算力为数据存储和分析提供计算资源，其作为数字经济的核心生产力，已成为全球战略竞争的新焦点，将带动数字经济的创新和发展迈上新台阶。《2021—2022全球计算力指数评估报告》[3]显示，国家计算力指数与国内生产总值（Gross Domestic Product，GDP）走势呈现正相关，各国计算力指数排名中美国和中国居前两位；而计算力指数平均每提高1个百分点，数字经济和GDP将分别增长3.3‰和1.8‰。近7年来，全社会数据总量呈爆发式增长，我国数据增量年均增速超过30%，据国家发展改革委预计，我国算力需求仍将以20%以上的速度快速增长，算力设施建设也将持续高速增长，算力规模不断扩大，供给水平大幅度提升。

由中国信息通信研究院发布的《中国算力发展指数白皮书（2022年）》可知，数据中心、智能计算中心、超算中心等基础设施正加快部署，目前根据工业和信息化部统计，我国算力基础设施算力规模超过 140 EFLOPS[①]，位居全球第二。在数据中心规模部署上，截至 2021 年末，我国在用数据中心总规模超过 520 万架标准机架，上架率平均 55%以上。数据中心服务器规模为 1900 万台，存储容量达到 800 EB，电源使用效率持续下降，先进绿色数据中心已经将电源使用效率（Power Usage Effectiveness，PUE）降低到 1.1 左右，达世界先进水平。同时，国家加快了智能计算中心的布局，截至 2022 年 3 月，全国已经投入用于人工智能的计算中心近 20 个，在建的超过 20 个。超级计算机商业化的进程也在不断提速，多款提供商业化算力服务的超级计算机在 2021 年高性能计算机排名中名列前茅。

京津冀、长三角、粤港澳大湾区、成渝地区双城经济圈等区域算力发展处于领先水平，其中广东、北京、江苏、浙江、上海、山东位于第一梯队。中西部核心省份算力发展逐渐起步，但目前仍面临技术基础薄弱、发展环境亟待优化、算力需求少等问题。这必然导致东西部算力资源差距不断拉大，影响我国区域发展、产业发展、能源发展，乃至全国数字经济的高速均衡发展，因此推动算力基础设施均衡发展是实现我国数字经济健康持续发展的关键举措，具体表现在以下三个方面。

一是促进区域和产业平衡充分发展的必然要求。当前，我国社会主要矛盾已经转化为人民日益增长的美好生活需要和不平衡不充分的发展之间的矛盾，具体体现在东西部、区域间、实体制造与互联网发展、碳消耗等方面的不平衡不充分。算力主要需求方互联网企业、云计算企业多分布在北上广深等东部地区，导致现有数据中心布局呈东多西少的特点，中国信息通信研究院发布的《中国算力发展指数白皮书（2021 年）》指出，北京、广东、上海的算力规模位列前三，江苏、浙江、河北、山东跻身第一梯队，内蒙古、贵州、甘肃等省在算力规模和增速上并不占优势[4]。东部受土地、电力、能耗等资源制约，大规模发展数据中心已难以为继，各地已经相继出台限制数据中心发展的措施，包括提高 PUE 指标要求、提升电价、限制土地供应等。而西部地区总面积约占全国总面积的 72%，人口占比约 29%，部分省区市平均气温在 10 ℃以下，呈现典型地广人稀、气温低、能源丰富、

---

① FLOPS 的英文全称为 Floating-point Operations Per Second，即每秒所执行的浮点运算次数，1 MFLOPS（megaFLOPS）等于 1×10^6 次/秒的浮点运算，1 GFLOPS（gigaFLOPS）等于 1×10^9 次/秒的浮点运算，1 TFLOPS（teraFLOPS）等于 1×10^{12} 次/秒的浮点运算，1 PFLOPS（petaFLOPS）等于 1×10^{15} 次/秒的浮点运算，1 EFLOPS（exaFLOPS）等于 1×10^{18} 次/秒的浮点运算，1 ZFLOPS（zettaFLOPS）等于 1×10^{21} 次/秒的浮点运算。

电价便宜的特点,但产业经济落后,一方面产业无人可用,另一方面人才就业困难,造成西部数据中心的利用率普遍偏低,严重拉低国内数据中心平均利用率。因此需要通过算力均衡发展,解决东部地区的土地、能源、能耗、成本等诸多问题,通过跨地理维度来解决资源分配问题,逐步带动西部产业发展。

二是加快产业互联网创新发展的必然要求。互联网的发展正在由消费互联网向面向企业级服务的产业互联网发展,全球主要科技公司纷纷转向面向企业业务寻求数字经济的新增长空间。《2022中国企业数智服务市场趋势洞察报告》显示,2021年中国企业数智服务市场规模为3.6万亿元,2020—2025年复合增长率达到20%[5]。而产业互联网的创新发展需要坚实的数字底座,面向企业客户的多样化需求,其建设更为复杂,涉及技术范围更广、互联互通的要求更高、低成本需求更强,如果没有政策的支持和引导,完全依托市场化运作,难以保障有序投资和资源高效利用。

三是实现能源低碳转型的必然要求。我国已经制定了"双碳"的发展目标。总体来看,我国电力行业碳排放占能源领域碳排放的一半左右,电力系统碳减排是能源领域碳减排的重中之重。作为高耗能的数据中心,据国家能源局统计,2020年我国数据中心年用电量占全社会用电量的2.71%,总能耗超过2000亿千瓦·时,相当于燃烧6000万吨煤排放1.6亿吨的二氧化碳的发电量,预计到2025年占比将达到4%[6]。贯穿数据中心全生命周期的能耗和碳排放将由其所在地承担。目前,云南、贵州、甘肃等都是发电量大于用电量的省,而北京、浙江、广东等属于发电量严重不足的省市。为了解决东部电力短缺的困局,国家大力发展"西电东送"工程,"十三五"末"西电东送"能力已经达到2.7亿千瓦[7],到2025年,"西电东送"能力达到3.6亿千瓦以上[8]。在当前的技术水平下,2000千米长距离输电的损耗是6%左右[9],根据原国家电力监管委员会发布的《2010年度电价执行及电费结算情况通报》,全国平均的输配电成本占电力成本的30%以上[10]。国内电力资源分布不均,也是促进算力基础设施优化布局的重要原因。

1.1.3 新基建与算力时代

我国数字经济的发展由于人口众多、密度大、地域广等因素,呈现规模经济、网络效应、范围经济等典型特征[1]，伴随互联网、制造业、服务业等行业数据日益增多，企业数字化转型加速，新冠疫情大数据需求井喷，日常生产生活产生的数据要素和相应的算力需求大幅提升，从5G、特高压、高铁、充电桩，到人工智能（Artificial Intelligence，AI）、大数据中心、工业互联网等各大领域背后都需要强计算量作支撑。这些均无时无刻不在考验着国家信息化基础设施的承载及调度能力。

新基建作为高质量发展数字经济的基石，以科技创新面向经济主战场，以数字技术重构基础设施、产业链，加快推进新基建是不断做强做优做大我国数字经济的关键举措。为了达成全社会数字化转型的目标，要求有相应的全社会数字基础设施。虽然信息通信网络几十年来都是全社会的基础设施，但是在数字化转型高要求的今天需要加快演进。另外，与网络不同，云计算技术经过十余年的发展，目前在企业应用方面日渐成熟，但距离全社会数字基础设施的安全性、可靠性、易获得性的要求还有不小的差距。2020年，《中共中央 国务院关于构建更加完善的要素市场化配置体制机制的意见》首次将数据作为新型的生产要素，"十四五"规划中则着重提到了要素市场化配置的重要性。2021年12月，国务院印发的《"十四五"数字经济发展规划》明确提出，数据资源是目前数字经济深化发展的核心引擎，对于数字经济的统筹规划和对数据要素的高效利用是我国"十四五"期间数字经济重要的发展方向之一[1]。那么，对数据要素进行价值转化的算力基础设施，则成为数字技术重构基础设施的核心对象。

算力基础设施是算力稳步提升的关键，是数字经济发展的新引擎。人类社会已经从马力时代、电力时代，快速进入算力时代。这就需要不断完善的算力基础设施，使其在数据要素赋能经济高质量发展过程中发挥关键作用。算力的大小代表着数字化信息处理能力的强弱，数字经济的发展离不开算力的支撑，而算力联网能够使得算力像水一样流动，解决计算需求与资源分布不均的矛盾。随着算力服务的逐步完善，将改变以前算力作为单点式产品的属性，只有让算力像水、电一样按需流动，随需随取，才能让算力真正具备社会基础设施的属性。

1.2 东数西算的内涵特征

1.2.1 政策脉络

在"新基建"战略指导下,东数西算的构想萌芽于 2019 年国家发展改革委与华为对东中西算力资源布局的联合研究;政策起源于 2020 年 12 月下发的《关于加快构建全国一体化大数据中心协同创新体系的指导意见》[12],2021 年 5 月国家发展改革委等四部门联合发布的《全国一体化大数据中心协同创新体系算力枢纽实施方案》[12](以下简称《实施方案》),标志着东数西算工程正式拉开帷幕。

近两年来,国家东数西算的系列发文对数据中心能耗指标、上架率、网络服务质量等方面提出了更为细致的规定,推动数据中心集约化与技术创新融合。随着《"十四五"数字经济发展规划》的发布,国家加快了对东数西算工程的布局,先后批复蒙贵甘宁、粤港澳大湾区、成渝、长三角、京津冀八大地区启动建设全国一体化算力网络国家枢纽节点。之后,8 大算力枢纽节点及 10 个国家数据中心集群建设启动,标志着东数西算建设工作全面启动,正式进入实施阶段。东数西算政策脉络一览如图 1-1 所示。

1.2.2 发展目标

国家发布的《实施方案》明确提出,要加快实施东数西算工程,围绕国家重大区域发展战略,布局建设全国一体化算力网络国家枢纽节点,发展数据中心集群,引导数据中心集约化、规模化、绿色化发展。国家枢纽节点之间进一步打通网络传输通道,提升跨区域算力调度水平。东数西算在整个实施过程中要实现网络、能源、算力、数据和应用的"五个一体化"的工程目标;从长远效应来看,实现关键核心技术自主创新,完成碳达峰碳中和目标,最终推进我国数字经济高质量发展。

建设实施层面,东数西算主要通过以下三个方面推进。首先,要通过实现网络的一体化进而带动算力的一体化。网络方面,要增大网络带宽,降低传输费用,

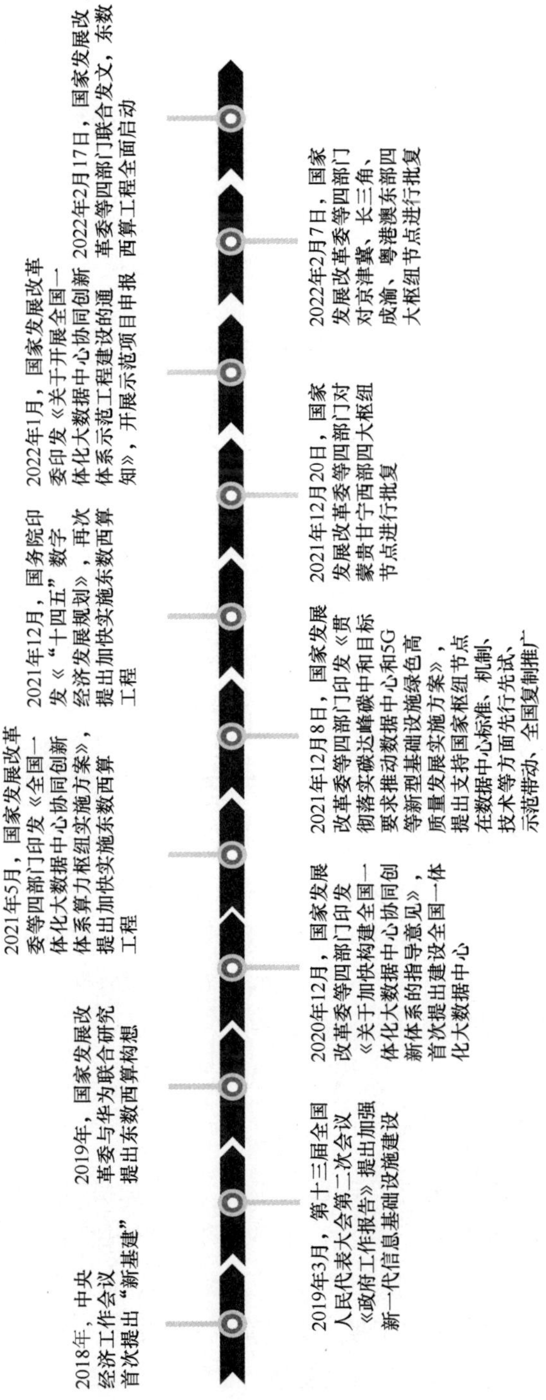

第1章 东数西算的背景与意义

- 2018年，中央经济工作会议首次提出"新基建"
- 2019年，国家发展改革委与华为联合研究提出东数西算构想
- 2019年3月，第十三届全国人民代表大会第二次会议《政府工作报告》提出加强新一代信息基础设施建设
- 2020年12月，国家发展改革委等四部门发《关于加快构建全国一体化大数据中心协同创新体系的指导意见》，首次提出建设全国一体化大数据中心
- 2021年5月，国家发展改革委等四部门印发《全国一体化大数据中心协同创新体系算力枢纽实施方案》，提出加快实施东数西算工程
- 2021年12月，国务院印发"十四五"数字经济发展规划》，再次提出加快实施东数西算工程
- 2021年12月8日，国家发展改革委等四部门印发《贯彻落实碳达峰碳中和目标要求推动新型基础设施建设高质量发展实施方案》，提出支持国家枢纽节点在数据中心标准、机制、技术等方面先行先试，示范带动全国复制推广
- 2021年12月20日，国家发展改革委等四部门对宁夏、甘肃、内蒙古、贵州西部四大枢纽节点进行批复
- 2022年1月，国家发展改革委等四部门印发《关于同意新化大数据中心建设示范项目申报开展示范项目申报开展示范项目申报的通知》，开展示范项目申报
- 2022年2月17日，国家发展改革委等四部门联合发文，东数西算工程全面启动
- 2022年2月7日，国家发展改革委等四部门对京津冀、长三角、成渝、粤港澳东部四大枢纽节点进行批复

图 1-1 东数西算政策脉络一览

加强集群间、集群内外的数据中心互联互通；算力方面，以集群和城区内部两级算力布局为保障，通过算力网络建设，加强各行业数据中心的联通调度，例如多云之间、云和数据中心间、云网间的资源联动，构建可统筹调控的算力服务资源池。其次，要充分利用西部风、光等可再生能源，实现东西部能源一体化，统一调配数据中心集群的能耗指标，扩大清洁能源市场化交易范围，促进建立清洁能源消纳的市场化机制；充分利用西部自然冷源，降低数据中心温控系统能耗占比。最后，要实现数据的价值挖掘，通过建设数据共享开放、政企数据融合应用等数据要素流通共性基础设施平台，构建数据可信流通环境，实现数据一体化；通过开展一体化城市"数据大脑"建设，聚焦公共卫生、自然灾害、市场监管等突发应急场景，如开展"数据靶场"，实现应用一体化。

长远效应层面，东数西算要实现技术自主可控，通过核心技术攻关，打破信息、装备、能源等行业的关键技术瓶颈，例如，解决网络设备核心芯片、算力设备核心芯片、操作系统等核心软件依赖国外产品，算力调度技术不成熟、智能运维水平有待提升，电、冷等能源利用不平衡、碎片化等问题，实现核心产业链自主可控，加快产业转型升级，带动产业高质量发展。助力完成"双碳"目标，重点发力高效供配电、制冷、节能协同等绿色节能技术的研究和应用，采用自发自用、微网直供、本地储能等技术手段，着力推动数据中心与绿色低碳产业的深度融合，建设绿色制造体系，构建数据中心全行业全链条的绿色生产方式。推进数字经济高质量发展，通过科学的顶层设计，引导数据中心东部集约化、西部跨越式发展，夯实数字产业化和产业数字化发展的数字底座，支撑数字社会、数字政府、智慧城市建设，推动数据资源交易及价值挖掘，最终实现数字经济发展质量变革、效率变革、动力变革。

1.2.3 建设内容

2020年底，国家发展改革委等四部门印发《关于加快构建全国一体化大数据中心协同创新体系的指导意见》，首次提出了建设全国一体化大数据中心，明确构建"数网""数纽""数链""数脑""数盾"五数体系，而东数西算作为实现一体化大数据中心协同创新的基础性工程，主要完成体系中的"数网""数纽""数盾"建设，在此基础上，推动"数链"和"数脑"的建设和发展。

在构建"数网"体系上,东数西算要优化数据中心基础设施建设布局,重点解决算力资源发展不平衡、不充分及区域间割裂严重的问题。一是重构算力网络架构,发展区域数据中心集群,加强区域协同联动及内外互联互通,引导区域范围内数据中心集聚,促进规模化、集约化、绿色化发展。二是充分整合利用全国现有资源,以市场需求为导向,有效引导时延要求不高的应用有序西迁,进而带动西部大型及超大型数据中心发展,实现总体时空布局优化、成本优化、安全管控优化。三是强化能源配套机制,充分利用西部风、光等可再生能源,创新研究绿色节能技术,加强内部能耗数据监测和管理,探索跨省能耗和效益分担,探索电力网与数据网协同运行机制,推动绿色数据中心建设。

在构建"数纽"体系上,东数西算要有效降低算力使用成本和门槛,重点解决当前企业上云面临的安全信任、供需对接、跨云迁移、算力使用成本高等问题。一是要构建算力网络,加快建立完善云资源接入和一体化的调度机制,实现全国算力资源一体化调度,以云服务的方式为用户提供便捷、灵活的一体化算力服务,降低算力使用成本和门槛。二是构建分级分类的算力资源需求体系,充分发挥云集约调度优势,引导各行业合理使用算力资源,对网络时延要求不高的业务,引导向能源丰富、气候适宜的西部数据中心集群调度;对高频次调用、网络时延要求极高的业务,引导向城市级高性能、边缘数据中心调度;对于其他算力需求,引导向本区域内数据中心集群调度。

在构建"数链"体系上,东数西算要加速数据流通融合,打造数字供应链,重点解决当前"政-政""政-企""企-企"等各个通道间数据资源流通共享要件体系缺失问题。构建数据质量评估、可信流通、联合建模等数据资源流通调度新型机制,构建覆盖原始数据、脱敏处理数据、模型化数据和人工智能化数据等不同数据开发层级的新型大数据综合交易机制,在数据分离的前提下实现数据资源化、资产化、资本化层面的生产要素流通分配。完善数据资源采集、处理、确权、使用、流通、交易等环节的制度法规和机制化运营流程,实现数据供应链化和供应链数据化相结合。在东数西算工程中,研究和建设完善的多方数据流通平台,打造数据要素交易新模式,推动数据资源高效的流通和共享。

在构建"数脑"体系上,东数西算能够深化各行业数据智能应用创新,解决当前经济社会运行感知能力不足、宏观决策和风险研判水平不高等问题。随着网络与算力不断融合，东数西算将提供多层次多维度算网融合服务，更好地服务于"行业数据大脑"和"城市数据大脑"建设，推动大数据在各行业的融合应用，有利于提升城市治理水平和服务能力。

在构建"数盾"体系上，东数西算要强化算力和数据资源安全防护，重点解决当前数据安全领域出现的一系列挑战和问题。主要围绕服务器芯片、云操作系统、云数据库、中间件等产业链安全，分布式计算与存储、数据流通模型等环节数据信息安全，推动关键核心技术突破及应用，通过建立网络和数据一体化安全防护体系和面向数据、算法、算力等资源流通的综合监管体系，在数据开放共享、大范围多方融合应用的需求和场景下实现端到端的安全，有效促进国产化数据安全产业发展。

1.2.4 战略意义

国家在《"十四五"数字经济发展规划》[13]部署的八大重点任务中，首个便是"优化升级数字基础设施"，要求加快实施东数西算工程，推进云网协同发展，提升数据中心跨网络、跨地域数据交互能力，加强面向特定场景的边缘计算能力，强化算力统筹和智能调度。实施东数西算工程，是推动数据中心合理布局、优化供需、绿色集约和互联互通等方面的关键举措，带动产业要素融合共享以畅通内循环，同时提升了产业链整体的抗风险能力。

国家发展改革委提出，东数西算工程的实施，一是有利于提升国家整体算力水平。通过全国一体化的数据中心布局建设，扩大算力设施规模，提高算力使用效率，实现全国算力规模化集约化发展。二是有利于促进绿色发展。加大数据中心在西部布局，将大幅提升绿色能源使用比例，就近消纳西部绿色能源，同时通过加大自然冷源利用、技术创新、以大换小、低碳发展等措施，持续优化数据中心能源使用效率。三是有利于扩大有效投资。数据中心产业链条长，投资规模大，带动效应强。通过算力枢纽和数据中心集群建设，将有力带动产业上下游投资。四是有利于推动区域协调发展。通过算力设施由东向西布局，将带动相关产业有效转移，促进东西部数据流通、价值传递，延展东部发展空间，推进西部大开发形成新格局。

我国百年大计要发展，就要统筹好国之大局中的两个循环，形成以国内大循环为主体、国内国际双循环相互促进的新发展格局。国内大循环需要坚实的产业链、有极大韧性的供应链和持续增长的价值链，促进超大规模市场优势和内需潜力充分发挥，使国内市场成为最终需求的主要来源。数字化、网络化、智能化是产业链各环节的刚需，更是供给侧结构性改革经济发展主线整体高质量跃升的重要特征，东数西算的分布式数据中心建设，可实现产业链各地分散、各自生产，既能整体衔接又能循环互补，起到整体带动作用。产业的中间环节越多，产品越丰富，产业链、供应链各环节随着产业要素的市场化流通，均能创造价值，对经济的放大、叠加、倍增效应将更为显著[12]。

产业链各要素之间，行政和市场的结算，有利于市场的整体繁荣和全国大统一，每个环节传递下去会带来全产业链价值的增长，东数西算工程的实施恰好为这种增长提供了优渥的土壤。而产业链各环节均有互补性、韧性和补盲性，东数西算在某种意义上，实现了"化整为零"，面对突发状况，各自为战，避免全军覆没，让产业链整体具有抗风险的韧劲。站在国家层面来看，把数据放到西部存储灾备，在面临断电、地震、海啸等自然灾害突发的情况下，可保障国家数据安全；而加大西部清洁、可再生能源的开发利用，实现"双碳"发展目标，又能助力保障国家能源安全。

综合来看，东数西算工程的实施，一是有利于国家"双碳"目标达成，从数据中心自身减排和算力赋能传统产业降本提质增效两方面，整体上降低社会的总碳排放；二是有利于加快构建全国统一大市场，促进数据要素流通，从数字经济层面加快全国一盘棋的市场布局；三是有利于促进东西部共同富裕，通过东西部优势互补，充分挖掘西部在能源、土地、气候方面的优势，转化为市场效益；四是有利于国家安全，通过统筹数据中心布局，数据规范使用和流动，促进产业链自主可控，打造"数盾"安全体系，将提高数据安全保障能力，进而提升国家整体安全防控能力。

1.3 东数西算的业务与应用

1.3.1 数据中心业务

互联网数据中心（Internet Data Center，IDC）业务是东数西算的基础业务，也是电信运营商的传统业务。我国 IDC 业务主要聚集在京津冀、长三角和粤港澳大湾区。虽然近年来在宁夏、青海、贵州、内蒙古、甘肃建设了一些大型的数据中心，但是总体仍然呈现出东部发达、西部落后的特点。2021 年，3 家电信运营商在京津冀、长三角和粤港澳大湾区 3 个热点区域的 IDC 资源占比超过了 1/3。2022 年，中国电信和中国移动在京津冀、长三角和粤港澳大湾区新增的 IDC 机柜占全国新增的 90%，中国联通新增 IDC 机柜占比也高于 2021 年存量 IDC 机柜占比。据此推测，短期内京津冀、长三角和粤港澳大湾区的 IDC 业务增速迅猛，且远高于全国平均水平。

互联网公司、金融机构和各级政府是 IDC 业务的主要客户群体。以某运营商 IDC 机房为例，来自互联网公司、金融机构和政府 3 类客户的收入占 44.9%，其中来自互联网客户的收入占 38.9%，因此，互联网客户是 IDC 业务的主要收入来源。金融机构为了满足高频交易需求，倾向于在东部或本地部署资源。数字政府业务受限于属地化管理等政策性要求，短期内不会跨省部署，国家级数字政府业务有可能率先参与东数西算工程。

大量的互联网业务（如门户业务、浏览业务等）对时延的要求不高，因此互联网客户是东数西算潜在的客户群之一。阿里、腾讯、华为、百度等大型云服务商持续在国际枢纽集群的大数据中心投资，将会对目前的 IDC 市场带来冲击，一方面 IDC 提供商的这些传统客户将逐步开始运营自有数据中心；另一方面，随着公有云服务市场的高速增长，大型云服务商将通过公有云服务抢占大量 IDC 提供商的互联网客户。东数西算工程对在国家枢纽集群建设的数据中心要求很高，也对 IDC 服务模式产生一些影响，IDC 业务将更多基于客户需求采用定制等长期合作方式,并以中等以上客户为主,以满足集群内数据中心高标准 PUE 指标的要求。

1.3.2 云计算与云存储

云计算业务是东数西算的主要算力业务,根据《2021 年中国基础云服务行业数据报告》,2021 年,我国公有云市场规模为 1235 亿元,同比增速为 48.8%,占整体云市场规模的 76.2%,公有云是当前云计算业务的主力。其中基础设施即服务(Infrastructure as a Service,IaaS)是主要业务形态。高速增长的云计算业务和东数西算政策对东部数据中心发展的限制,将推动西部数据中心业务快速发展。公有云市场的主要客户,集中在泛互联网行业,包括电商、游戏、音视频等,占比接近 50%,其次是金融、政府和教育类客户,占比约 35%;非公有云市场的主要客户以政府和金融企业为主,占比达到 59.9%,其次是工业和医疗领域,占比达到 26.4%,近几年私有云市场一直保持 20%以上的增长率。政府和金融企业的私有云应用增长得益于业务和政策的双轮驱动,中国私有云市场将持续发展。

公有云市场由以阿里和腾讯为代表的互联网公司、以华为为代表的 IT 设备厂商、以中国电信、中国移动和中国联通为代表的运营商,以及以亚马逊和微软为代表的外资公司组成。市场向头部企业集中的趋势明显。国内主要云供应商的资源部署与东数西算国家枢纽节点的契合度较高[12],整体呈现东强西弱的特点,投放在西部 4 个节点周围的云资源不足 7%。东数西算工程实施后,西部数据中心巨大的成本优势势必吸引更多的企业将时延要求不高的业务迁移到西部。

数据存储业务是东数西算的一项关键业务,存档数据、灾备数据和数据备份是常见的 3 类数据存储业务。

目前多数灾备中心选址主要集中在交通便利、经济发达的地区,以京津冀、长三角、粤港澳大湾区 3 个区域为典型代表。随着东数西算工程的实施,以及市场化"双碳"机制的牵引,预计未来会有更多的数据存储和灾备业务迁移到西部。

我国各行业信息化水平参差不齐，数据存档、数据灾备建设情况大相径庭。金融行业信息化程度较高，数据灾备体系相对较为完善。据悉，6家国有大型银行和12家股份制银行已完成两地三中心的灾备建设，正在向多活多中心的方向发展，金融行业数据灾备比例已经达到92%[3]。制造业等领域，对数据灾备认识不足，预算投入低，没有提供足够资源及预算来保证灾备方案充分实施。我国仍有23%的大型企业、48%的中小型企业和27%的微型企业以磁带备份作为主要数据保护措施，缺乏独立备份系统，数据灾备建设严重不足。随着产业数字化的进一步发展，数据存储和灾备业务市场规模和潜力是巨大的。

1.3.3 行业智慧应用

行业智慧应用是推动东数西算的抓手。受数字化基础设施、数据智能与行业结合度的影响，行业智慧应用在不同行业的渗透率不同。从行业应用场景来看，互联网、金融、政府与公共服务引领产业发展，属于数据智能应用的高渗透行业，金融已经能够实现基于数据的智能决策，并逐步向数据驱动阶段过渡，较为成熟的应用场景有智能营销、智能风控等；政府与公共服务领域的数据智能场景主要有智慧政务、智慧安防等；工业与能源等传统制造领域的数据来源与形式复杂，数字化程度较低，数据智能渗透率低，整体行业处于数据智能应用的起步阶段。部分原本数字化程度很低的领域出现了基于数据智能技术应用的新业态，例如自动驾驶、在线教育等。

当前正是大数据、人工智能（AI）、虚拟现实（Virtual Reality，VR）、第五代移动通信技术（5G）、区块链等新技术加速融合的时期，智慧应用将逐步融入各行业、各领域，促进产品的技术架构、形态和服务模式的转变。无论是智慧应用渗透率较高的电信业、金融业、政府与公共服务，还是处于起步阶段的工业、农业、交通物流、能源等行业，都会逐步出现智慧应用激增的现象。智慧应用需要大量的智能算力进行模型训练，这种应用对时延要求不高，但对算力需求高，是典型的"东数西训"场景。

以智慧医疗为例，智慧医疗涉及的应用很广，低时延应用有远程手术、远程超声，中时延应用有远程会诊、手术示教，高时延应用有远程护理、导诊机器人、医疗影像、医学研究；在算力需求方面，除基础算力外，对智能算力和超算算力也有较强的需求。未来智慧医疗系统可采用"两地多中心"架构，即在本地和西部建设多个数据中心。本地数据中心部署远程操控类、远程手术等低时延应用，西部数据中心部署药物系统、辅助诊疗类、电子病历、远程护理、智能医疗模型训练等高时延应用，本地和西部数据中心联合实现监测护理类、诊断指导类、远程会诊等中时延应用。此外，还可根据需求寻找智能算力中心和超算中心部署 AI 诊疗和医学研究系统。

1.4 本书组织结构

在本章介绍东数西算的背景与意义基础上，本书接下来会阐明东数西算的工程布局情况，以及与之相匹配的算力网络能力要求、演进思路及关键技术等。本书第 2 章结合国家算力枢纽的布局情况介绍地方政府、电信运营商和其他主要单位的算力基础设施建设和算力网络建设情况。本书第 3 章从实现算力服务普适化的角度出发，结合算力网络发展，分析了算力资源、网络连接和智能调度的主要需求。本书的第 4 章和第 5 章结合新型数字基础设施建设要求，分析了算力标识、算力度量等基础技术，以全光网络、"IPv6+"网络为代表的算力网络主要组成部分和算网协同调度机制。本书第 6 章和第 7 章从算力调度可持续发展的角度出发，着重阐述了如何构建安全可信和绿色低碳的算力网络。本书第 8 章对东数西算和算力网络的产业链上、中、下游进行了详细介绍。本书第 9 章对东数西算和算力网络的持续健康发展提出了 8 条建议，并对全书内容进行了总结与展望。综上所述，本书对东数西算和算力网络这一庞杂的产业生态和技术体系进行盘点、分析和论证，以期帮助读者快速了解相关领域，并协助正在或即将从事该领域研发、运营和市场服务的人员明确自身定位，提供发展思路。

本章参考文献

[1] 中国信息通信研究院. 全球数字经济白皮书[R/OL].（2022-12-08）[2023-02-14]. http://www.caict.ac.cn/kxyj/qwfb/bps/202212/P020221207397428021671.pdf.

[2] 中华人民共和国国务院. 关于数字经济发展情况的报告[R/OL].（2022-11-28）[2023-02-14]. http://www.npc.gov.cn/npc/c30834/202211/dd847f6232c94c73a8b59526d61b4728.shtml.

[3] 浪潮信息，国际数据公司（IDC），清华大学. 2021—2022 全球计算力指数评估报告[R/OL].（2022-03）[2023-02-14]. http://www.ecconsortium.org/Uploads/file/20220401/1648797161587247.pdf.

[4] 中国信息通信研究院. 中国算力发展指数白皮书[R/OL].（2021-09）[2023-02-14]. http://www.caict.ac.cn/kxyj/qwfb/bps/202211/P020221105727522653499.pdf.

[5] 中国软件网，海比研究院. 2022 中国企业数智服务市场趋势洞察报告[R]. 2021.

[6] 孙琳. 数据中心绿色发展更需发挥企业创新力[N]. 人民政协报，2022-05-20（5）.

[7] 国家能源局. "十四五"现代能源体系规划[EB/OL].（2022-01-29）[2023-02-14]. https://www.ndrc.gov.cn/xxgk/zcfb/ghwb/202203/P020220322582066837126.pdf.

[8] 国家能源局.《"十四五"现代能源体系规划》答记者问[EB/OL]. [2023-02-14]. http://www.gov.cn/zhengce/2022-03/23/content_5680770.htm.

[9] 张贺飞. 理性解析东数西算：用旧基建拉动新基建[EB/OL]. [2023-02-14]. 腾讯网站.

[10] 国家电力监管委员会. 2010 年度电价执行及电费结算情况通报[R/OL].（2021-09）[2023-02-14]. http://www.nea.gov.cn/135211591_14586132336251n.pdf.

[11] 何璐，李求索，王汉锋. 数字经济研究:解析东数西算[R/OL]. [2023-02-16]. 流媒体网.

[12] 国家发展改革委，中央网信办，工业和信息化部，等. 全国一体化大数据中心协同创新体系算力枢纽实施方案[EB/OL].（2021-05-24）[2023-02-14]. http://www.gov.cn/zhengce/zhengceku/2021-05/26/5612405/files/37d38a7728564ad8b5e4f08c16cfc8f2.pdf.

[13] 中华人民共和国国务院. 关于印发"十四五"数字经济发展规划的通知[EB/OL].（2022-01-14）[2023-02-14]. http://www.gov.cn/zhengce/zhengceku/2022-01/12/content_5667817.htm.

第 2 章
东数西算的布局与展望

2022 年 2 月,随着国家发展改革委等四部门对 8 个国家算力枢纽节点和 10 个国家数据中心集群完成批复,东数西算工程正式全面启动。按照全国一体化大数据中心体系的布局,枢纽节点将作为我国算力网络的骨干连接点,发展数据中心集群,开展数据中心与网络、云计算、大数据之间的协同建设,并推进解决东西部算力供需失衡问题。本章首先对东数西算工程进行了总体介绍,然后结合工程进展、长效保障机制等对该工程进行了分析,最后对未来算力服务模式进行了展望。

2.1 工程总体介绍

2.1.1 东数西算工程实施思路

东数西算工程可以归纳为三个方面:一套网络、两端打通、三方受益[1],即打造全国一体化算力网络,构建一条"信息高速路",打通东西部数字经济大动脉,使算力提供企业、算力使用企业和消费者三方社会群体都能受益,最终体现在降本增效层面,具体实施思路包括以下三个方面。

推动全国数据中心适度集聚、集约发展。通过在全国布局 8 个算力枢纽,引导大型、超大型数据中心向枢纽内集聚,形成数据中心集群。发挥规模化、集约化效应,加大政策支持力度,提升整体算力规模和效率,带动数据中心相关上下游产业发展。在算力枢纽之间，打通数据高速传输网络，强化云网融合、多云协同，促进东西部算力高效互补和协同联动，加快实现全国数据中心的合理布局、优化供需、绿色集约和互联互通。

促进数据中心由东向西梯次布局、统筹发展。一方面，加快推动数据中心向西部大规模布局，后台加工、离线分析、存储备份等对网络时延要求不高的业务，可率先向西部转移，由西部数据中心承接。另一方面，受限于网络长距离传输造成的时延，以及相关配套设施等因素影响，对网络要求较高的业务，比如工业互联网、金融证券、灾害预警、远程医疗、视频通话、人工智能推理等，可在京津冀、长三角、粤港澳大湾区等东部枢纽布局，枢纽内部要重点推动数据中心从一线城市向周边转移，确保算力部署与土地、用能、水、电等资源的协调可持续。

实现东数西算循序渐进、快速迭代。在当前起步阶段，8个算力枢纽内规划设立了10个数据中心集群，划定了物理边界，并明确了绿色节能、上架率等发展目标。比如，集群内数据中心的平均上架率不低于65%，可再生能源使用率要有显著提升。通过多方指标约束，促进集群高标准、严要求、最小化起步。对集群发展情况将进行动态监测，科学评估集群算力的发展水平和饱和程度。结合发展现状，今后还将不断完善优化布局，适时扩大集群边界或增加集群，论证新设算力枢纽，实现算力统筹有序、健康发展。

2.1.2 国家算力枢纽节点布局

国家发展改革委等四部门在京津冀等8大枢纽节点启动建设的复函中要求，东数西算工程的10个国家数据中心集群起步区要实现数据中心平均上架率不低于65%，东部枢纽PUE控制在1.25以内，西部为1.2以内。在第一批集群建设效益显现、经验评估有效之前，国家将不考虑第二批国家枢纽和集群的建设。8大枢纽节点集群起步区边界如表2-1所示。

值得注意的是，《实施方案》要求数据中心集群端到端单向网络时延原则上在20 ms内；城市内部数据中心，数据中心端到端单向网络时延原则上在10 ms内。

时延是涉及应用、算力、网络多个层面的参数，由于政策层面没有给出具体解释，市场各参与主体对其理解不一，目前看来，该参数的作用是降低端到端的时延，使得更多的业务能够西迁。

表2-1 8大枢纽节点集群起步区边界

东西部	枢纽节点	集　　群	起步区边界
西部	贵州枢纽	贵安数据中心集群	贵安新区贵安电子信息产业园
	内蒙古枢纽	和林格尔数据中心集群	和林格尔新区、集宁大数据产业园
	甘肃枢纽	庆阳数据中心集群	庆阳西峰数据信息产业聚集区
	宁夏枢纽	中卫数据中心集群	中卫工业园西部云基地
东部	京津冀枢纽	张家口数据中心集群	张家口怀来县、张北县、宣化区
	长三角枢纽	长三角生态绿色一体化发展示范区数据中心集群	上海市青浦区、江苏省苏州市吴江区、浙江省嘉兴市嘉善县
		芜湖数据中心集群	芜湖市鸠江区、弋江区、无为市
	粤港澳大湾区枢纽	韶关数据中心集群	韶关市高新区
	成渝枢纽	天府数据中心集群	成都市双流区、郫都区、简阳市
		重庆数据中心集群	重庆市两江新区水土新城、西部（重庆）科学城璧山片区、重庆经济技术开发区

2.2　工程实施进展

2.2.1　示范工程开展情况

据国家发展改革委透露，截至2022年4月底，全国10个国家数据中心集群中，新开工项目25个，数据中心规模达54万架标准机架，算力超过每秒1350亿亿次浮点运算，约为2700万台个人计算机的算力，带动各方面投资超过1900亿元[2]。其中，西部地区投资比2021年同期增长6倍，投资总体呈现出由东向西转移的良好趋势。截至2022年8月，8个国家算力枢纽节点建设方案均进入深化实施阶段，起步区新开工数据中心项目达到60余个，新建数据中心规模超过110万架标准机架，项目总投资超过4000亿元，算力集聚效应初步显现。西部地区数据中心占比稳步提高，全国算力结构逐步优化[3]。4个月间，新开工项目和投资均实现翻番，东数西算工程在高强度实施中。

从2022年3月起，各枢纽地区东数西算工程推进情况每季度末需向国家发展改革委、中央网信办、工业和信息化部、国家能源局四部门汇报，动态监测建设情况，同时明确对东数西算工程的实施效果进行年度考核和评价，确保三年建设期内，年年有进展，最终有成效，体现政策执行落地的决心。2022年9月26日，在国家发展改革委召开的新闻发布会上，国家发展改革委高技术司副司长张志华表示，下一步国家发展改革委将会同有关部门，立体化推动东数西算工程，重点强化4个协同。一是强化重大工程项目与配套政策的协同。进一步加强数据中心工程建设与用网、用地、用能、用水等配套政策同步落实，推动重大工程项目尽早建成应用。二是强化多种政策工具间的协同。统筹用足用好中央预算内投资、各类金融工具、单列能耗等政策手段，支持国家算力枢纽和国家数据中心集群早日发挥作用。三是强化国家算力枢纽与全国一体化算力网络体系的协同。在已布局国家算力枢纽基础上，统筹推进算力供给站、网络试验线、算力调度网、数据要素场、安全防护盾的一体化建设，构建覆盖全国、多层联动的算力网络体系。四是强化数据中心建设与算力产业发展的协同。以国家算力枢纽和数据中心集群为引领，在规模化集聚算力和丰富场景应用的基础上，推动产业上下游协同发展，共同打造计算产业生态体系。

作为东数西算工程的重要参与者，运营商有一定的先发优势和数据中心优势，围绕这一工程，中国电信、中国联通和中国移动三大运营商纷纷官宣各自布局。

中国电信2020年就已经明确了"2+4+31+X"的数据中心/云布局。其中"2"指的是内蒙古和贵州，"4"指京津冀、长三角、粤港澳大湾区和陕川渝，"31"和"X"主要指各省和地市或县区等。2022年资料显示，中国电信在"2+4"区域部署的数据中心达到总规模的77%左右。

中国联通现有数据中心880余个，总规模超过30万架，承载服务器超百万台，数据中心主要分布在京津冀、长三角、珠三角、鲁豫、陕川渝、蒙贵等区域。下一步，中国联通将围绕国家东数西算8大枢纽节点，优化"5+4+31+X"资源布局，加快京津冀、长三角、粤港澳大湾区、成渝区域4大国家东数枢纽节点高算力、高安全、绿色低碳新型数据中心建设，实现大规模算力部署，满足国家重大区域发展战略实施需要。发挥能源、气候等自然资源优势，建设蒙贵甘宁4大国家西算枢纽节点，提升算力服务品质和利用效率，打造面向全国的非实时性算力保障基地，按需建设"31"省新型数据中心。灵活部署"X"边缘数据中心。同时，贯彻落实党中央"碳达峰、碳中和"决策部署，通过技术引领与管理效能提升，优化增量和改造存量"双轮"驱动，持续优化PUE，推进数据中心节能减碳。

中国移动这些年规划布局了"4+3+X"数据中心，打造京津冀、长三角、粤港澳大湾区、成渝四大热点区域中心，呼和浩特、哈尔滨、贵阳三大跨省中心，以及多个省级中心和业务节点。截至2021年，中国移动网络云+IT云+移动云共有超过43万台服务器。

除电信运营商外，腾讯、阿里、华为、字节跳动等多家科技公司也相继披露了各自在东数西算等新基建领域的布局。

腾讯表示，公司在贵州枢纽里投产贵安七星灾备数据中心，总占地面积约为47万平方米，隧洞的面积超过3万平方米，是一个"高隐蔽、高防护、高安全"的数据中心，按照规划会存放30万台服务器，已于2018年5月开启一期试运行；在京津冀枢纽，腾讯在怀来瑞北和东园部署两个数据中心，规划容纳服务器都超过30万台，并都已部分投产；在长三角枢纽，腾讯拥有青浦数据中心；在成渝枢纽，腾讯云在重庆部署两个云计算数据中心，其中一期已于2018年6月投用，可容纳10万台服务器，是腾讯继天津、上海、深汕合作区三地之后的第四个自建大型数据中心集群。

此外，据腾讯透露，公司正在建设的西部云计算数据中心二期项目，将进一步扩大重庆数据中心的建设规模，整体装机容量提升至20万台服务器，给重庆乃至西南的数字化、智能化发展，提供重要支持和保障。据了解，二期项目占地

107亩（1亩≈666.667平方米），建筑面积7.4万平方米，于2020年4月正式开工建设，计划打造西南地区腾讯公司第一个自主研发的分布式数据库"Tbase"园区，整体建成后将具备20万台服务器的运算存储能力，成为中国西部最大的单体数据中心。

阿里云披露，阿里云在东数西算京津冀、内蒙古等枢纽节点均有数据中心。在京津冀枢纽，张北数据中心已于2016年9月投产，大力采用风电、光伏等绿色能源，部署国内云计算数据中心规模最大的浸没式液冷集群。据悉，张北数据中心是阿里云首座超级数据中心。目前，该数据中心仍在不断扩建，且已经成为中国正在运营的规模最大的云数据中心。同时，在建的宣化数据中心也属于东数西算工程中的京津冀枢纽。在内蒙古枢纽，阿里云在乌兰察布建设的超级数据中心于2020年6月开始正式对外提供云计算服务；在成渝枢纽，阿里云西部云计算中心及数据服务基地于2020年11月落户成都，是阿里云西部业务的重要支撑，将综合采用各项技术，如服务器定制化、人工智能芯片、异构计算、大规模网络集群等，提升整体项目技术水平和算力产出。

当前，华为云在中国布局五大数据中心。其中，在贵安、乌兰察布有华为云一南一北两大云数据中心，华为云在京津冀、长三角、粤港澳大湾区还布局三大核心数据中心。华为云数据中心的冷、温、热布局，由时延来决定，冷服务建在低成本地区，温服务可以贴近沿海的低成本地区，热服务要布局在贴近客户需求的地区。贵安数据中心规划为华为全球最大的云数据中心，可容纳100万台服务器，是华为云业务的重要承载节点，承载了华为云和华为流程IT、消费者云等业务。

目前对于东数西算工程的全面启动，字节跳动旗下火山引擎相关负责人表示，已在全国部署了大量内容分发网络（Content Delivery Network，CDN）节点，可为东西部的企业和用户提供传输加速服务。业内使用PUE来衡量数据中心能效水平，其基准值为2，数值越接近1，意味着能源利用效率越高。火山引擎数据中心采用多种节能环保技术，结合自研的机器学习算法优化制冷和控制系统，已将传统数据中心PUE降至1.14，达到国际先进水平。

目前东数西算示范项目申报，重点支持3个方向，包括数据中心绿色节能、算力高效调度和算力安全可控，各枢纽节点最多可申报3个项目。其中，数据中心绿色节能示范项目涵盖3个方向，采用绿色节能技术和模式建设，利用西部特殊地理条件，提高可再生能源利用率，最大程度实现节能减碳。算力高效调度示范项目重点解决东西部间、云边之间、多云之间的联通调度，包括跨区域、区域内算力调度及"多云"调度，助力全国算力网络一体化协同发展。算力安全可控示范项目旨在实现云、算力关键环节的自主可控，提供大规模自主可控的云算力服务。具体内容及指标要求如表2-2～表2-4所示。

表2-2 数据中心绿色节能示范项目

项目内容	全部指标要求
支持采用液冷、微模块、高密度节点、余热利用等绿色节能技术和模式建设数据中心	数据中心规模不低于1000架机架，平均单机架功率不低于6 kW，高密计算设备单柜功率不低于20 kW，机架设计总功率不小于8000 kW，PUE不超过1.15（目标值），水使用效率（Water Usage Effectiveness，WUE）不超过1.1，投产第3年起上架率不低于60%
鼓励利用山洞、山体间垭口等特殊地理条件进一步实现节能	通过可再生能源自发自用，接入可再生能源微网直供、本地储能等方式，提升可再生能源占比
数据中心充分利用可再生能源，提高可再生能源利用率，最大限度实现节能减碳	投产第1年平均PUE不大于1.25，投产第2年平均PUE不大于1.2，投产第3年平均PUE不大于1.15
	数据中心机柜采用模块化设计，工厂预安装服务器、交换机等设备，整机柜交付

资料来源：国家信息中心。

表2-3 算力高效调度示范项目

项目内容		全部指标要求
推动我国东西部之间、云边之间、多云之间的联通调度，促进全国算力网络的一体化协同发展	跨区域算力调度示范	围绕8个国家算力枢纽节点，开展东西部跨区域算力互补对接
	区域内算力调度示范	以数据中心集群内的大规模数据中心为"中心云"，以城市内部高性能、边缘数据中心为"边缘云"，推动云协同的算力部署和实践
	"多云"调度示范	实现多云算力资源的逻辑统一管理与协同调度，提高对外提供统一服务的能力

资料来源：国家信息中心。

表 2-4 算力安全可控示范项目

项目内容	全部指标要求
支持建设自主可控云，充分运用自主软硬件设备，提供大规模自主可控的云算力服务，算力涉及的芯片、操作系统、数据库、中间件、云平台、大数据分析平台等实现自主可控	数据中心自主可控软硬件设备包括芯片、操作系统、数据库、中间件、云平台、大数据分析平台等
	自主可控的算力规模大于 2.5 PFLOPS[指中央处理器（Central Processing Unit，CPU）算力规模，如为可灵活配置处理器 XPU 混合项目，算力规模应大于 70 PFLOPS]
	鼓励示范项目利用自主可控算力资源开展大数据、人工智能、物联网等应用服务
	优先支持在国家算力枢纽节点数据中心集群开展示范项目建设，充分利用自主可控软硬件设备提供算力服务，实现算力自主可控水平明显提升

资料来源：国家信息中心。

2.2.2 八大枢纽推进情况

1. 京津冀枢纽（张家口集群）

京津冀地区先后出台了《中国数坝·张家口市大数据产业发展规划（2019—2025年）》等规划及配套文件 15 个，全面开启"中国数坝"的建设进程，规划了存储核心（坝上四县）、计算核心（宣经桥）、网络核心（怀来）等三个发展核心。中国通信工业协会数据中心委员会发布的《京津冀数据中心新基建发展》显示，京津冀地区是中国 IDC 市场规模最大的区域，占比 1/3 以上。据统计，截至 2022 年 3 月底，全市签约大数据产业项目 39 个，计划投资 1377 亿元，阿里张北小二台、腾讯怀来云等 12 个数据中心（怀来 7 个、张北 5 个）投入运营，投运服务器 103 万台（怀来 60 万台、张北 43 万台），2022 年新增服务器 3 万台[4]；此外，合盈数据等 11 个数据中心正在加快建设，中国联通、中国电信数据中心等项目正在推进，2022 年服务器规模达到 120 万台[5]。

东数西算工程落实上，由河北省发展改革委牵头推动张家口数据集群建设。张家口市将围绕全国一体化算力网络国家枢纽节点建设，以起步区（宣化区、怀来县、张北县）为突破口，以张北云计算基地、怀来大数据产业基地等园区为龙头，加快推进带动作用强、示范效应明显的大数据项目建设，推动阿里张北小二台数据中心、腾讯怀来云数据中心、秦淮桑园云计算产业基地等投入运营项目的扩容建设；优化张家口国际互联网数据专用通道网络性能，大力引导应用推广；

积极组织申报国家级互联网骨干直连点，依托未来网络试验设施（CENI）张家口核心节点技术和资源，建设张家口工业互联网专网基础设施，进一步推动产业向上下游延伸；以阿里、秦淮、腾讯等数据中心及宝德服务器制造基地为牵引，积极对接大数据设备提供商，发展大数据装备制造等数据中心的上下游产业，加快推进秦淮装备制造产业园等项目尽早达产见效，尽快形成全产业链发展格局。到2025年，基本形成产业链完整、数据汇聚能力强、融合应用广泛的数字经济发展格局，全市大数据及关联产业投资规模将突破2000亿元[6]。

2. 长三角枢纽（长三角生态绿色一体化发展示范集群、芜湖集群）

《全国一体化算力网络长三角国家枢纽节点建设方案》要求，长三角国家枢纽节点规划构建"2+N"空间布局，包括建设长三角生态绿色和芜湖2个数据中心集群，建设多个城市级数据中心承载区以提供高性能、边缘服务。下一步，节点将重点开展三个方面建设任务，一是加快建设两大数据中心集群，开展东数西算示范应用，打造新技术应用行业标杆，探索完善数据中心综合节能评价指标体系；二是推动网络互联互通，依托运营商建立长三角地区高品质光传输数据中心直连网络；三是促进数据流通和深化数据应用，优化完善长三角地区政务数据共享平台，建设长三角生态绿色一体化示范区智慧大脑，加快推进城市大数据应用。

《长三角区域一体化发展信息化专题组三年行动计划（2021—2023年）》提出，加快打造长三角国家级区域数据中心集群，一体化布局存算基础设施，由三省一市（浙江省、江苏省、安徽省、上海市）经信部门牵头"加快新一代人工智能新型基础设施建设"。苏浙沪皖为推动东数西算落地，布局全国一体化算力网络，助力长三角地区实现现代化治理，具体举措如表2-5所示。

表2-5 长三角地区数字算力基础设施建设相关政策

地 区	政 策 名 称	政 策 内 容
安徽省芜湖市	《芜湖市"十四五"数字芜湖建设规划》	将芜湖集群建设成为连接成渝节点和全国东数西算的重要通道，打造长三角地区存算供给中心
上海市	《关于做好2021年本市数据中心统筹建设有关事项的通知》	推进拟新建数据中心项目在临港新片区、青浦、松江等本市西部、南部适建区集聚建设
青浦区	《上海市促进城市数字化转型的若干政策措施》	在青浦区、临港新片区开展数据中心有效算力效率评估和区域算力调度创新试验

（续表）

地区	政策名称	政策内容
江苏省苏州市吴江区	《江苏省新型数据中心统筹发展实施意见》	围绕长三角国家枢纽节点建设，在吴江协同建设长三角一体示范区数据中心集群，打造长三角算力资源调度江苏核心
	《吴江区关于推进新型基础设施建设培育新产业的实施意见》	优先推进各级各类创新载体新型网络基础建设，予以5G基站资源的重点倾斜，适度考虑数据中心布局，加快建成数字园区、智慧园区
浙江省嘉兴市嘉善县	《浙江省数字基础设施发展"十四五"规划》	落实长三角一体化国家战略，建设长三角国家级区域型数据中心集群和国家级超算中心。在有条件的地区建设长三角国家级区域性数据中心集群，实现算力资源调度与共享
	《嘉兴市数字经济发展"十四五"规划》	嘉善县探索长三角数字一体化新机制，加快打造全省数字经济核心产业培育新高地、长三角数字一体化体制机制试验区和全国数字化县域社会治理示范区
		统筹布局行业应用数据中心，建立面向长三角地区的大数据研发、创新中心，为行业提供高等级、高安全的大数据存储和容灾等服务

3. 粤港澳大湾区枢纽（韶关集群）

根据《全国一体化算力网络粤港澳大湾区国家枢纽节点建设方案》，到2025年，广东省数据中心规模控制在约207万架（2.5 kW标准机架）以内，其中70%的数据中心（约145万架）在省内建设，30%的数据中心（约62万架）通过东数西算向西部地区国家枢纽节点转移。省内的145万架数据中心中，已投产约57万架，在韶关数据中心集群新建约50万架，在城市及边缘数据中心建设约38万架。

据韶关市发展和改革局介绍，粤港澳大湾区国家枢纽节点将建立包含韶关数据中心集群、城市数据中心和边缘计算、西部地区国家枢纽节点等省外数据中心在内，三个层次的数据中心空间布局结构。其中，推出合计7010亩土地作为韶关数据中心集群起步区建设发展用地，以积极引入头部企业，提升网络级别至国家级骨干网络枢纽节点，引导全省大型、超大型（3000架以上）数据中心集聚，省内其他地区原则上不再新建大型、超大型数据中心。韶关市于2022年7月28日发布了《韶关数据中心集群起步区总体与控制性详细规划（草案）》，计划到2025年，韶关数据中心集群将建成50万架标准机架、500万台服务器规模，投资超500亿元（不含服务器及软件），以承载低时延类业务（要求时延小于20 ms）的大型、超大型数据中心为主，辅助建设部分确需在省内建设、承载中时延业务（要求时延为 20～50 ms）的大型、超大型数据中心。

韶关已出台《韶关市促进大数据产业创新发展办法（试行）》《韶关市加快促进电子信息制造业招商引资若干支持政策（试行）》等文件，吸引更多相关产业企业落户发展。截至 2022 年 9 月底，韶关市政府紧锣密鼓地开展大数据上下游产业招商引资等工作，先后与中国电信、中国移动等 12 家企业签订了投资合作协议，其中首批 5 家企业项目已于 8 月 1 日集中开工建设。9 月 29 日完成了第三批数据中心项目的签约，再添两家大数据优质企业，助推打造千亿级的大数据产业集群[7]。

4．成渝枢纽（天府集群、重庆集群）

2022 年 4 月 20 日，四川省发展改革委等部门印发《四川省促进工业经济稳定增长行动方案》。方案提到，落实国家东数西算部署，出台全国一体化算力网络成渝国家枢纽节点建设方案，统筹全省数据中心规划布局，加快建设天府数据中心集群。持续开展"上云用数赋智"行动，加快建设区域型行业型企业型数字化转型促进中心，搭建企业数字化转型供需对接平台。

根据《重庆市数字经济"十四五"规划（2021—2025 年）》相关文件，重庆将加快信息基础设施布局，持续推进传统产业数字化转型，做优做强新兴数字产业。东数西算层面，政府已经开始积极推动重庆节点算力调度中心、西部数据靶场、西部数据交易中心及政务灾备云和国资云等一批东数西算工程重点规划项目的落地。在成渝地区双城经济圈建设规划层面，统筹布局大型云计算和边缘云计算数据中心，合力打造数字产业新高地，对重庆算网业务的发展将会带来新的重大项目机遇和相关政策红利。

重庆市大数据发展局表示，截至目前，重庆市已具备 9 万架机架、45 万台服务器的支撑能力，年均增速达 45%，位居全国第 7。正加快算力中心部署，全市规划算力超 1200 PFLOPS，西部（重庆）科学城先进数据中心、中国移动成渝（重庆）江南数据中心等项目相继开工。

5. 贵州枢纽（贵安集群）

贵州省于 2022 年 7 月 22 日发布《关于加快推进东数西算工程建设全国一体化算力网络国家（贵州）枢纽节点的实施意见》，贵州省大数据局拟定贵州节点实施方案，方案明确以贵安新区为核心，立足贵州、辐射西南、服务全国、对接国家主节点，打造具有贵州特色的大数据中心协同创新体系，高水平建成贵州枢纽节点，发挥引领示范作用。到 2023 年，贵州枢纽数据中心集群规模进一步扩大，与其他枢纽之间的高速传输网络基本建成，区域内算力实现统筹调度，跨区域算力调度大踏步前进，形成一批东数西算典型示范场景和应用，能效水平稳步提升，数据要素流通和安全保障能力明显提高。数据中心平均利用率提升到 60%以上，至其他枢纽端到端网络平均时延不高于理论值的 2 倍，网络可靠性达到 99.99%，PUE 降低到 1.3 以下。

到 2025 年，贵州枢纽全面建成，形成布局合理、技术先进、绿色低碳、自主可控、算力规模与数字经济增长相适应的新型数据中心集群发展格局，进一步打通跨行业、跨地区的算力资源，实现与国家和其他枢纽之间算力的高效调度。集群标准机架达到 50 万架、服务器达到 250 万台，带动全省标准机架达到 80 万架、服务器达到 400 万台；数据中心平均利用率提升至 70%以上，总算力超过 10 EFLOPS，PUE 降低到 1.2 以下，局部机房 PUE 小于 1.15，高性能算力占比达 10%。

6. 内蒙古枢纽（和林格尔集群）

内蒙古自治区及呼和浩特市两级政府"十四五"规划、自治区发展改革委相关政策文件显示，内蒙古将加快信息基础设施布局，持续推进数字内蒙古建设。呼和浩特市政府发布的《数字呼和浩特"十四五"专项规划》指出，到 2023 年，初步建成全国一体化算力网络国家枢纽节点。城市平均接入能力达到 600 Mbit/s，数据中心装机能力达到 150 万台，超级算力达到 140 PFLOPS 左右；到 2025 年，建成较为完善的全国一体化算力网络国家枢纽节点，数据中心装机能力超过 200 万台，超级算力达到 200 PFLOPS。

《关于内蒙古和林格尔新区推进数据中心项目绿色化建设的意见》提出，建设3000～10000个标准机柜数据中心，PUE第一年不高于1.3、第二年不高于1.4、第三年及以后平均值不高于1.3，超过10000个标准机柜则PUE第一年不高于1.25、第二年不高于1.4、第三年及以后平均值不高于1.25。土地必须满足平均每1000个机柜不超过15亩，新建项目机柜数量不低于3000个标准机柜，平均机柜设计功率不低于6 kW。

截至2022年6月，和林格尔新区建成运营、正在建设和洽谈推进的数据中心项目有16个。其中，已建成数据中心5个，包括中国移动呼和浩特数据中心、中国电信内蒙古信息产业园、中国联通西北（呼和浩特）云计算基地、内蒙古高性能计算公共服务平台、东方超算云内蒙古超级大脑项目。同时，中国电信二期、中国移动二期正在推进中，已建成服务器装机能力72万台。在建数据中心4个，包括东方国信工业互联网北方区域中心项目、中国银行总行金融科技中心项目等，建成后新区数据计算存储能力将实现倍增，达到163.5万台，和林格尔新区已建成了全国最大的数据中心园区[8]。

7. 甘肃枢纽（庆阳集群）

根据《"十四五"数字经济发展规划》及《甘肃省"上云用数赋智"行动方案（2020—2025年）》相关政策文件，结合东数西算，甘肃将加快新基建步伐，全力打造面向全国的算力保障基地，持续推进传统产业数字化转型，做优做强新兴数字产业。《甘肃省"十四五"数字经济创新发展规划》提出东数西算工程全面落地，推动建设西北人工智能数据中心集群和人工智能数据治理基地，对现有数据中心按照智能计算的要求加以改造，利用电价和人力成本优势，面向东部地区提供人工智能算力支撑、数据标注、算法测试等服务。《全国一体化算力网络国家枢纽节点（甘肃）建设方案》要求主体任务全面完成，与国家主节点及其他国家枢纽节点建立联动机制，为全国一体化大数据中心体系全面建成提供西部经验。夯实基础设施配套建设，以"1+N"为特色的数据中心直联网络体系全面建成，打造碳中和数据中心标杆，促进数据流通，深化数据应用。

庆阳市政府成立了推进全国一体化算力网络国家枢纽节点建设工作领导小

组,建立工程周调度机制,督办项目建设进度。把建设全国一体化算力网络国家枢纽节点作为庆阳经济社会高质量发展的最大机遇、最大政策、最大平台、最大增量,确保国家战略东数西算任务落实到位。政策体系完备,为国家发展大数据产业提供有力保障。电价优惠方面,大数据中心可享受 0.28 元/(千瓦·时)优惠电价的同时,政府再补贴 0.01 元/(千瓦·时);税收方面,将大数据企业落地后前三年缴纳增值税地方留成部分的 50%、企业所得税地方留成部分的 30%作为补贴发放给大数据企业;政府投资奖励方面,对大数据企业投资实施的重大项目,在项目建成后还会进行奖励。

"十四五"期间,甘肃枢纽节点庆阳数据中心集群内预计新增 2.5 kW 标准机架 80.9 万架,清洁能源平均使用率 85%。到 2025 年,全国一体化算力网络国家枢纽节点(甘肃)全面建成:一个国家枢纽(甘肃枢纽)、一个核心数据中心集群(庆阳集群)、五大工程(数网、数纽、数链、数脑、数盾)基本建成。

8. 宁夏枢纽(中卫集群)

宁夏作为全国唯一具备"互联网交换中心+算力枢纽节点"双中心的省区,平均 PUE、算力质效指数等位居全国前列,出台《关于促进全国一体化算力网络国家枢纽节点宁夏枢纽建设若干政策的意见》《支持"六新"产业高质量发展有关财政政策措施》《关于促进大数据产业发展应用的实施意见》等系列政策,在用地、用电、用水、能耗方面保障有力度,在基建支持、培育奖励、落户补助、税收优惠方面服务有温度,在高位推动、优化环境、招才引智方面落实有态度。

宁夏印发《全国一体化算力网络国家枢纽节点宁夏枢纽建设方案》,明确以起步区建设为突破,按照"1357"的总体思路,着力建设"一个集群""三大基地""五数体系""七项工程",即建设全国一流的绿色数据中心集群,打造国家东数西算示范基地、信息技术应用创新基地、国家级数据供应链培育基地,构建"数网""数纽""数链""数脑""数盾"五数体系,实施算力基础提升、信息网络联通、数据流通融合、网络安全防护、数字产业壮大、数字赋能升级、绿色能源保障七大工程,实现高质量建设"西部数谷",打造中国西部算力之都。到 2023 年完成起步区建设，标准机架达到 30 万架。到 2025 年，宁夏枢纽全面建成，标准机架达到 72 万架，中卫数据中心集群机架达到 69 万架，集群 PUE 平均值降低到 1.2，可再生能源利用率达到 65%。

2.2.3　地方落地特色举措

各地紧抓东数西算战略机遇，结合市场需求和自身区域特点，推行各类创新举措，助力数字经济高质量发展。东部地区，"北上广"以算力为着力点，强化统筹、智能调度和多样化供给，例如，北京市将加强算力算法平台等新型基础设施建设，打造高级别自动驾驶全场景运营等 20 个重大应用场景[9]，建成数字经济标杆城市；上海市以提供普惠算力资源、扶持国产算法框架、打造算法孵化平台、创新数据应用模式为目标，试点打造全国首个人工智能公共算力服务平台；广东省构建先进算力集群，统筹全省算力网络建设布局。成渝地区定位国家超算中心，以推进成渝（兴隆湖）综合性科学中心和西部（成都）科学城建设为举措，强化天府新区创新策源地功能。

西部地区积极承接东部算力需求，大力发展数字产业。例如，甘肃省充分发挥本地能源和算力资源优势，定向承接上海、深圳等地算力需求，打造西北人工智能数据中心集群和人工智能数据治理基地，构建算力精准对接机制和算力资源共享通道。贵州省实施数字产业大突破行动，打造数据产业"五区"，包括承接"贵州–粤港澳""贵州–长三角"两线算力需求的"引领区"；推动数据资源汇聚、流通交易，打造数据供应链，培育超大规模数据要素市场的"先行区"；建成决策大脑、行业大脑、城市大脑的"示范区"；推动安全产品和机制防范，打造大数据中心集群多副本中心和战略安全基地的"后备区"；连接成渝及粤港澳大湾区，构建西部数据中心走廊，建成西部陆海大通道连接中心的"核心区"。宁夏中卫积极构建完整的"云生态"，着力打造以东数西移、东数西储、东数西算，信息技术应用创新开发和区域数字经济发展为主的西部云基地，积极承接东部算力服务，打造国家东数西算示范基地，加强与甘肃、内蒙古枢纽的密切协作，联手打造算力"金三角"。内蒙古呼和浩特培育以大数据、云计算为特色的电子信息技术产业集群，实施高性能计算机算力翻番计划，先后建成 4 家超算应用平台[10]，实现高性能运算总能力和规模位居全国前列，数据处理不断提级，推动 IDC 产业与地方经济发展的融合与转化，从东数西训、东数西存、东数西渲三个应用场景探索自治区数字产业化发展方向，挖掘面向公众客户（to C）、家庭客户（to H）、政企客户（to B）等潜在"强算力、优体验、异构融通"需求场景，挖掘产品服务和市场机会[11]。

2.3 长效保障机制

2.3.1 市场主体的角色及认识

东数西算的高效落地、健康发展需要政府和市场"两只手"来牵引。一只是政府的，需要政策配套，包括西部的能耗、绿电供应等；另一只是市场资源配置的，市场逐步会形成一些阶梯式的产业链、供应链的迁移。只有产业西迁这条数字之路铺好建快，西部的经济才能随之发展。

政府层面，作为政策导向和支持方，其作用是超越市场、引导市场。一是为企业提供良好的外部竞争环境，引导企业在西部投资的同时，避免无序、盲目建设。二是充分尊重市场规律，不过多干预，不会成立国家级的参与主体，鼓励有实力的央企、大型骨干企业参与，探索出可全国复制推广的发展模式。

企业层面，数据中心产业链中游企业作为投资建设方，需要考虑大规模投资下的同质化竞争加剧，导致数据中心陷入价格战，从而收益下滑、自身无力消化的问题。其中，运营商作为国家队，一要践行央企责任，二要把握实现转型的重要产业机会，蓄力传输承载网络、算力网络、算力调度、数据安全等重点领域；第三方数据中心服务商，如万国数据、世纪互联等，对政策理解仍在探索阶段，认为自身大部分现有数据中心建设方式可以平移或复制，相关布局仍需考虑客户需求、以市场导向为先；云厂商及供应商，如华为、中兴，则以自身业务布局西迁为带动，积累相应能力吸引客户数据西迁。

客户层面，作为使用方，聚焦其上层应用、用户体验感知是否改变，能否实现真正降本增效两个方面，一般更易接受附近的数据中心，尤其是中小企业，对于运维要求较高,而政府客户更是要求数据不出本地;大型企业基于降低成本的需求,且冷热数据可分离,故部分可接受冷数据西迁。

2.3.2 工程落地的问题及策略

东数西算工程已形成点状布局,尚未形成整体聚力,在纵深推进过程中,现有数据中心若从传统走向新型,从点状走向集约,从高能耗走向绿色,必然面临组织方式、政策体系、技术融合、人才培育、资金投入等多方面挑战,要加强创新驱动发展,形成组合拳,进一步激发内生动力,推动东数西算落地健康有序发展[12]。

1. 统筹推进多方有序大协同

东数西算的参与主体众多、产业链条长,就要面临组织方式上,行业与行政条块一体化、多方有序大协同的问题,包括行业、土地、电力、电信等各方组织有序,政策匹配和建设节奏,数据生产和使用,建设地和使用地供需等方方面面。

要解决上述问题,亟须各级党委发挥统筹作用,实行党管一切、条块结合、一盘棋有序推进的总体思路。一是要坚持和加强党的全面领导,贯穿东数西算建设领域各环节,坚持正确的政治方向,使政府、市场两只手协同发展,确保组织有序。二是以数字化改革助力政府职能转变,统筹推进各行业领域与行政条块的互联互通、协同联动。统筹推动政府职能和内部运行在经济调节、市场监管、社会管理、公共服务、生态环境保护等领域的数字化转型,保障政策匹配东数西算建设全链条,完善数据流通机制,改善建设地和使用地供需错配现状。

2. 探索产业西迁有效路径

当前数据中心产业布局呈现典型东多西少特征,最具价值的一线 IDC 资源具有稀缺性,要充分发挥区域比较优势和新型举国体制优势,解决节奏性差异、算数用数分离、企业不愿迁和算力基础设施及时就绪等问题,实现有序发展、循序渐进。

需要行政手段和市场手段相结合，以行政手段来鼓励、要求各方积极推动，稳起步；以市场手段促进行业、地域间的资源有序配置，谋长效。因此，政府要做好统筹、谋划和起步工作，市场要定好资源要素配置和结算规则。一是政策上要协同，资源、土地等与东数西算相关的生产要素，要形成东高西低的市场价格，同时要在东部资源紧缺的地方，在土地供应、电力价格、"双碳"指标约束等方面体现政策的作用。围绕数据中心低就业的产业特征，适度、有序、按节奏地紧缩这种资源供应。二是节奏上要匹配，坚持东西联动。西部的建设投入节奏与东部的政策约束节奏要匹配，保持东西的一张一弛、有序协同发展，若西部的建设投入节奏慢，东部的政策约束就要相对加强。

3. 畅通人才引培通道

东数西算在产业西迁过程中，需要大量的本地运维技术人才，仅靠东部输送不现实，尤其运维决定了数据中心近客户性，这是绝大多数企业不愿西迁的重要原因。

西部要发展，人才和教育就要重点跟上。一是贯彻实施国家人才强国战略的需要。着力提高职工技术素质，要匹配本地教育政策，做好职业技术教育、大学专业教育的配套布局，培养所需人才。二是要制定吸才引才、留用人才的政策，要把东数西算的沿途由人口流入地变为人才流入地，打造一批"专精特新"人才队伍，人才的流入、教育发展要与产业发展相匹配。

4. 破解技术融合难题

东数西算工程实施面临各种各样的技术难题，包括带宽、时延、算网融合、算力调度等方面，对关键的技术，要不断地研究创新，疏通堵点、卡点和难点，实现真正自主可控。

针对主要技术问题，可采取以下措施。一是提升传输技术，要打造超长距离、大带宽、智能光传输网络，做到真正可用、好用，确保稳定性、灵活性、扩展性。二是强化算网融合，要加强顶层设计，形成统一的标准体系，融通政产学研各方力量，逐步解决度量、感知、路由、交易、编排等技术难题。三是实现高效算力调度，要构建一个分类施策的调度系统，将数据分为冷、热、温三级，再通过及时就近和跨区调度相结合的方式进行处理，使分布式算力使用更有针对性、实时性、时延敏感性、调度可达及时性。

5. 增强长期资金持续投入能力

2022年全国两会及中央财经委第十一次会议，均释放出适度超前、有序扩大投资建设的信号，东数西算工程的推进必然需要大量资金，由于数据中心的投资金额大、建设周期长、资金回报慢，目前存在市场主体动能不足、大环境下资金筹措困难的问题。

要解决现实问题，一是加强运营商的自我造血能力。运营商在资源布局、算网建设、网络安全上具有天然优势，东数西算工程从本质上讲，属于运营商的主营业务范畴，作为数字信息基础设施建设的主力军，要保障有序、持续的投资，必须增强通信行业的创收能力，提升通信行业的核心价值，增强通信行业持续造血能力，保障在重资产属性的基础设施建设进程中能够持续地投入。二是拓展多元化的投融资渠道，例如股票、不动产投资信托基金（Real Estate Investment Trust，REIT）等模式来保障持续投资，创新投融资渠道、方法和政策。三是从政策层面加强云、网、数据中心等核心基础设施资金的多方筹措，对于末梢土地、电力、人力等环节的资金众筹，市场各环节参与主体要贡献自身力量。运营商应在不断提升自身造血能力的同时，协同地方政府及电力、交通等行业，在国家统一部署下，稳健有序、共同推进东数西算工程建设。

2.4 未来算力服务模式展望

2.4.1 基于服务的商业模式

基于服务的商业模式是当前算网资源比较常见的商业模式，未来很长一段时间内也将是东数西算工程的主流商业模式。在基于服务的商业模式中，用户比较看重性能指标和服务体验，而对资源的所有者并不关心，即"不为所有，但为所用"。运营商的带宽租赁、云计算业务都是典型的基于服务的商业模式，已被人们广泛接纳。东数西算产业链中，算力、存储、网络、数据、平台、软件等资源均可作为服务内容，为用户提供服务。随着东数西算工程的推广，用户与资源分离将成为常态，势必为信息技术外包（Information Technology Outsourcing，ITO）创造较好的市场环境，预计 ITO 将在东数西算业务中占一定的比例。

2.4.2 基于交易的商业模式

随着技术的成熟，东数西算工程会孕育出一种全新的商业模式，即基于交易的商业模式。在基于服务的商业模式下，服务提供方比较单一，且相对比较固定。然而，在基于交易的商业模式下，服务提供方趋向多元化，变化也比较频繁，且供需双方的角色可互换。在东数西算工程推动下，算力网络会加速发展，随着算力度量、算力标识、算力检测等技术的成熟，数据中心之间的算力调度将成为常态。不同数据中心的算力性能、成本也会有所不同。充分的市场竞争，会助推算力交易发展。同时，东数西算工程将促进数据中心互联、算力协调和数据融通，这又会促进数据交易。由此可见，基于交易的商业模式是东数西算工程高度发展后可能出现的商业模式。未来，数据交易和算力交易将是两种主要的基于交易的商业模式，但是随着元宇宙、Web3.0、非同质化通证（Non-Fungible Token，NFT）、数字产品等新一代信息技术的普及，东数西算工程还会孕育出新的商业模式。

东数西算工程将坚持市场主导和政府引导并重，政府主要提供土地和能源政策支持，不直接参与建设和运营工作。因此，东数西算工程的商业模式将是在现有算网商业模式基础上的一种完善与发展。基于东数西算工程将出现两类商业模式，一类基于服务，另一类基于交易。

无论哪类商业模式，运营商都起到举足轻重的作用。当前基于服务的商业模式下，运营商可依托自身资源禀赋将网络资源、算力资源、存储资源、数据及服务打包为产品。未来在基于交易的商业模式下，运营商可以在算力交易、数据交易过程中，以第三方撮合者的身份，为交易双方提供公平公正的环境。

本章参考文献

[1] 戴南. 东数西算，重构数字经济新底座[EB/OL]. [2023-02-23]. 中兴学习发展.

[2] 国家发展改革委.东数西算投资建设进展情况答记者问[EB/OL].（2022-04-24）[2023-02-14]. https://www.ndrc.gov.cn/xwdt/ztzl/dsxs/gzdt5/202204/t20220424_1322761.html.

[3] 国家发展改革委高技术司.东数西算工程进展情况（2022年8月）[EB/OL].（2022-09-23）[2023-02-14]. https://www.ndrc.gov.cn/fzggw/jgsj/gjss/sjdt/202209/t20220923_1336061_ext.html.

[4] 张家口工业和信息化局. 张家口跻身国家数据中心集群[EB/OL].（2022-03-31）[2023-02-14]. https://www.zjk.gov.cn/content/gzbs/160457.html.

[5] 石健. 得天独厚综合资源优势 张家口领跑东数西算战略布局[N/OL]. 中国经营报，2022-06-04 [2023-02-14]. 百度网站.

[6] 张家口市人民政府. 张家口市数字经济发展规划（2020—2025）[EB/OL].（2020-08-03）[2023-02-14]. https://www.zjk.gov.cn/content/zxjh/37587.html.

[7] 韶关市人民政府. 韶关数据中心集群第三批数据中心项目签约为韶关数字经济创新发展注入新动能[EB/OL].（2022-09-30）[2023-02-14]. https://www.sg.gov.cn/zsyz/tzdt/content/post_2311249.html.

[8] 宁佳欢，李永桃. 创新内蒙古·活力迸发：东数西算中的内蒙古行动[N/OL]. 内蒙古日报，2022-04-16 [2023-02-14]. 腾讯网站.

[9] 陈吉宁. 北京市第十五届人民代表大会第五次会议《政府工作报告》[R]. 2020.

[10] 刘洋. 重实干，务实功，求实效：呼和浩特让数字经济扬帆"新蓝海"[N/OL]. 内蒙古日报，2022-05-27 [2023-02-14]. 百度网站.

[11] 赵国宸，苗晓永，周煊义.东数西算促进内蒙古数字产业化发展[J]. 中国建设信息化，2022，162（11）：48-51.

[12] 魏进武. 推进东数西算工程的认识与思考[N/OL]. 人民邮电报，2022-06-23 [2023-02-14]. https://www.cnii.com.cn/rmydb/202206/t20220623_391218.html.

第 3 章
东数西算对算力网络的能力要求

实施东数西算工程,是将东部算力需求有序引导到西部、优化数据中心建设布局、促进东西部协同联动的重要举措。东数西算工程的顺利实施,离不开构建高速、泛在、弹性、绿色、安全、智能的算力网络。本章从算力资源供给、网络连接、管控与编排三个维度,结合东数西算发展要求,对算力网络的主要特点进行阐述。

3.1 多样性算力资源供给

3.1.1 算力供给概况

《"十四五"数字经济发展规划》提出,算力已成为数字经济的核心生产力,将为数字产业化发展提供强劲动能。数据中心是提供算力资源的重要基础设施,算力作为数字经济时代的核心资源,其需求正推动数据中心快速部署。工业和信息化部数据显示,截至 2022 年 6 月底,我国在用数据中心机架总规模超过 590 万架(标准机架),在用数据中心服务器规模 2000 万台,算力总规模超过 150 EFLOPS,近五年年均增速超过 30%,算力规模排名全球第二[1]。随着数字经济的全面发展,算力作为重要支撑"底座",赋能作用日渐凸显,预计全社会对算力需求每年仍将以 20%以上的速度快速增长[2]。根据工业和信息化部 2021 年印发的《"十四五"信息通信行业发展规划》,到 2025 年,全国数据中心算力规模将达到 300 EFLOPS[3]。

第3章 东数西算对算力网络的能力要求

近5年我国数据中心规模如图3-1所示。

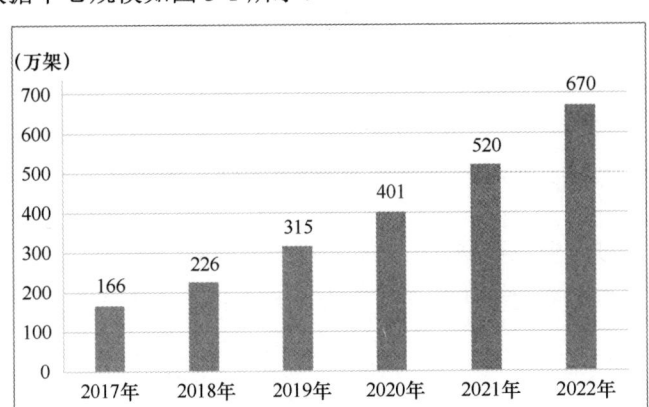

图3-1 近5年我国数据中心规模

我国数据中心在东西部的发展整体差异较大,呈现出东密西疏、东热西冷的特点。东部地区数据中心需求旺盛,机架数全国占比约为60%,且供不应求[4],其中东部5个省市(广东、浙江、江苏、上海和北京等)算力需求占到了全国的70%以上[5]。与此同时,西部地区数据中心市场需求不多,目前在用机架数在全国的占比不到20%,且存在供给过剩的情况[4]。我国数据中心分布情况如图3-2所示。

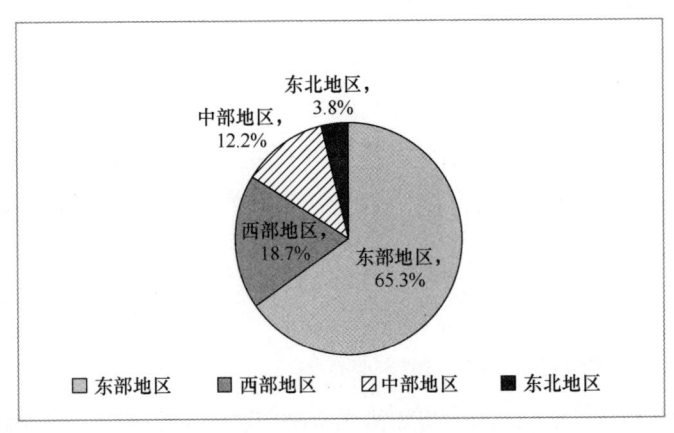

图3-2 我国数据中心分布情况[6]

目前,我国数据中心行业市场集中度较高,参与主体主要包括基础电信运营商、第三方数据中心服务商等。三大电信运营商凭借其网络带宽和机房资源优势，市场份额占比超 60%；第三方 IDC 运营商有世纪互联、万国数据、鹏博士、光环新网、宝信软件、数据港等，主要为云计算、互联网、金融等客户提供服务。

3.1.2 算力需求特征

东数西算规划主要在数据中心布局层面进行完善。东数西算 8 个枢纽节点中，东部节点定位于满足实时算力需求；西部节点定位于承接全国范围内后台加工、离线分析、存储备份、平台互联网等非实时或时延不敏感算力需求。大量实时性要求高的业务则由各区域或城市的数据中心、边缘计算模块承担。在东数西算场景下，算力需求呈现泛在化和多样性趋势。

1. 阶梯化、泛在化算力服务需求

集约化云计算可以满足大量应用对计算和网络的需求，是东数西算主要的算力供给方式。近年来，我国互联网企业在公有云上的投入不断增加，根据国务院发展研究中心发布的《中国云计算产业发展与应用白皮书》，预计到 2023 年我国政府和大型企业上云率将超过 60%[7]。从产品结构看，我国基础设施即服务（Infrastructure as a Service，IaaS）发展成熟，平台即服务（Platform as a Service，PaaS）高速增长，软件即服务（Software as a Service，SaaS）潜力巨大，从一定程度上反映了算力使用情况和算力服务发展的方向。在东数西算推动下，IaaS 的价值将会继续强化，IaaS 具有强大的敏捷性和高度的可扩展性，提供给用户较大的自由度。IaaS 提供弹性伸缩的功能，在使用率高的时候自动扩展资源，而在使用率低的时候自动释放资源，在东数西算场景下可以提供灵活的算力供需关系，既提高了云服务整体的资源利用率，又降低了客户的成本。

边缘计算是互联网应用创新和发展的必然需求。根据 IDC 的数据，预计到 2025 年，大概 75%的数据在边缘产生、在边缘处理[8]，多数数据不需要在云端存储，如车联网、智能制造、虚拟现实（Virtual Reality，VR）/增强现实（Augmented Reality，AR）、移动医疗等应用，对边缘算力的要求不断提升，需要区域或城市的数据中心、城市内的边缘计算模块来满足。边缘计算主要解决了数据上传的延时问题，边缘计算把一些智能算法前置，可在前端进行部分计算，然后将结果上传到云端，这样就避免了把原始数据都上传到云端，云端计算完再下发到边缘的流程烦琐问题，能减少网络传输和多级转发带来的带宽与时延损耗。

2. 算力多样性需求

算力主要由服务器提供，核心是计算芯片技术。随着芯片的发展演进及市场需求的变化，通用、智能、超算等不同类型和形态的算力相继涌现。截至2021年底，我国智算中心超过20个。2022年8月，科技部、财政部联合印发《企业技术创新能力提升行动方案（2022—2023年）》，其中提及推动国家超算中心、智能计算中心等面向企业提供低成本算力服务。

通用算力主要指以中央处理器（Central Processing Unit，CPU）为代表的通用计算能力，主要用于基础通用计算，可以满足对时延要求不高的基础计算需求，其应用场景较为广泛，不仅包括网络购物、移动视频、移动支付等交互类业务，还包括大数据挖掘、图像渲染、视频渲染等离线分析类业务。近几年，我国通用算力规模快速增长，从2015年的23 EFLOPS增长到2020年的77 EFLOPS。但随着应用需求的变化和由数据量指数级增长带来的计算量增长，仅由CPU作算力的提供者已经不能满足需求，算力在向包括图形处理器（Graphics Processing Unit，GPU）、现场可编程门阵列（Field Programmable Gate Array，FPGA）、专用集成电路（Application Specific Integrated Circuit，ASIC）等多种芯片异构而成的智能算力演化，通用算力在总体算力中的占比由2016年的95%下降至2020年的57%。

智能算力主要指由GPU、FPGA、ASIC等AI芯片的加速计算平台提供的算力，多种类型芯片构建异构算力架构是提高计算效率的重要方式。利用CPU与加速芯片的异构组合可以满足高吞吐量互联的需求，主要用于人工智能的训练和推理计算等高性能计算，如自然语言处理、计算机视觉、语音交互、信号处理、大数据分析等。智能计算能力可分为云端智能计算能力、边缘智能计算能力。边缘智能计算用于车联网、无人驾驶、智能网联汽车等需要提供超低时延智能算力的业务，适用于就近计算。对实时性要求不高且计算量大的数据推理、强化学习训练等可以放在西部数据中心进行计算。中国信息通信研究院发布的《中国算力发展指数白皮书（2022年）》显示，智能算力占比在2016年至2020年持续增长，预计2023年智能算力需求占比达到70%。

而超算算力主要用于尖端科学领域的计算，虽然也采用CPU，但与云计算有明显的区别。在技术架构上，超算的核心计算能力由高性能CPU或协处理器提供，注重双精度通用计算能力，追求精确的数值计算。在应用方面，超算中心的服务对象可分为三类：尖端超算，应用于重大工程或科学计算领域的通用和大规模科学计算，如新材料、新能源、高端装备制造、航空航天飞行器设计等领域的研究；通用超算，主要以产业级的技术创新和验证为主，如高校科研、石油勘探、生物制药等；业务超算，以实现产品业务优化为主，如芯片仿真、汽车机械、金融经济等。超算算力在整体算力中的占比较为稳定，约为2%[9]。

从行业需求角度看，互联网是最大的算力需求行业，占整体算力市场近50%的份额。政府、服务、电信、金融、教育、制造等行业分列第二到七位，其中，电信、金融行业数字化程度较高，对算力的需求处于领先水平；制造业处于数字化转型的初期，需要更多规模化、普惠型的算力基础设施。各行业算力需求占比如图3-3所示。

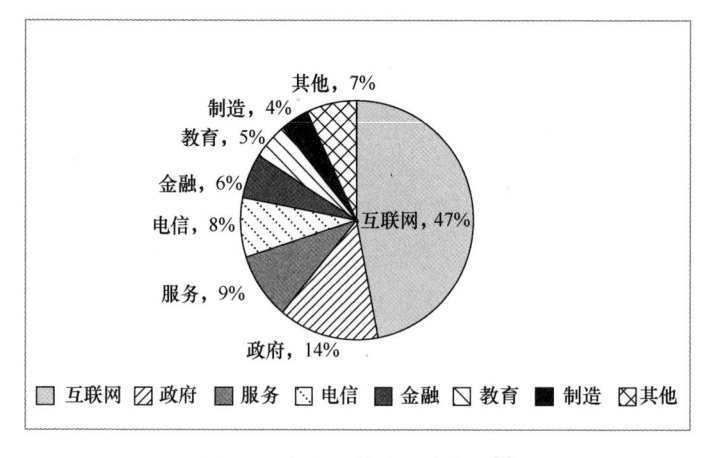

图3-3 各行业算力需求占比[9]

从产业链安全方面考虑，东数西算将推动算力资源更加集约化，进口芯片的风险会更大。国家政策层面在积极推动使用国产算力芯片，但国产算力芯片种类多，算力服务需要兼容多种技术的算力芯片，并通过云技术屏蔽算力芯片的差异，满足各种业务部署的需求。

3.2 高品质电信网络连接

3.2.1 大带宽

东数西算工程要建设 8 大枢纽 10 大集群，是建设数字强国的关键措施。东数西算有了超强算力，更需要关注运力，运力一方面将算力和存力输送到企业和家庭，另一方面又将海量数据从东部运送到西部进行计算。深度学习训练、科学计算、图像处理等应用都涉及海量数据，需要大带宽的网络将数据快速运到算力节点。"十四五"时期，每个算力枢纽节点带宽需求从几十 Tbit/s 至几百 Tbit/s。在"十四五"末期，内蒙古、京津冀枢纽节点带宽需求将达到 10 Tbit/s 级别；其他 6 大枢纽节点带宽需求将达 100 Tbit/s 级别。

中国联通研究院发布的《算力时代的全光底座白皮书》指出，东数西算工程的 10 大集群节点总计规划 600 多万架机架（标准机架），西部集群规划机架数达 200 万架以上，东部集群规划机架数达 400 万架以上；东部数据中心（Data Center，DC）以服务本区域算力需求为主，西部数据中心以服务全国算力需求为主，西部数据中心预计出省带宽在 70%以上。当完成东数西算规划的机架数时，预计骨干网的传输带宽将达到现有运营商骨干带宽的 3 倍左右，东西部的骨干网带宽将达到 2000 Tbit/s 以上。随着西部承接算力比例逐步增加，东西向骨干网带宽将以远高于骨干网平均增幅的速度增长。

如此庞大的数据传输，只有通过全光网络才能够实现。数据中心内部连接及数据中心之间的互联方案离不开光纤通信相关技术和产品的支撑。光纤通信具备超大容量、传输距离长、低功耗、安全性高、传输介质成本低等天然优势，波分复用（Wavelength Division Multiplexing，WDM）技术早已成熟，不断通过提升单波速率和光纤的可用带宽挖掘光纤的传输潜力。当前，单纤传输的最大容量已达到 200 Gbit/s×120 波（24 Tbit/s）。

3.2.2 低时延

时延是影响用户对算力服务体验的关键参数之一，不同类型的算力服务对时延的要求差异较大。下面介绍几个典型的东数西算场景对网络时延的需求。

东数西训：把东部需要进行 AI 训练和大数据推理的工作调度到西部去计算，比如机器学习、数据推理、智能计算等，西部 AI 训练算力布局应用前景广阔，主要特点是算力强度大，但实时性要求不高。东部云和边缘云为周边用户提供实时 AI 推理算力，这些 AI 推理算力基于东数西训计算提供的训练模型提供服务，用户访问 AI 推理算力节点的低时延要求是有保障的。

东数西存：未来数据存储需求巨大，也需要大量的存储算力资源，对时延要求不高的冷数据和温数据更适合在西部存储（如备份数据、归档数据、账单、日志、历史记录等），东部主要存储对时延要求高的热数据，构建梯度存储格局是大势所趋。西部存储归档和容灾的温冷数据，没有低时延要求，百毫秒或秒级响应即可。东数西存场景下不同类型数据对网络时延的要求示例如图 3-4 所示。

基于东数西算的超算中心：超算中心主要承担大规模计算任务，核心特点是大规模的并行计算，比如新能源、新材料、自然灾害、气象预报、地质勘探、工业仿真模拟、新药开发、动漫制作、基因排序、城市规划等，当计算集中在一个超算中心时，一般对数据上传到超算中心的时延要求不高。当计算需要多个超算中心协作时，超算中心间需要进行大量的数据实时存取操作，对时延要求比较高，也是当前研究的热点课题。

基于东数西算的互联网应用：对时延不敏感的算力服务可以由西部算力承担，如网页浏览、资料或数据查询等服务。东西部网络时延越短，将会有越多的算力应用在西部部署，对实现东数西算工程目标具有很大的意义。

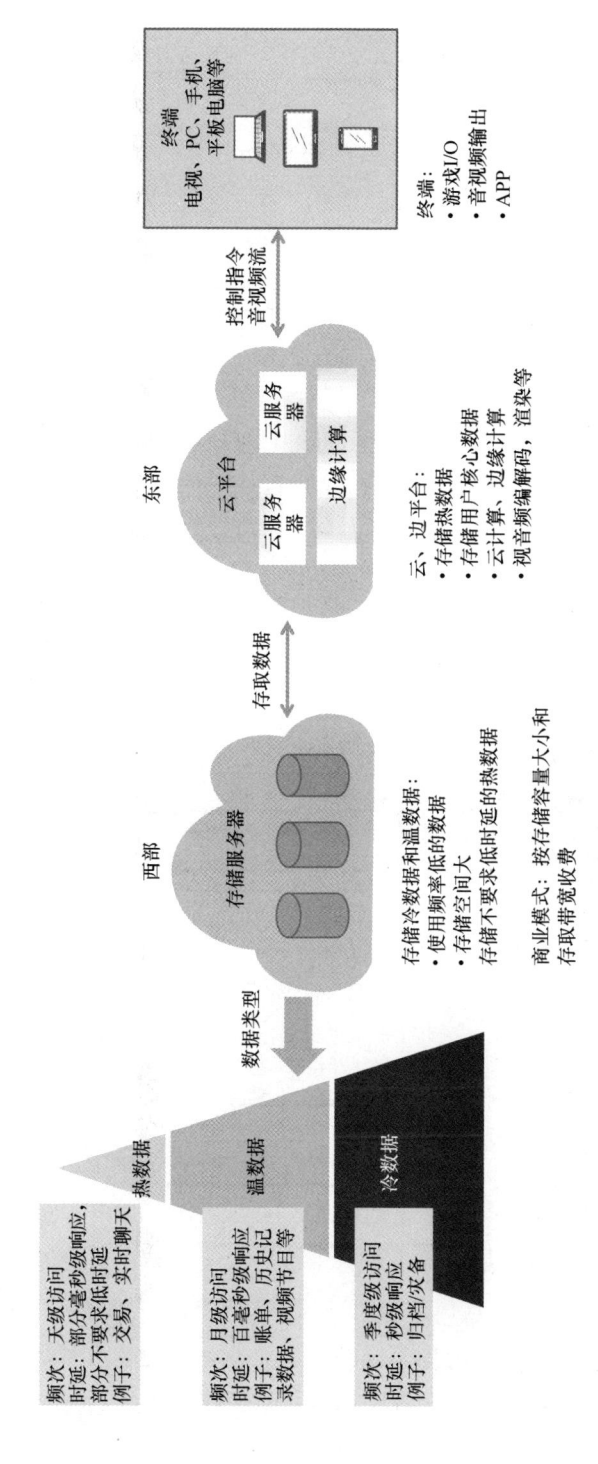

图 3-4 东数西算存场景下不同类型数据对网络时延的要求示例

基于东数西算的分布式云计算：需要在多个数据中心间进行资源的协同，包括算力资源、存储资源等，这些应用一方面要求网络的时延越低越好，另一方面要求时延越稳定越好。

不同类型业务对时延的要求如表3-1所示。

表3-1 不同类型业务对时延的要求

业务分类	时延	业务部署建议	服务及算力需求占比	典型应用
热业务	<10 ms	城域部署	5%以上	金融交易、AI推理、直播、游戏、工业控制、低时延物联网、车联网等
温业务	<30 ms	区域部署	55%以上	政务网站、智慧城市、协同办公、部分工业互联网等
温冷业务	<100 ms	东数西算	20%以上	异地容灾、视频转播、医疗影像、基因测序、大数据、云会议等
冷业务	>100 ms	东数西算	10%	数据备份、归档、门户浏览、社交、邮件、电商、AI训练等

根据对时延的要求可将业务分为热业务（低时延业务）、温业务（时延相对敏感业务）、温冷业务（时延不敏感业务）、冷业务（时延不敏感、数据读写频度极低）四个层级。热业务对时延要求在10 ms以内，占比5%以上，这类业务一般部署在边缘算力设施；温业务对时延要求在30 ms以内，占比55%以上，这类业务可部署在边缘算力设施或区域数据中心集群内；温冷业务对时延要求在100 ms以内，占比20%以上，冷业务对时延要求在100 ms以上，占比10%，这两类业务均可部署在西部数据中心。

随着东西部间网络优化，网络传输时延可进一步缩短，这样将会有更多的业务可采用东数西算，从而催生更多的创新服务模式，如多云协同、存算分离、云边协同等。

中国运营商骨干网的核心节点和骨干节点主要部署在省会城市及部分重点城市（深圳、大连、厦门等），但东数西算工程十大数据中心集群中，韶关、中卫、庆阳、张家口、芜湖等节点为地市级城市，业务到这些节点需要经省会等骨干节点转接，造成传输时延增加。因此，需要对骨干网络进行结构调整和优化，将国家数据中心枢纽提升为骨干节点,降低业务数据经省会城市绕转的传输时延。并对光缆网络的路由和传输承载网络的组网结构进行优化,减少数据在网络上的绕转和转发时延,满足国家发展改革委在《全国一体化大数据中心协同创新体系算力枢纽实施方案》文件中的要求:

(1) 数据中心集群:数据中心端到端单向网络时延原则上在 20 ms 内。

(2) 城市内部数据中心:数据中心端到端单向网络时延原则上在 10 ms 内。

时延越低,结合算力资源与网络优势,支持的算力业务就越多,比如:

① 运营商在城市内提供 1 ms 时延圈,基本上所有的超低时延业务就可以迁移到运营商的地市级数据中心中。

② 如果运营商的省级数据中心提供 5 ms 时延圈,基本上所有的低时延业务可以迁移到运营商的省级数据中心中。

③ 针对时延不敏感的业务,通过低时延网络,都可以迁移到西部数据中心集群。

3.2.3 弹性敏捷

算力网络时代,需要网络弹性敏捷,如针对高性能计算(High Performance Computing,HPC)、渲染等场景,对网络带宽的需求并不固定,在需要传输文件时,需要大带宽,但在大部分时间,带宽需求有限。如平时采用 100 Mbit/s～1 Gbit/s 专线就可满足需求,在向算力中心申请算力时,需要传输的文件大小经常达到 100 TB,100 TB 文件如果采用 100 Mbit/s 专线传输需要 12 天,会大大降低整体效率;如果采用 100 Gbit/s 专线,仅需要不到 20 min 即可完成文件的传输。因此需要网络弹性,根据需求快速建立连接与调整带宽,以提升整体效率;在不需要时能够实时解除网络的配置或调整,释放网络资源,降低客户的专线租用成本;能够根据客户的需求,提供按计划的带宽调整,即实现带宽日历功能。

3.2.4 高可靠性

东数西算工程推动数据中心的集约化发展、多云或云边算力协同等新型算力服务的部署，网络或算力系统的故障对数字经济的影响或危害越来越大、越来越显性。

算力网络时代，网络主要面向的客户是政企类客户，业务越来越多采用多级部署模式，这就对网络的高可靠性提出了更高的要求。对网络可靠性的要求主要包括网络无故障、网络无丢包、网络无突发拥塞、故障快速自愈、网络性能（路由、时延、带宽等）确定等方面。东数西算的一些业务场景，如多云协同、存算分离、业务远程集约化部署等，将本属于数据中心内部的网络连接，或者城域、区域内的连接，扩展为长途传输连接。通常数据中心内部网络的可靠性远高于长途网络的可靠性，因此东数西算应用场景将对长途网络可靠性提出更为严苛的要求。典型政企业务对物理安全和网络高可靠性的需求如图3-5和图3-6所示。有些客户甚至要求网络提供3条以上的不同物理路由，以确保云间连接物理安全、高可靠。

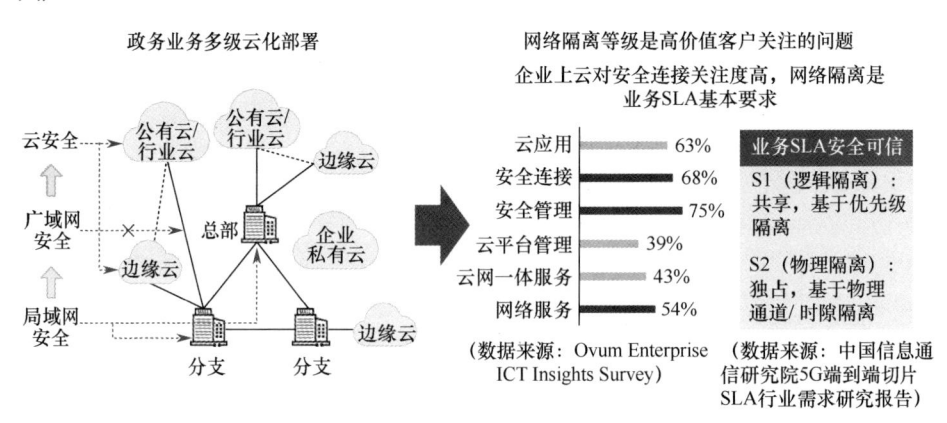

图 3-5 政企业务对物理安全的需求

此外，东数西算对于网络的安全可信也提出了更高的要求，东数西算推动数据分布式存储、应用的多云协同、算存分离等业务场景的发展，数据需要经过跨域的长途传输，面临基于网络的数据窃取或篡改和对算力、存储设施的攻击等安全风险，需要网络具有较高的安全防护能力。数据安全一方面需要通过数据中心间通信协议层面和加密技术来保障，另一方面需要网络层提供高水平的网络安全体系，避免基于网络对算力系统、应用和数据的攻击。

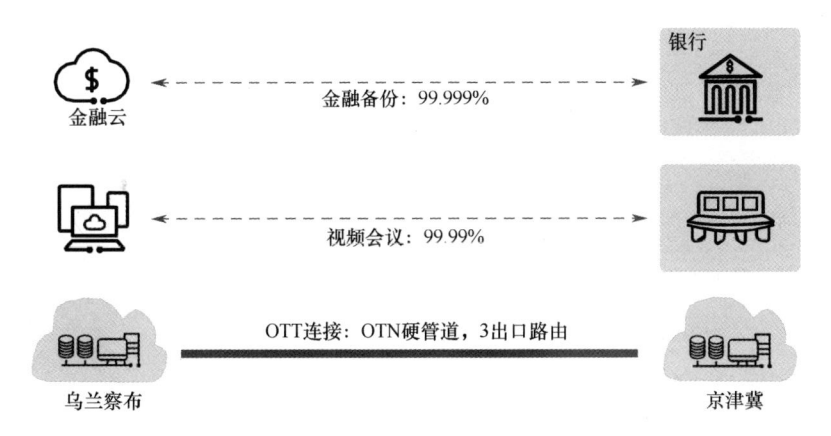

图 3-6 典型政企业务对网络高可靠性的需求

3.2.5 低成本

在市场部分提到东数西算工程和南水北调、北煤南运、西气东输、西电东送最大的不同点是，市场需求尚待挖掘。只有在西部形成显著政策、成本优势，才能吸引企业将满足业务性能要求的一些算力业务迁移到西部。

东数西算工程将推动东西向长途传输需求高速增长，长途传输费用是 IDC 产业和互联网、云服务产业中的主要成本之一，客户采用东数西算模式部署业务，势必带来长途传输需求大量增加，企业运营成本因此提高，只有降低长途传输的成本，才能在西部国家枢纽形成东数西算成本优势，吸引企业将算力业务部署到西部。

为推动东数西算工程实施，《全国一体化大数据中心协同创新体系算力枢纽实施方案》专门提出要"降低长途传输费用"，并提出要建立新型的互联网交换中心以降低互联的费用。为此，运营商需要采取多方面的措施，既要保证网络的时延和可靠性等性能更优，还要降低网络建设和运营成本，降低网络带宽租用成本，这样一个充满矛盾的要求，对运营商的网络建设和运营都是一个巨大的挑战。为实现上述目标，需要运营商加强网络智能管控与编排调度系统研发，提供按需开通、按需动态调整带宽等灵活、实时、以天或小时为单位的短租网络连接服务，扩大市场空间、提高网络利用效率，降低长途传输费用；实现网络智能自动运维，大幅降低人工成本；开发面向用户的网络电路自助调度、调整的门户系统，支持用户实时自定义业务需求和自助开通业务，提高服务效率。

3.3 智能化管控与编排

3.3.1 网络智能管控

1. 提升网络统一调度能力

东数西算工程实施，将带动大量的东西向专线业务，包括长途入云业务、云间协同和数据传输业务等，对现有以东部地区为主、以三大区域经济圈为主的网络业务分布带来较大冲击。面向企业客户的多样化需求，各种应用对时延、带宽等主要网络参数的要求不同，需要长途网络支持基于应用需求的跨域跨网络编程，基于多种网络参数，构建符合业务需求的一体化编排系统，提供面向需求的差异化路径和服务，并按照算网一体化编排系统需求向上提供服务化接口。同时，随着行业信息化和数字化转型的深入发展，企业客户在带宽随需调整、业务智能发放、用户自助服务等场景，对于运营商的网络统一编排能力提出了更高的要求。统一管控和编排调度系统需要解决跨域专线业务开通周期长、配置复杂度高的问题，实现跨域政企专线一键式开通、带宽一键式调整，满足企业客户的多样化需求。

2. 提升网络智能运营能力

随着东数西算工程的发展，将逐步出现多云协同、云边协同、存算分离、分布式云计算等复杂业务场景，要求网络能够智能、自动、实时感知应用，并基于需求提供灵活、实时、可靠的全局可编程的调度和协同服务。例如，随着网络和业务的发展，越来越多的增值业务需要按需部署和动态调整，典型的如网络安全服务，包括防火墙（Firewall，FW）、Web应用防火墙（Web Application Firewall，WAF）、深度报文检测（Deep Packet Inspection，DPI）等，服务最初都部署于中心云资源池或用户网络，但随着用户对网络质量、时延等网络性能要求不断提升，对业务功能灵活增减的需求日益增加，以及随着边缘计算技术的发展，运营商已经逐步在边缘节点按需部署安全服务功能，而边缘节点需要通过网络实现协作，将业务功能串联起来。因此，需要运用 AI 等新技术，满足用户对业务功能灵活调度的需求，以进一步缩短响应时间、优化资源布局、提升网络效率。同时，运用 AI 等新技术，支持和完善智能配置、智能故障管理、智能性能等，实现快速故障定位与故障解决等端到端自助服务。

3.3.2 业务协同编排

传统的算力和网络相对独立，网络仅为算力提供简单的连接。软件定义网络（Software Defined Network，SDN）/网络功能虚拟化（Network Functions Virtualization，NFV）等新技术使得网络和算力开始在基础设施层面逐步融合，随着东数西算工程的实施，进一步驱动算网协同的发展。网络需要感知算力的位置，实现就近分流与跨区域算力调度，这推动算力和网络服务更加紧密协同，逐步向一体化算力网络方向发展，为客户提供算网一体的服务。这要求在算力资源和网络资源间能够实现一体化的协同调度，包括：第一，实现算力资源和网络资源互通，满足云间实时协同计算的需求、跨区域算力调度的需求、客户入网接云的需求；第二，实现对全局算力资源的自动感知，构建一体化算网感知模型，按需自动进行面向应用的全局多级算力资源自动分配调度、算网一体化服务编排、动态弹性算力和网络资源的协同调整，为客户提供灵活的资源选择和组合配置，实现算网资源统一编排。

面向东数西算各种场景的多级算力间一体化调度将更为复杂，从协同的类型上看，包括多云之间、云和数据中心之间的资源调度，跨行业、跨地区、跨层级的算力资源、网络资源调度。从用户的需求看，算力资源向泛在化和多样性等方向发展，不同业务场景，需要匹配不同的算力，同一个客户可能需要多种类型的算力。有时需要整合不同类型的算力资源，根据业务场景的特点，通过调度平台按需统一调度，以满足业务对多种算力协同、多云协同的应用需求。上述复杂的应用场景对算力调度的要求更高，涉及全局资源感知、资源采集与抽象、统一管控、统一注册/建模/度量、最优化灵活调度、计费与结算、生命周期管理等多方面，不但有技术方面的因素，而且有市场多主体间协同的因素。

本章参考文献

[1] 王政. 我国算力总规模居全球前列[N/OL]. 人民日报，2022-08-05 [2023-02-14]. http://www.gov.cn/xinwen/2022-08/05/content_5704300.htm.

[2] 谷业凯，余建斌. 加快打造全国算力"一张网"[N/OL]. 人民日报，（2022-03-27）[2023-02-14]. http://www.gov.cn/xinwen/2022-03/27/content_5681738.htm.

[3] 工业和信息化部. "十四五"信息通信行业发展规划[R/OL]. （2021-11-16）[2023-02-14]. http://www.gov.cn/zhengce/zhengceku/2021/11/16/5651262/files/96989dadf83a4302895cd17cbeec6600.pdf.

[4] 姬晓婷. 东数西算"芯"基建[N/OL]. 中国电子报，2022-03-04 [2023-02-14]. 百度百家.

[5] 中通服咨询设计研究院. 中国数字经济发展研究报告（2021）[R]. 2021.

[6] 国网能源研究院有限公司. 能源数字化转型白皮书（2021）[R]. 2021.

[7] 国务院发展研究中心. 中国云计算产业发展与应用白皮书[R]. 2019.

[8] 国际数据公司（IDC）. 数据时代 2025[R]. 2017.

[9] 中国信息通信研究院. 中国算力发展指数白皮书[R]. 2021.

第 4 章
构建以算力网络为代表的新型数字基础设施

当前,数字经济已成为引领经济增长的重要引擎,基础通信运营企业已成为数字经济发展的中坚力量。发展数字经济,算力是重要支撑,加快算力网络基础设施建设、优化算力资源布局、提升算力应用强度至关重要。本章回顾了算力网络的发展历程,重点分析了三大运营商算力网络架构及特点,还论述了算力网络发展演进思路。

4.1 算力网络发展历程回顾

4.1.1 计算与网络协同发展历程

5G 时代,随着云计算、边缘计算的快速发展,以智能计算、超算(超级计算机)等为代表的异构算力将成为支撑智能化社会发展的关键要素,开始在各行各业渗透,并在距用户的不同距离处分布许多不同规模的算力。为充分调用算力,网络需要具备更加灵活的调度能力,提供感知、互联和协同泛在的算力和服务。

计算的泛在互联是智能世界的基础和关键驱动力,5G 移动通信和 AI 技术的发展带来更多算力和算力互联的需求,实现高效算力需要计算与网络深度融合的新型网络架构，以便进一步实现数据与算力的高吞吐、敏捷连接和均衡随选。作为"计算+网络"高效协同发展的重要锚点，算力网络由此诞生，并强调借助通信网络协同泛在、异构算力资源，通过智能化技术实现算力的统一调度编排，实现云、网、边、端、业的高效协同，提高算力资源利用率，提升业务的质量和用户的体验。

我国围绕"新基建"战略布局，面向"计算+网络"，全面推动新型数字信息基础设施建设。2020年以来突发的新冠疫情，进一步凸显了数字经济和网络强国的重要性；2020年4月，国家发展改革委明确新基建范围，提出打造产业升级、融合、创新的基础设施体系；2021年，多部委联合发布《全国一体化大数据中心协同创新体系算力枢纽实施方案》，工业和信息化部印发《新型数据中心发展三年行动计划（2021—2023年）》，明确指出"用3年时间，形成总体布局持续优化，全国一体化算力网络国家枢纽节点、省内数据中心、边缘数据中心梯次布局"；2022年1月，国务院印发《"十四五"数字经济发展规划》，明确提出"推进云网协同和算网融合发展、有序推进基础设施智能升级"。与此同时，31个省、市、自治区各级政府纷纷出台"十四五"规划和方案，加快算力基础设施和信息网络基础设施建设。

4.1.2 算力网络技术研究进展

"算力网络"这个概念源自华为研发的基于节点间通过算力路由方式进行算力负载均衡的 Computing First Network（简称 CFN）协议，最初翻译为"计算优先网络"，在与运营商讨论后，为了突出该协议对算力的重要意义，更名为"算力网络"，所以 CFN 协议也可视为狭义的算力网络定义。广义的算力网络，是融合了云、网、边、端、业的一体化服务生成、变更、调度、优化的模式，更加强调算力与网络融合后的架构改变和对数字经济发展的重要意义。

2019年6月网络5.0峰会上，中国联通首次提出"算力网络体现网络新价值"，即运营商在提供连接带宽基础上，未来为客户提供算力+确定时延产品，构建算力与网络深度融合的基础设施，可能是摆脱网络管道命运的途径；同年10月，中国联通研究院在北京通信展发布算力网络领域第一本白皮书——《中国联通算力网络白皮书》，提出算力网络是云化网络发展演进的下一个阶段，算力网络的目标是提高"端、边、云"三级计算的协同工作效率；同年 12 月，在边缘计算产业峰会上，中国移动发布《算力感知网络技术白皮书》，介绍了算力感知网络的背景与需求、体系架构、关键技术、部署应用场景及关键技术验证等内容。

2020 年 3 月，由国内三大运营商和华为公司牵头在中国通信标准化协会（China Communications Standards Association，CCSA）开展"算力网络需求与架构"研究报告编制工作，并于年底立项了《算力网络 总体技术要求》行业标准；截至目前，算网编排管理技术要求、控制器技术要求、路由设备技术要求、算网关设备技术要求、标识解析技术要求等 10 余项行业标准项目正在有序推进中；同年 6 月，网络 5.0 产业和技术创新联盟（CCSA TC614）成立了算力网络特别工作组，依托联盟的平台和资源，联合多方力量，构建算力网络生态圈；同年 10 月，中国联通研究院在北京通信展发布《算力网络架构与技术体系白皮书》，阐述了算力网络架构设计、功能模型、层间接口与各功能层的关键技术，并结合若干场景对算力网络的应用和部署方式进行了展望；同年 11 月，中国联通在科技创新大会期间成立算力网络产业技术联盟，并召开技术研讨会，联合产学研各方力量深入探讨，在架构、技术、标准和生态方面携手并进；同期，中国电信出版《边缘计算与算力网络——5G+AI 时代的新型算力平台与网络连接》，基于云、SDN、NFV 等新技术的云化网络应用及发展趋势，对 5G+AI 时代的新型算力平台（边缘计算）与网络连接（算力网络）进行了系统性的介绍；同年底，中国联通在中国信息通信大会上发布了《算力网络前沿报告（2020 年）》，分析算力网络发展趋势、关键技术及面临的挑战，并提出技术及产业政策建议，该报告获得 2020 年工业和信息化优秀研究成果二等奖。

2021 年初，中国联通出版《算力网络——云网融合 2.0 时代的网络架构与关键技术》，详解算力网络发展背景、网络架构、技术体系、关键技术、应用场景和发展趋势；并于年底发布《中国联通算力网络实践案例（2021 年）》，详细介绍了中国联通算力网络的应用实践成果，并结合若干场景对算力网络的创新应用和部署方式进行了展望。中国移动发布《中国移动算力网络白皮书》，指出将以算力为中心、网络为根基，打造网（N）、云（C）、数（D）、智（A）、安（S）、边（E）、端（T）、链（B）（简称 ABCDNETS）等多要素融合的新型信息基础设施，推动算力成为与水电一样"一点接入、即取即用"的社会级服务，最终达成"网络无所不达、算力无所不在、智能无所不及"的发展愿景；同年 9 月，在宽带论坛（Broadband-Forum，BBF），完成首个算力网络国际标准城域算网（Metro Computing Networking）；IMT-2030（6G）推进组发布《6G 网络架构愿景与关键技术展望》白皮书，其中 60 多次提及"算力"，13 次提及"算力网络"，这标志着算力网络已成为 6G 的关键技术；同年 11 月，由国际电信联盟电信标准局（International Telecommunication Union Telecommunication Standardization Sector，ITU-T）、中国电信牵头制定的算力网络架构标准（Y.2501）发布，开辟了国际标准新领域，同时三家运营商牵头在算力网络领域立项标准包含 Y.IMT2020-CNC-req、Y.ARA-CPN、Y.NGNe-O-CPN- reqts 等 9 项，覆盖了 IMT-2030 及未来网络、下一代网络（Next Generation Network，NGN）、新型计算等技术领域，涉及需求、架构、服务保障、信令协议、管理编排等方面。

2022 年初，中国信息通信研究院牵头成立算网融合产业及标准推进委员会（TC621）及多样性算力产业及标准推进委员会（TC622），聚焦算网融合的热点和难点，通过"计算网络化"和"网络计算化"研究，促进产业各方在资源和业务层面实现共享，打造健康规范的生态系统；中国移动出版《算力时代：一场新的产业革命》，系统性介绍了算力的发展史及算力对经济社会数字化转型的影响，并对算网融合趋势的演进、新型算力应用场景进行了分析和畅想；中国电信出版《云网融合：算力时代的数字信息基础设施》，对算力的技术、服务及未来趋势做了系统阐述，着重介绍了算力的网络化、智能化、绿色和可信化技术。2022 年 5 月，中国联通发布《算力网络可编程服务 SID as a Service（SIDaaS）白皮书》，从体系架构、核心功能、实现方式、应用场景等方面对以 SIDaaS 为代表的算力网络可编程服务进行论述；中国移动发布《算力网络技术白皮书》，对算力网络的十大技术发展方向进行了展望，并以此为基础阐述了算力网络的技术体系和技术路线。2022 年 7 月 29 至 31 日，中国算力大会在山东省济南市召开，中国信息通信研究院联合多家单位发布了国内首份《中国综合算力指数（2022 年）》及《中国算力白皮书》《中国运力白皮书》《中国存力白皮书》三本白皮书；中国移动发布"算网服务 1.0"并启动算力网络试验示范网（CFN Innovative Test Infrastructure，CFITI）建设；中国电信发布《中国电信云网运营自智白皮书》，系统化阐述如何持续提升演进云网融合新型基础设施的自动化、智能化运营能力；中国联通发布《东数西算专题研究报告》《面向东数西算的算力网络关键技术白皮书》，分析了面向东数西算的主要业务与典型应用场景，总结了网络、算力、IDC 基础设施等方面的关键技术。2022 年 8 月 24 日至 25 日，未来网络发展大会在南京举办，紫金山发布全球首个云原生算网操作系统，实现了异构、多方算网资源的统一管控，可为业务系统提供"算力+网络"一站式服务；中国移动发布《算网一体网络架构及技术体系展望白皮书》，系统阐述和展望算网一体架构及技术体系。在 2022 年国际互联网工程任务组（The Internet Engineering Task Force，IETF）会议中，即 IETF 113、IETF 115 次会议上，中国移动牵头发起了算力感知网络的专题讨论，推动算力感知和算力路由在需求、场景等方面达成共识。

我国信息通信行业对"5G+云+AI"的探索处于世界领先地位，带动了全网的算力密集分布，快速下沉并且逐步实现联网服务。至今，算力网络的愿景已在业界得到广泛的认可，算力网络在标准制定、生态建设、试验验证等领域均取得一定进展，并且作为我国的一个原创技术体系，正逐步走向国际舞台。算力网络的发展也面临诸多问题，如算力资源的感知、度量与开放共享问题，算力与网络融合的技术标准和协同问题，算网一体的服务和商业模式问题等。未来，产学研多方将持续在算力网络与算网一体服务领域开展研发和应用示范工作，基于架构创新，在网络承载、算力标识和算网转发设备等方面攻关核心技术，突破卡脖子瓶颈，赋能数字经济新业态的发展和繁荣。

4.1.3 "中国算力网"的探索实践

2022 年 6 月，鹏城实验室在国家相关部委指导下推进算力网络计划，正式上线中国算力网，实现全网算力统筹、统一任务编排与资源调度、数据与生态协同共享。中国算力网的正式上线标志着中国算力网计划的全面展开，这也是中国算力网络建设进程中迈出的"关键一步"。

相比常见的数据中心、超算中心，中国算力网更专门地用于人工智能模型的开发、训练与推理场景。中国算力网弹性地满足全网范围内的算力需求，通过全网算力、数据和生态的汇聚与共享，实现泛在算力协同、绿色集约布局、全网交易流通，从科研创新、应用孵化、产业汇聚、人才发展等多方面助力各地高质量发展。截至目前，已有 20 个节点先后接入中国算力网，总算力超过 3000 PFLOPS，其中包括基于昇腾 AI 的人工智能计算中心、超算中心、一体化大数据中心等；在此基础上，目前多个人工智能计算中心间的 AI 算力调度与协同训练也已完成初步验证，全国算力"一张网"初具雏形。而中国算力网作为全新的算力载体，既是算力网络下一步发展的新形态和新范式，又在多个方面发挥了更大的价值。

首先，从计算中心走向算力网络，向全社会开放。随着各计算中心逐步接入中国算力网，算力"一张网"已成为支撑中国数字经济发展的强大算力底座，同时能够真正"让用户像用电一样使用算力服务"。

其次，算力网的建设为中国数字经济发展铺设一张"绿色低碳"之网。在中国大力推进"双碳"战略的政策下，优化和改进传统计算中心建设模式，推动计算中心向绿色节能、集约化发展转型成为新的趋势。

最后，中国算力网一系列的探索与实践，也为共同构建自主创新的算力网络技术体系奠定关键基础。目前，国内算力网络的发展仍面临资源分布不均、算力利用效率较低、算力缺乏有效调度等挑战，而化解这些挑战，对推动算力网络的建设，赋能企业和产业打造新服务、新模式和新业态，无疑具有重要的战略意义，在这方面中国算力网采用的"先行先试"的办法，以及"建起来，用起来，用得好"这种稳扎稳打的落地方式，无疑成为今后解决算力问题的最佳途径。

未来中国算力网除以东数西存、东数西算、东数西训为牵引逐步形成绿色集约的算力布局外，还将汇聚多种社会算力，形成更加泛在的算力协同，并通过全网的算力交易流通，弹性满足全网范围内的算力需求，从科研创新、应用孵化、产业汇聚、人才发展等多方面助力人工智能产业高质量发展。

4.2 算力网络架构与特点分析

4.2.1 运营商算力网络架构

2021年以来，随着东数西算工程的提出，国内信息通信行业掀起了算力网络研究的热潮。"算力网络"是我国通信行业率先提出的概念，已在业界得到广泛的认可。算力网络需要网络资源和算力资源高度协同，即实现云、网、边、端、业的高效协同，提高算力资源利用率，同时提升业务质量和用户的体验。

算力网络体系通过网络层实时感知网络状态和算力位置，基于用户的服务级别协议（Service Level Agreement，SLA）需求，综合考虑实时的网络资源状况和算力资源状况，通过算力网络智能编排，快速将业务流量匹配至最优节点。算力网络可以感知无处不在的算力资源和服务需求，用户无须关心网络中算力资源的具体位置和部署状态，网络和算力协同为用户提供最佳体验。

算力网络引入泛在计算和服务感知、互联和协同调度等新能力，具备算力服务功能、算力路由功能、算网编排管理功能，结合算网资源，即网络中计算处理能力与网络转发能力的实际情况和应用效能，实现各类计算、存储资源的高质量传递和流动。国内运营商结合各自网络特点，发布多本算力网络相关白皮书阐述其算力网络演进方案及关键技术。

根据ITU-T国际标准《算力网络框架与架构标准》（Y.2501）对算力网络（Computing Power Network，CPN）的描述，算力网络是一种通过网络控制平面（如集中控制器、分布式路由协议等）将业务节点分布的计算、存储、网络资源实现优化分配的新型网络[1]。算力网络结合网络信息和用户需求，提供计算、存储和网络资源的最佳分配、关联、调度和交易。如图4-1所示，算力网络体系分为4个层面，分别是算力网络资源层、算力网络控制层、算力网络服务层和算力网络编排管理层。

```
┌─────────────────────────────────────────┐  ┌──────────────────┐
│          算力网络服务层                  │  │ 算力网络编排管理层│
│ ┌──────────┐ ┌────────┐ ┌──────────┐   │  │ ┌──────────────┐ │
│ │原子功能/  │ │交易、计费│ │原子功能/  │   │  │ │ 算力网络编排  │ │
│ │服务1     │ │        │ │服务m     │   │  │ └──────────────┘ │
│ └──────────┘ └────────┘ └──────────┘   │  │ ┌──────────────┐ │
│          算力网络控制层                  │  │ │ 算力网络安全  │ │
│ ┌──────────┐ ┌────────┐ ┌──────────┐   │  │ └──────────────┘ │
│ │资源信息收集│ │资源分配 │ │网络连接调度│   │  │ ┌──────────────┐ │
│ └──────────┘ └────────┘ └──────────┘   │  │ │ 算力建模      │ │
│          算力网络资源层                  │  │ └──────────────┘ │
│ ┌────┐┌────┐┌────┐┌────┐┌────┐         │  │ ┌──────────────┐ │
│ │计算││网络││存储││服务││其他│          │  │ │ 算力OAM       │ │
│ │资源││资源││资源││资源││    │         │  │ └──────────────┘ │
│ └────┘└────┘└────┘└────┘└────┘         │  │                  │
└─────────────────────────────────────────┘  └──────────────────┘
```

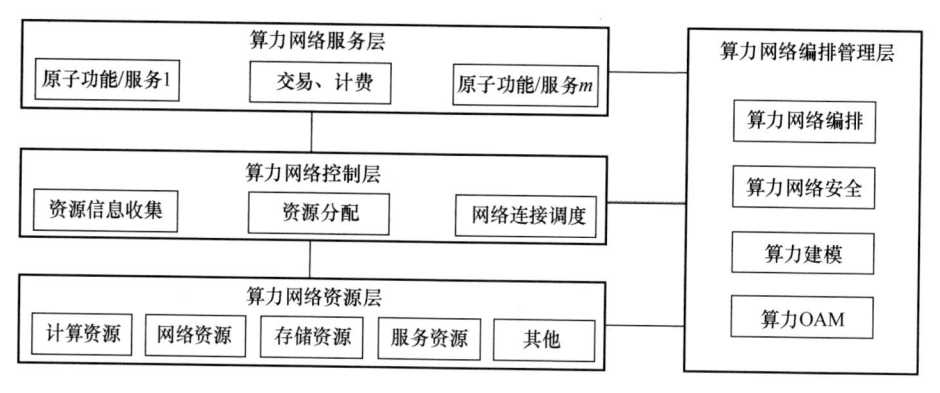

图 4-1　算力网络体系结构图[1]

算力网络资源层包含网络运营商和云资源供应商提供的资源，如计算资源（边缘计算节点的服务器）、网络资源（交换机、路由器等）、存储资源（存储设备），以及在服务器上运行部署的服务。算力资源是异构的，可通过统一标识体系实现不同厂商、异构算力资源的统一认证和资源调度。算力网络控制层实现资源信息收集、资源分配、网络连接调度等功能，从算力网络资源层收集信息并发送给算力网络服务层进行处理，同时收到处理结果后，会占用资源并建立网络连接。算力网络服务层实现服务处理、交易及计费等功能。算力网络编排管理层实现算力网络编排、算力网络安全、算力建模及运行管理维护功能。

国内多个运营商也结合自己的算力及网络资源现状、发展目标，提出了各自的算力网络架构。

1. 中国联通算力网络架构

中国联通先后发布《中国联通算力网络架构与技术体系白皮书》等 6 本白皮书，对算力网络的发展目标、网络架构、算网协同、业务创新等做了比较详细的论述，中国联通提出的算力网络架构如图 4-2 所示。

此架构基于中国联通 2021 年发布的 CUBE-Net 3.0 网络创新体系提出，包括服务层、调度层、能力层等功能模块。其中服务层主要实现面向用户的服务能力开放，为用户提供云网边一体化产品；调度层负责算力服务资源和网络资源的纳管、能力封装和协同编排，实现云网边一体化的算力网络调度；能力层包括算力

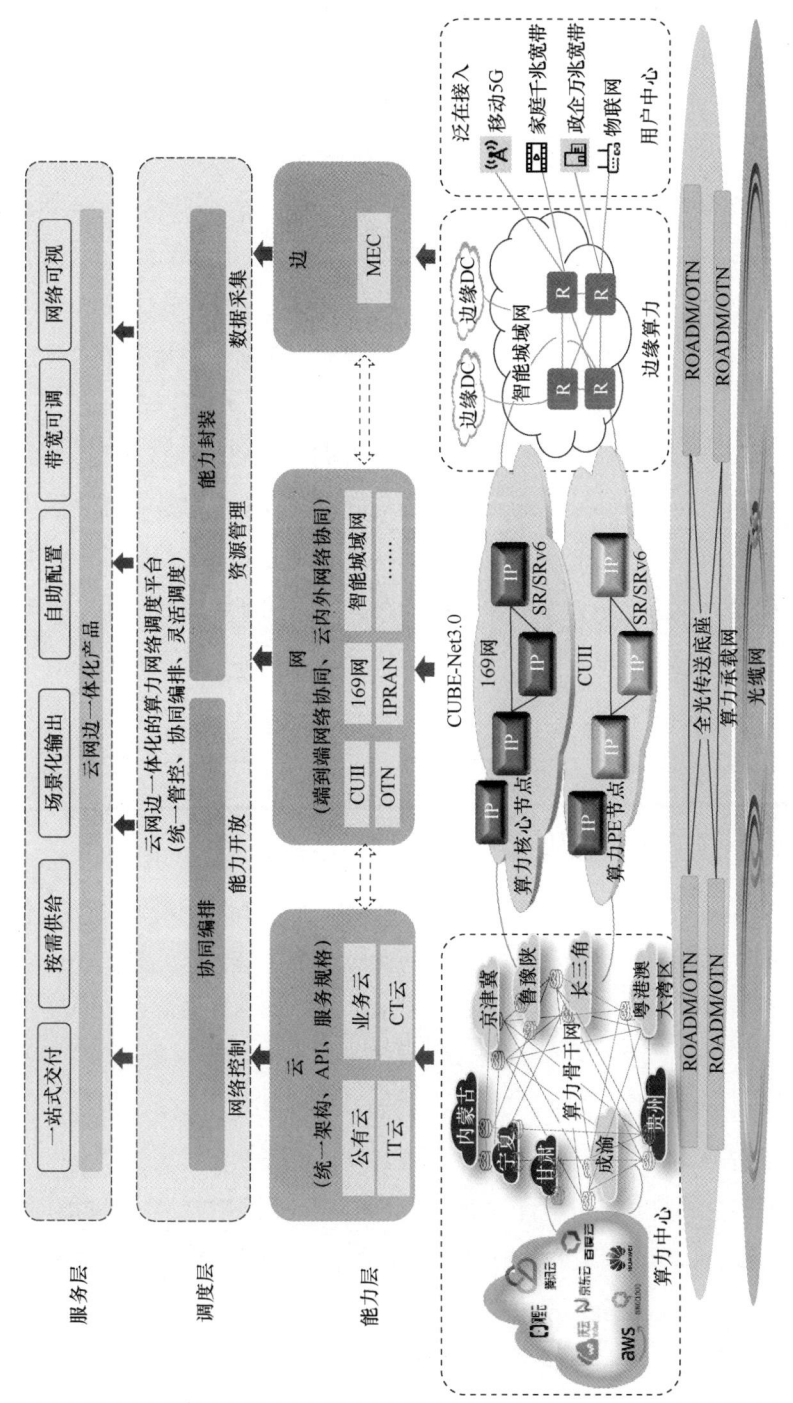

图 4-2 中国联通算力网络架构

资源层和算力管理层，网络转发层和网络控制层；算力资源层包括云侧算力中心和边缘算力；算力管理层解决异构算力资源的建模、纳管与交易等问题；网络转发层是指在全光传送底座基础上的算力承载网，包括中国联通产业互联网（China Unicom Industrial Internet，CUII）、169网、智能城域网、光传送网（Optical Transport Network，OTN）、政企精品网等；网络控制层实现端到端的网络协同，包括云内/云外网络。算力网络结合网络中计算处理能力与网络转发能力的实际情况和应用效能，实现各类计算、存储资源的高质量传递和流动。从网络角度看，算力网络是面向计算和智能服务的新型网络体系，互联网协议第6版（Internet Protocol version 6，IPv6）及演进技术和全光传送底座是算力网络的技术基石，增强网络内生算力是算力网络演进的重要方向；从算力角度看，算力网络是网络化的算力基础设施，是依托网络构建的多样化算力资源调度和服务体系；从服务角度看，算力网络的目标是提供算网一体服务，是云网融合服务的新阶段，是数字基础设施服务的新形态；从技术角度看，算力网络包含了众多的具体技术方案，涉及互联网协议（Internet Protocol，IP）承载、光传输、网络虚拟化、算力管理与交易、算网业务调度、算网业务编排等多个技术领域。

2. 中国移动算力网络架构

中国移动先后发布了《中国移动算力网络白皮书》等5本白皮书，图4-3所示为其提出的算力网络架构，主要包括算网底座的算网基础设施层、具备"算网大脑"的编排管理层及进行算网运营的运营服务层。中国移动把算力网络的发展分为泛在协同（起步阶段）、融合统一（发展阶段）、一体内生（跨越阶段）3个阶段。在起步阶段，核心理念是"协同"，将打造具有网随算动、协同编排、协同运营和一站服务等协同特征的网络，让算力更立体和泛在。在发展阶段，将打造具有算网融合、智能编排、统一运营和融合服务等融合特征的网络，让网络连接云、边、端泛在的算力资源，满足各类新型业务需求。在跨越阶段，推动"以网强算"，用网络实现聚集算力、发挥算力集群的优势；跨越阶段的核心就是"一体"，实现算网一体、算网共生、智慧内生、创新运营，实现"网在算中，算在网中"的体系。

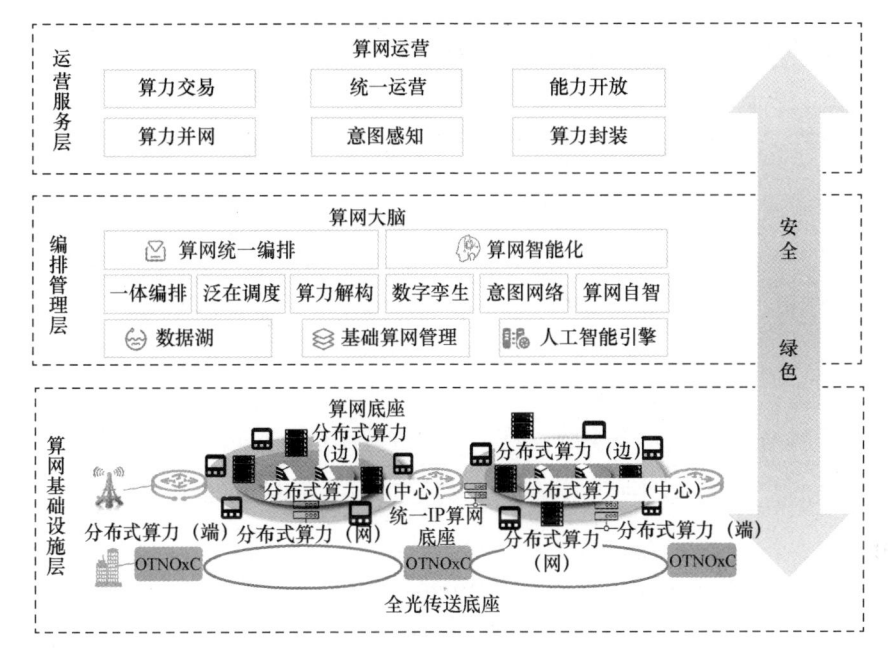

图 4-3 中国移动算力网络架构[2]

3．中国电信算力网络架构

中国电信以"云网融合"作为算力网络发展的目标，强调以"网是基础、云为核心、网随云动、云网一体"为原则，实现网络资源、算力资源和存储资源三大资源的融合，让云和网发生化学反应，实现技术底座、运营管理和供给方式的三统一，形成真正的数字化平台，实现各种能力服务化。算力网络是一种架构在 IP 网之上、以算力资源调度和服务为特征的新型网络技术或网络形态，而云网融合侧重网络资源、算力资源和存储资源三大资源的融合，具有更大的范畴。中国电信发布的《云网融合 2030 技术白皮书》中提出的云网融合架构，如图 4-4 所示。

此架构包括基础设施层、功能层、操作系统和应用平台等层面，提供一体化供给、一体化运营、一体化服务能力，即对网络资源和云资源进行统一定义、封装和编排，形成统一、敏捷、弹性的资源供给体系；实现云网全域资源感知、一致质量保障、一体化规划和运维管理；云网业务统一受理、统一交付、统一呈现。

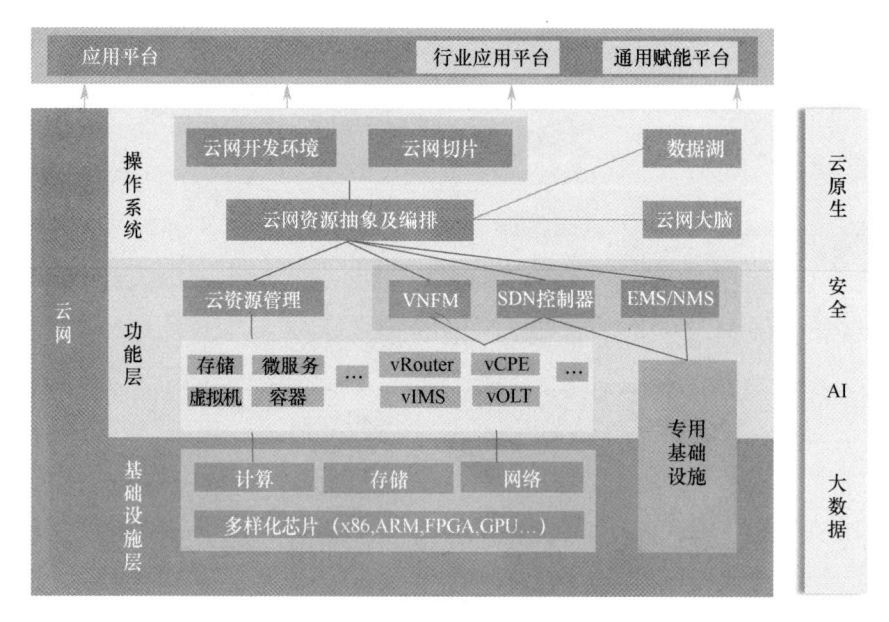

图 4-4　中国电信云网融合架构[3]

4.2.2　行业特点与差异化分析

从网络运营商的角度看，算力网络是面向计算和智能服务的新型网络体系，算力网络以算力为核心、以网络为平台，利用无处不在的网络将多级、多方的算力资源连接在一起，提供一体化服务和最优化资源。增强网络内生算力，推动网络从纯粹的数据传输管道，逐步升级为承载更多价值可能性的数字经济中枢。在此方向上，实现对算力资源的标准化和智能调度是算力网络发展的关键点。

从算力服务商（主要是云服务商）的角度看，更倾向于算力网络朝着分布式云方向发展，将不同地理位置的云计算节点统一到一个云管平台上，提供标准统一、高效便捷、安全可靠的云服务，通过分地区、分域等方式提高业务的可靠性。在此方向上，如何实现不同云服务商资源的统一纳管和调度，如何随需调用网络资源，提供分布式云的协同服务是两大难点。

上述两个观点略有差异，但都考虑了如何解决东数西算带来的算力集约化、算力阶梯式部署、业务分布式协同等新型架构下的一体化服务问题，主要包括算力设施与服务如何演进与发展、网络如何演进与发展、算网如何协同、如何保证业务的安全等方面。

4.3 算力网络发展演进思路

4.3.1 构建以数据中心为核心的网络架构

国内通信网络长期以来形成三层骨干网架构，如图 4-5 所示。

（1）以几个大区（北京、上海、广州、武汉、成都、西安、沈阳、南京等）为中心组成核心层，核心节点（核心层的节点）多采用网状互联方式，实现核心节点间直连。

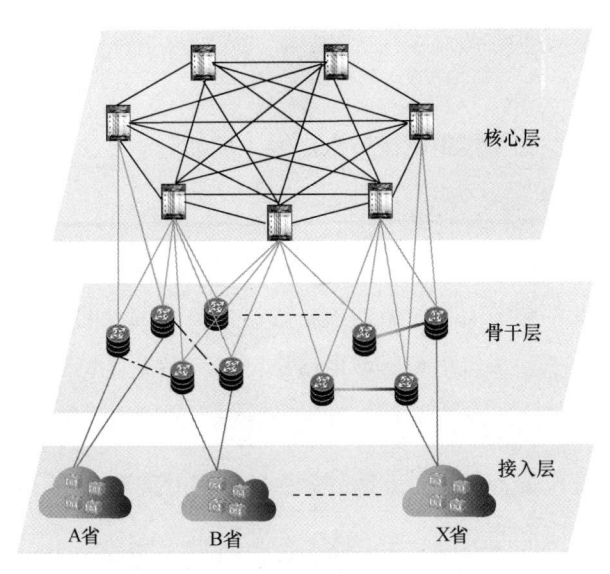

图 4-5 典型通信网络架构示意图

（2）骨干层以省会城市及部分重点城市为主，分大区连接到核心节点。跨省的业务通过核心节点转接。

（3）接入层：各个地市的业务先上联省内骨干节点，再通过骨干层和核心层进行业务的转发。

这种架构可提高网络资源的利用效率，在成本、资源利用效率与业务性能（时延、带宽等）优化间实现平衡。随着互联网业务的高速增长，以及业务对时延要求越来越高，目前国内运营商普遍采用增加骨干节点间直连通道的方式（如图4-5中点画线所示），推动网络扁平化，减少业务转接的跳数和路由长度。东数西算工程的多个枢纽和集群都不是传统的骨干节点，上述架构下，业务访问这些枢纽和集群节点必须绕转到省会经骨干节点转接，业务传输的路径长度增加，时延也增加。应从以下几个方面优化并建立以数据中心为中心的网络架构。

1. 优化网络架构

通信网络应逐步将国家枢纽节点纳入网络的核心节点进行网络架构的优化，以缩短业务访问国家枢纽节点的路径和时延。总体优化思路如下：

（1）国家枢纽节点作为网络核心节点，增加核心节点间的直连光缆和传输通道。

（2）骨干层网络围绕国家枢纽节点组网，增加骨干节点到国家枢纽节点的直连通道。

（3）打破按省组网的传统，东部四大区域围绕区域内的国家枢纽节点优化地市级城市访问国家枢纽节点的网络结构，如京津冀区域内的城市可围绕张家口和呼和浩特两个国家枢纽节点优化区域内网络；长三角地区可围绕芜湖、苏州、嘉兴、青浦优化区域内网络；粤港澳大湾区可围绕韶关优化区域内网络。

（4）根据业务流量特征增加流量较大的城市间的直连链路，缩短业务时延。

在传输控制协议/网际协议（Transmission Control Protocol/Internet Protocol，TCP/IP）网络五层模型中，每一层都对应不同的协议，除了网络转发造成的时延，算力设备对数据处理的时延也是业务体验时延的主要因素。

通信网络主要处理物理层、链路层和网络层的协议，而传输层和应用层的协议都由算力设备处理，对这些协议的处理增加了业务的体验时延。优化或制定更低时延的业务协议及数据处理机制也是缩短业务体验时延的主要技术方向。

TCP/IP 网络模型的数据传输层时延：传输层协议包括 TCP 和用户数据报协议（User Datagram Protocol，UDP），为了缩短传输层的协议造成的时延，谷歌公司在 2013 年提出了基于 UDP 的快速 UDP 网络连接（Quick UDP Internet Connection，QUIC）协议，其主要目标就是在保证可靠性的前提下，缩短传输时延，目前基于 QUIC 的标准已经被国际互联网工程任务组（The Internet Engineering Task Force，IETF）批准发布。

数据的编解码、压缩/解压缩、应用层的协议处理等时延：云内对业务数据的计算等处理都会增加业务的体验时延，优化这些数据处理的算法和应用层协议机制，可以缩短业务体验时延。

2．优化光缆路由

随着东数西算工程的推进，未来网络数据的流通主要是东西部节点之间的数据流通，包括东数西训、东数西存、东数西渲等，因此网络布局要以东数西算的算力枢纽节点为中心，实现对数据中心集群节点的全面覆盖，以及对相关辐射区域重点城市的全面覆盖和高速接入。

"全国一体化大数据"对传输的关键需求是建设数据中心集群之间，以及集群和主要城市之间的高速数据传输网络，优化通信网络结构，扩展通信网络带宽，缩短数据绕转时延，建立数据中心网络监测体系，推动数据中心与网络高效供给对接与协同发展。

光缆长度是造成传输时延的主要因素之一，每 1000 km 的光纤的传输时延约为 5 ms。表 4-1 给出了国家枢纽节点几个主要方向的物理层时延（按照光缆路由略有绕转，含传输设备的时延等，时延按照高速公路距离的 1.5 倍计算）。通过优化光缆路由，可进一步缩短业务时延。

中国信息通信研究院联合上海有孚网络股份有限公司编制并发布了《我国典型地区数据中心网络性能分析报告》[4]，对同一运营商不同城市节点的数据中心网络情况和不同运营商的数据中心网络情况分别进行测试。实测证明，一线城市周边网络质量明显较好，数据中心的网络时延及质量受区域及距离影响较大。如

表 4-1 国家枢纽节点几个主要局向的物理层时延

	高速公路距离/km	北京 理论传输时延/ms	北京 网络传输时延/ms（按照理论时延1.5倍计算）	高速公路距离/km	天津 理论传输时延/ms	天津 网络传输时延/ms（按照理论时延1.5倍计算）	高速公路距离/km	上海 理论传输时延/ms	上海 网络传输时延/ms（按照理论时延1.5倍计算）	高速公路距离/km	广州 理论传输时延/ms	广州 网络传输时延/ms（按照理论时延1.5倍计算）
怀来	120	0.6	0.9	255	1.3	1.9	1300	6.5	9.8	2230	11.2	16.7
呼和浩特	490	2.45	3.7	610	3.1	4.6	1700	8.5	12.8	2000	10	15.0
芜湖							350	1.75	2.6	350	1.75	2.6
韶关	2100	10.5	15.8	1200	6.0	9.0	1900	9.5	14.3	1100	5.5	8.3
贵阳	1170	5.85	8.8	1300	6.5	9.8	1600	8	12.0	1900	9.5	14.3
庆阳	1260	6.3	9.5	1830	9.15	13.7	2000	10	15.0	2300	11.5	17.3
中卫	1820	9.1	13.7				1950	9.75	14.6	1600	8	12.0
成都												

呼和浩特到北京的单向时延在 7 ms 以内（表 4-1 中传输时延为 3.7 ms）；成都到广州的时延为 17 ms 左右（表 4-1 中传输时延为 12 ms）；成都到北京的单向时延为 33 ms 以上（表 4-1 中传输时延为 13.7 ms）。从以上数据看，通信网络转发造成的业务时延高于物理层理论传输时延，运营商可对网络进行优化，进一步缩短网络转发时延。

结合"全国一体化大数据"的规划，对全光底座的关键需求是优化网络架构。当前以行政区划为主的光缆网络架构已经很难再有更大的优化能力，网络规划与建设须打破行政区划，减少数据的绕行，以缩短传输距离，优化时延；任意两点间的连接方向可参考高速公路导航模式，高速公路导航都是就近选直连路由，而不是通过省会城市绕行；通过架构优化，任意数据中心间，任意用户与数据中心间都可大幅缩短时延，提升业务品质。

从算力位置上看，新增算力位置与传统骨干节点并不一致，新增的集群节点包括韶关、中卫、庆阳、张家口和芜湖等，不是传统骨干节点，而是普通地市级节点，都需要通过省会城市节点绕转。因此，需要将这些节点纳入骨干节点，进行网络结构优化，缩短绕转路径。

长期以来，西部地区的业务量较小、距离东部城市远，导致西部的光缆路由少，尤其是几个西部地区的国家枢纽均在地市级城市，骨干光缆网络围绕大区中心、省会城市组网，难以保证西部国家枢纽到东部地区的路由最优、时延最短。因此应围绕国家枢纽节点，以提高网络可靠性、缩短业务访问时延为目标，进行网络架构调整。

（1）将国家枢纽节点作为骨干光缆网的核心节点，丰富和优化国家枢纽节点的光缆路由，实现国家枢纽节点间直连路由最短，每个国家枢纽节点至少有 3 个完全分离的光缆路由以保证网络可靠性。

（2）聚焦京津冀、长三角、粤港澳大湾区、成渝等算力核心区域，实现区域内城市到国家枢纽或集群的最优接入；打造区域内、重点城市间低时延圈，实现京津冀区域内时延低于 8 ms、京津冀核心时延低于 2 ms；长三角区域内时延低于 8 ms，环沪时延低于 3 ms；粤港澳大湾区区域内时延低于 4 ms，主要城市间时延低于 2 ms；成渝区域内时延低于 4 ms，主要城市间时延低于 3 ms 的目标。

3. 提高网络可靠性和差异化保障能力

可靠性是东数西算对网络提出的核心要求之一。通信网络应从以下几个方面提高网络的可靠性。

（1）减少网络故障，以及出现故障时网络能够快速自愈。

在东数西算场景下，数据传输的距离更长，理论上发生故障的概率更高，尤其是同时出现多个故障的概率大幅增加，对采用东数西算模式部署的业务影响更大，包括数据传输的效率、计算的效率、计算的可靠性、可以选择的业务部署方式等。降低故障发生的概率，提高故障时的恢复效率、缩短故障修复时间是提高网络可靠性的关键。大数据和人工智能技术是实现网络故障隐患预警、故障快速定位和修复、网络性能劣化预警的主要技术手段，需要运营商将大数据和人工智能技术与网络技术结合，提高性能分析、故障预警、故障定位的效率和实时性，实现网络实时自愈、故障高效处置，这也是近年来运营商的网络运营智能化的主要攻关方向。光缆网络故障在网络故障中占比最高，提高光缆网络的可靠性是提升网络可靠性的关键方向，光缆局部同路由、光缆接头不可靠、不清洁，光缆易遭工程施工挖断及自然灾害等常会引发光缆的故障。光缆网络属于无源网络资源，对光缆网络资源的实时监控和性能采集是近年来运营商大力发展的一个智能运营方向，通过部署光时域反射仪（Optical Time Domain Reflectometer，OTDR）、光缆网与传输系统性能采集和故障定位技术相结合等方式，可改善光缆网络作为哑资源难以高效管理的问题。

部署多层次的网络快速自愈机制是减小网络故障影响，提高网络服务可靠性的主要方案。光复用段保护（Optical Multiplex Section Protect，OMSP）是光缆网络分段物理层保护机制，能够无条件实现光层线路分段对所有业务的快速保护（业务恢复时间在 50 ms 以内），该机制要求每个线路局向都有 2 个物理隔离的光缆路由，成本相对较高，但从底线思维的角度看，该机制还是最有效、最经济的网络保护方式。基于协议在业务层的恢复机制［比如自动交换光网络（Automatically Switched Optical Network，ASON）、波长交换光网络（Wavelength Switched Optical Network，WSON）恢复机制，IP 网络的快速重路由（Fast Reroute，FRR）机制等］在故障情况下需要进行协议的会话和恢复路径的计算，恢复时间达到 200 ms 以上，远不能满足东数西算业务对网络自愈性能的要求。段路由（Segment Routing，SR）技术推动 IP 网络高可靠恢复技术的发展，比如段路由拓扑无关的无环路备份（Topology-Independent Loop-free Alternate，TI-LFA）能够预先计算各种故障场景下的业务备份路径，当出现故障时，业务可在 50 ms 内恢复，不需要额外的协议。但该机制仍是在业务层进行保护，当业务较多时，难免出现多条业务竞争网络资源的情况，影响业务性能。多层次的网络自愈机制存在故障发生时多种机制同时启动的情况，会造成业务的多次切换，反而降低了业务的可靠性，因此多重保护恢复机制的协同是需要研究的重要课题。

（2）加强网络配置及合规性管理。

网络配置命令错误往往会引发全网性故障，近两年来国际国内的运营商发生的几起造成大规模用户业务受损的网络故障均是在网络割接、升级等环节出现配置错误，造成全网性故障。因此，通过人工智能等手段，在网络配置下发阶段对网络配置进行合规性检查，在日常维护中，加强对网络配置的合规性检查，将能有效避免由于配置方面的问题导致的网络故障。

（3）加强业务规划和差异化保障能力。

正常情况下，网络物理层传输的误码率设计指标为 1×10^{-12}，几乎不会因为网络传输造成丢包。但在 IP 网络中，网络突发信令风暴等事件、异常流量的突发，会造成网络突发拥塞，导致网络丢弃一些报文或者转发时延增加。在网络故障情况下，业务自动恢复机制启动，也会造成局部路由上网络拥塞，引起网络丢弃一些报文或者转发时延增加。为此，需要创新网络业务规划和流量调度机制，将 SDN 管控技术与人工智能技术深度结合，保障高等级业务在网络拥塞和故障情况下的优先转发、高性能转发。比如：

- IP 网络和光传送网络协同业务规划，提供差异化的业务保障，对高品质业务，可采用光传送网络直接提供，为用户提供专享通道。

- IP 网络部署切片技术，不同等级的业务在不同切片中承载，避免业务相互干扰。

- 部署服务质量（Quality of Service，QoS）差异化业务保障机制，在特定场景下保证高等级业务的优先转发。

4.3.2 夯实全光底座

算网时代的部分新业务提出"三低四高"的品质连接需求，即低时延、低抖动、低丢包，高带宽、高可靠、高安全和高可用，推动承载网络从尽力而为向确定性承载转型。光传送网刚性管道的特性，天然具备提供高品质连接的能力，将成为新基建和大连接的坚实底座，并直接面向业务提供高品质连接。

当前光传送网还存在架构复杂、适应性差、智能化程度低等问题，迫切需要从带宽驱动的管道网络，向体验驱动、业务驱动的算力网络演进，面向算力时代的全光算力网络应具备图 4-6 所示的特征。

4.3.2.1 全光算力网络的主要特征

1. 全光传送，超低时延

全光传送设备侧的时延累计不超过 1 ms，端到端（End to End，E2E）传输的时延主要是光纤的时延，网络具备确定性的时延，由光纤总长度就能基本确定端到端网络时延。以算力为中心构建多级时延圈，打造确定 SLA 体验的算网光底座。

枢纽间：结对枢纽间时延低于 15 ms，西部枢纽-东部远距离的枢纽时延也低于 20 ms。通过端到端的光传送，可确保东数西算的时延满足业务需求，为东数西算保驾护航。

枢纽内：省级数据中心-地市级数据中心距离一般在 500 km 内，时延基本可控制在 5 ms 内。

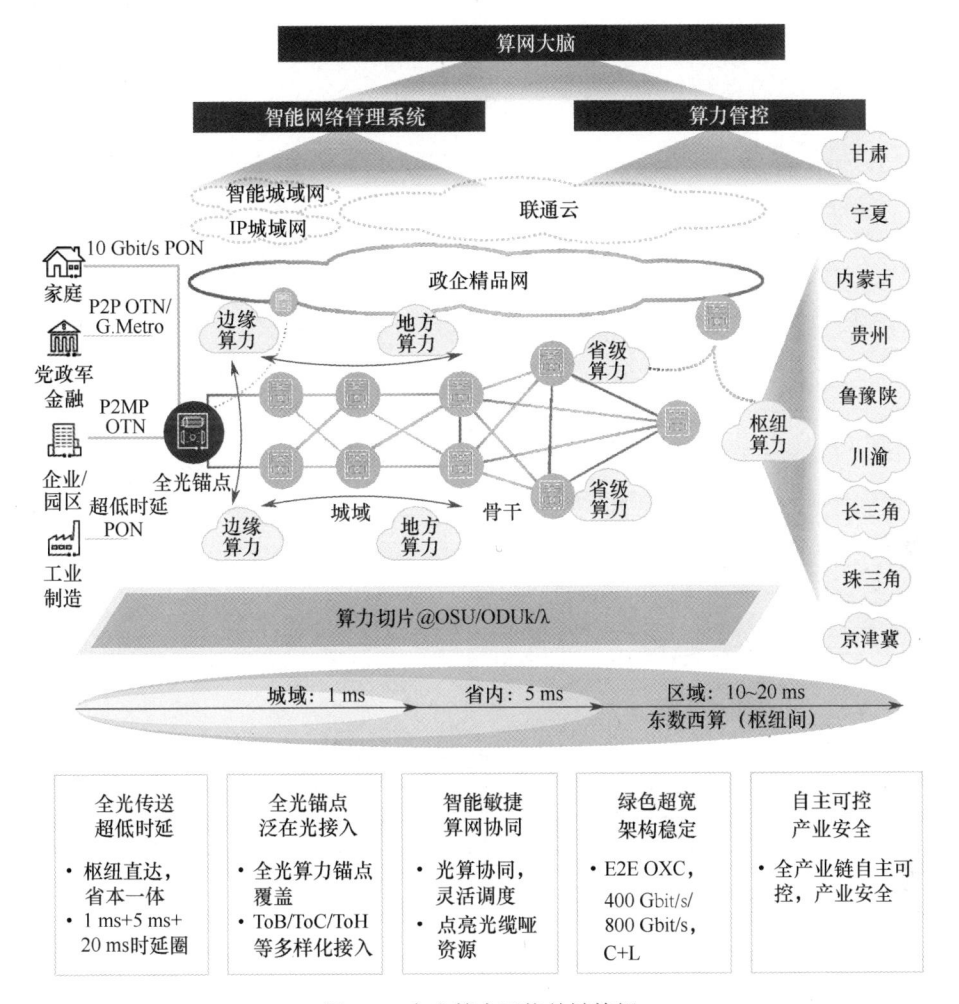

图 4-6　全光算力网络关键特征

城市内：光锚点到城市内数据中心的距离一般在 100 km 内，时延基本可控制在 1 ms 内。

2. 全光锚点，泛在光接入

在传统网络架构下，一个城市用户到一个集群数据中心的业务，城市内传输距离在 100 km 内，干线传输距离在 1000 km 左右，但由于城市内多种网络技术、多次进行分组或电路电交换与转接，时延不可控。虽然城市内传输距离在 100 km

内，但在城市内网络产生的时延有时大于干线的时延。全光锚点可以实现用户就近接入算力，实现城市内用户到算力网关的光网一跳直达，如图4-7所示，并且从算力网关到集群数据中心可通过光网直达，城市内的时延可以控制在 1 ms 内，保证端到端网络时延的确定性。

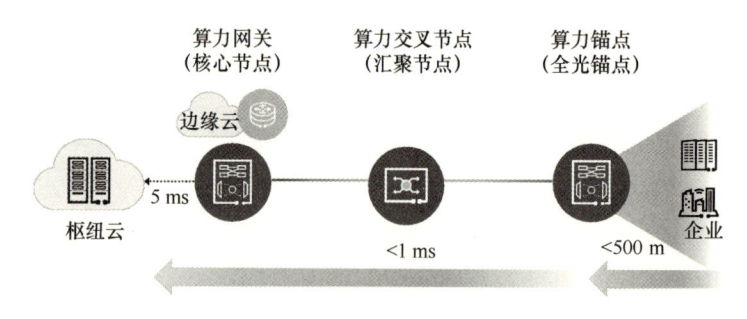

图 4-7　全光锚点实现泛在光接入

为实现高品质连接，多个地方政府发布了加强光锚点建设的规划，如表 4-2 所示。

表 4-2　每万人光锚点建设规划

省/市	广西	山东	陕西	湖北	云南	安徽	深圳	……
光锚点数量（个）	0.83	1.2	1.25	1.2	0.7	0.42	2	……

全光锚点实现泛在全光接入，应提高全光锚点的覆盖度，使光锚点更靠近用户，这是提升算力网络品质的必由之路；应提高全光锚点的可靠性，保证业务接入后回传网络长期稳定可靠运行。系统性规划建设全光锚点还能在保证接入质量和回传质量的基础上，降低网络总体成本。国内电信运营商自 2013 年提出综合业务接入点建设计划，目前已经规划建成覆盖广泛的综合业务接入点，实现各类业务的就近接入，综合业务接入点机房长期可用，并加强供电、空调、进出局路由的保障优化，使全光锚点的可靠性明显提升，业务的服务品质也得到提升。

3. 智能敏捷，光算协同

光网络在大带宽、低时延方面优势明显，但在灵活性方面稍显不足，如波长/电路需要手工配置。在品质算网方面，光网络后续要提升智能与敏捷性，并与算力调度系统协同,如算力调度系统根据算力资源分布情况,需要调用算力时,根据网络信息,可以自动创建波长/电路连接,并依据业务需求,动态调整带宽,由人工控制变为业务驱动,使算力与光网络深度融合,融为一体。

光网络从网络的自动驾驶向算网融合的自动驾驶演进,将实现算网性能和效率最大化、运力可视、多路径保护、业务驱动建立连接,实现资源利用效率最大化,业务品质最优。

4. 绿色超宽,架构稳定

根据东数西算算力发展的规划,未来5~10年,数据中心的规模增长3倍,骨干网的带宽也将是现有网络带宽的3倍以上,带宽将保持年均20%的增长。对于骨干网来说,要采用绿色超宽的技术,并保持整体网络架构稳定。

绿色超宽:在流量持续增长时,光纤资源、站点资源与维护资源需求并非等比例增长,单位比特传输成本更低。400 Gbit/s WDM产业链逐步成熟,是未来骨干波分大代际演进的主流技术,骨干波分可选择400 Gbit/s技术。在光纤技术方面,对100 Gbit/s及以上速率的WDM系统,G.654E光纤的传输性能比G.652光纤提高50%以上,新建光缆应采用G.654E光纤,以减少电再生中继站点的数量,降低成本和能耗。通过扩展光纤的可用带宽,进一步提升单纤的传输容量。骨干网的WDM技术代际演进示意图如图4-8所示。

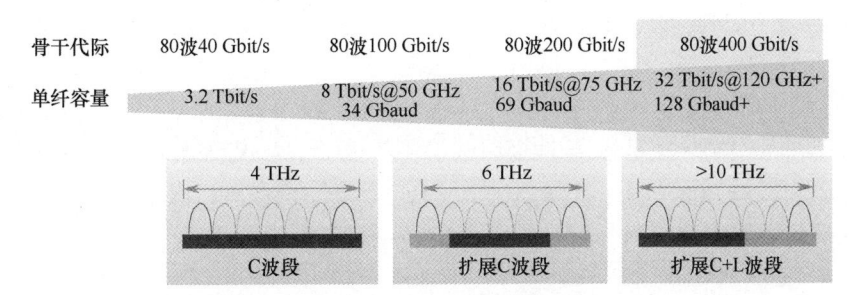

骨干代际	80波40 Gbit/s	80波100 Gbit/s	80波200 Gbit/s	80波400 Gbit/s
单纤容量	3.2 Tbit/s	8 Tbit/s@50 GHz 34 Gbaud	16 Tbit/s@75 GHz 69 Gbaud	32 Tbit/s@120 GHz+ 128 Gbaud+
	4 THz C波段		6 THz 扩展C波段	>10 THz 扩展C+L波段

图4-8 骨干网的WDM技术代际演进示意图

架构稳定:网络光方向、网络光纤连接、带宽都可按需平滑扩容,避免大拆大建,从而快速响应业务需求,同时使网络整体生命周期总体拥有成本(Total Cost of Ownership，TCO）最优。在稳定架构方面，优先考虑采用可重构光分插复用器（Reconfigurable Optical Add/Drop Multiplexer，ROADM）或光交叉连接（Optical Cross-Connect，OXC）设备构建端到端全光调度网络，骨干核心节点采用32/20维，城域核心节点采用20/9维，城域汇聚采用9维，边缘采用4维，全光架构支持网络在线扩展光方向，通过灵活栅格（FlexGrid）技术可实现超100 Gbit/s平滑演进。

5. 自主可控，产业安全

《中国联通 CUBE-Net 3.0 网络创新体系白皮书》指出：从国际局势看，大国间的竞争博弈很大程度上体现在科技领域，地缘政治对于通信产业发展的影响深远，给企业在技术路线和产业生态决策方面带来诸多不确定因素。通信网络作为国家最重要的基础设施，持续安全稳定运行将永远是第一考量，核心技术自主可控的重要性和紧迫性日益上升。

光网络作为所有业务的传输底座，同时直接为品质业务、算力业务提供品质连接，自主可控尤为重要。目前光产业国产化程度高，整体自主可控，从产业安全的角度考虑，要优先选择国内产业链，包括管控系统、波长选择开关（Wavelength Selective Switch，WSS）器件、光模块器件、光放大器件、光数字信号处理（Optical Digital Signal Processing，ODSP）芯片、交换网芯片、中央处理器（Central Processing Unit，CPU）等关键器件。

结合算力网络特征，提出图 4-9 所示的全光底座目标架构，包括枢纽间、枢纽内和城市内三部分。

枢纽间：ROADM/OXC 构建枢纽间全光互联，打造 20 ms 枢纽间连接；网络架构稳定，可支持 400 Gbit/s 平滑演进，支持立体多平面演进，按需平滑能力扩展到 500 Tbit/s 以上，满足东数西算中长期业务需求。

枢纽内：ROADM/OXC 打造枢纽内算力全光互联，打造主要城市算力网关到枢纽内集群 5 ms 时延圈，网络可持续向 400 Gbit/s 演进，实现绿色节能。

城市内：增加光锚点覆盖，实现用户到算力网关的一跳接入，打造城市内 1 ms 时延圈。

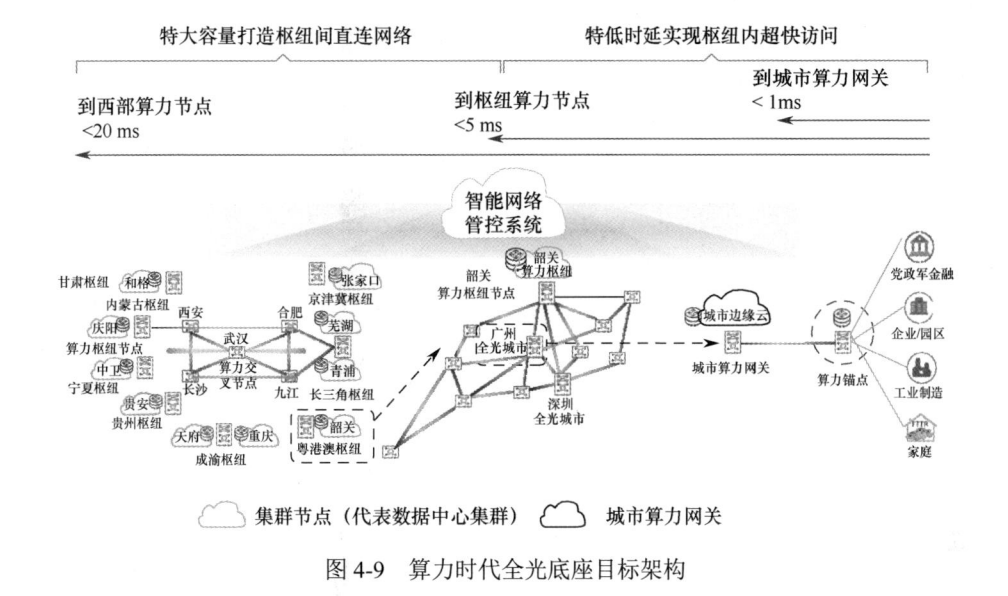

图 4-9 算力时代全光底座目标架构

4.3.2.2 从品质政企网到品质算网的演进

下面以中国联通为例,结合我国电信运营商现网实际情况,分析如何实现品质政企网到品质算网的演进。

1. 枢纽间:结合 ROADM 大网演进,打造 20 ms 时延圈

中国联通全光 ROADM/OXC 网络架构基本形成,如图 4-10 所示,覆盖京津冀、长三角、粤港澳大湾区、鲁豫陕、成渝五大经济圈,实现互联网超核节点、联通云自有 IDC(按城市统计)100%覆盖。部署基于 ASON 的 ROADM/OXC+OTN,实现大小颗粒灵活调度,大颗粒业务采用 ROADM/OXC 波长调度,小颗粒业务采用 OTN 电路时隙[光通道数据单元(Optical channel Data Unit,ODU)、光业务单元(Optical Service Unit,OSU)]调度。ROADM 全国一张网,具有智能快速开通和高可靠优势,如基于全网路由资源可直接算出最优路由,通过 SDN 管控编排系统实现端到端自动开通、京津冀 ROADM 现网实测,对高价值业务可抗 10 次以上断纤等。应用时可实现一网多用,对主要的骨干业务如 IP 承载网组网、跨省政企 OTN 专线、东数西算等业务提供高品质连接。

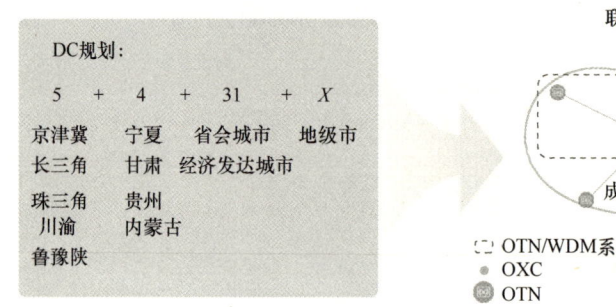

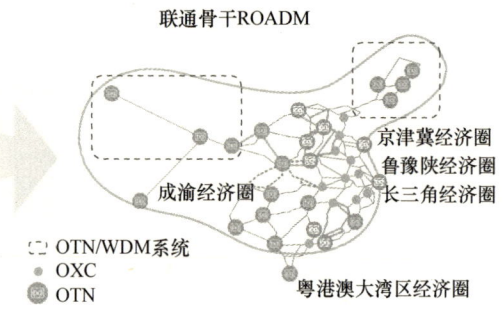

图 4-10　中国联通全光 ROADM/OXC 网络架构示意图

1）高品质 IP 承载网组网连接

中国联通的公众互联网（169 骨干网）、产业互联网/云骨干网的总体演进趋势是省间、核心城市间全互联，一跳直达，减少跳数，缩短时延。同时根据业务流向变化快速调整带宽大小，使网络更有弹性。ROADM/OTN 大网架构与 IP 网的需求完美匹配，如图 4-11 所示，全国一张网模式为省间、核心城市间、不同区域数据中心（DC）间全互联提供直达波道，具有如下优势：

（1）任意两点波长直达，端到端一体化管理，业务发放快。

（2）无多网对接，减少对接板卡的需求，降低时延与成本。

（3）路由丰富，采用 ASON 等网络保护和恢复技术，提升网络可靠性，使资源得到充分利用。

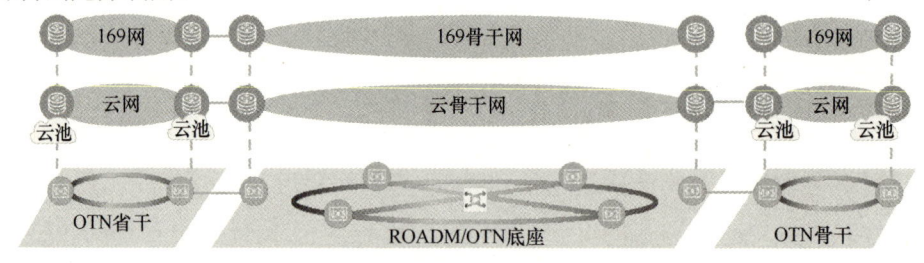

图 4-11　光网络作为 IP 网基础承载底座

2）高品质政企专线

政企专线业务经常需要跨越骨干网与城域网，相比于互联网业务场景更复杂；同时，不同业务类型大小颗粒差异较大，2 Mbit/s～100 Gbit/s 需求都存在，主要要求如下。

（1）可用性要求高：要求 99.99%，重要业务需要 3 路由保护。

（2）时延要求高：要求时延短、时延稳定，运营商要能够提供确定性时延业务。

（3）快速保护倒换：倒换时间<50 ms。

基于 ASON 的 ROADM/OXC+OTN 政企精品网骨干网，与省内政企精品网无缝衔接，通过集团集中部署的协同器实现政企业务全国一张网，与政企专线业务的需求高度匹配，如图 4-12 所示。基于 ASON 的 ROADM/OXC+OTN 大网承载政企业务具有显著优势。

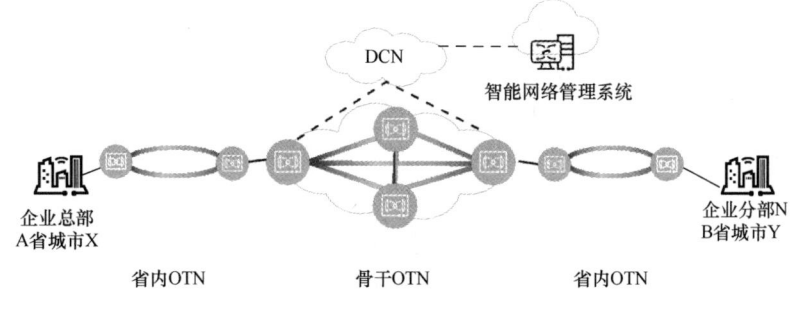

图 4-12 跨省政企专线承载示意图

（1）高可靠性：骨干网有多个路由，开通 ASON，可靠性可达 99.99%以上；子网连接保护（SubNetwork Connection Protection，SNCP）与 OTN ASON 保护倒换，倒换时间<50 ms。

（2）时延最优：基于骨干网的时延地图与不同业务的时延需求，灵活选择不同链路满足业务需求，同时实现链路的负载均衡。

（3）开通时间：城域网+骨干网+集团协同器一张网模式，通过资源预留模式，可实现跨城跨省业务小时级开通。

3）东数西算算力枢纽互联

东数西算战略对算力节点的长远综合布局带来深远的影响。

（1）算力位置的变化：国家发展改革委期望枢纽节点新增的算力占整体新增算力的比例在 70% 左右，东西部枢纽节点新增算力比例为 2∶1；整体来说就是枢纽节点算力占比提升，西部算力占比提升。

（2）新增算力位置与传统骨干节点不一致：新增的集群节点包括韶关、中卫、庆阳、张家口和芜湖等，不是重点骨干节点。

（3）枢纽集群节点带宽需求大：从各枢纽节点规划数据看，每个枢纽规划的机架规模都超过 30 万架，未来会带来 100 Tbit/s 级别的 DC 出口带宽需求。

东数西算枢纽间互联专线承载示意图如图 4-13 所示。ROADM/OXC 大网对东数西算承载的优势如下。

（1）需求高度匹配：全国一张网的网络架构与东数西算跨东西部的算力调度需求高度匹配。

（2）大站快车，时延最优：枢纽间，大站快车直连，ROADM/OXC 大网可实现枢纽间时延低于 20 ms。

（3）确定性：基于带宽需求实现波长/OSU 不同颗粒业务一跳联算，稳定、低时延，带宽与品质可保证。

（4）高可靠：节点间连接多个路由，整网 ASON 可提供多次断纤保护。

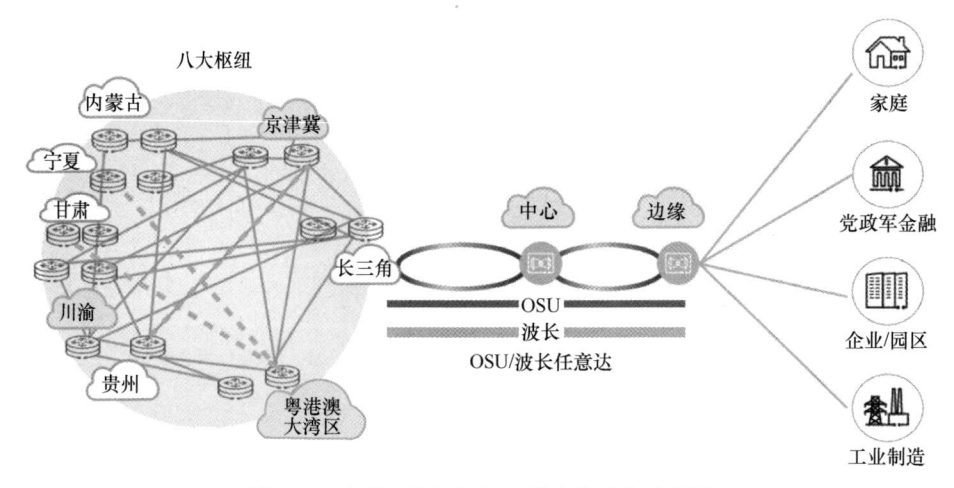

图 4-13　东数西算枢纽间互联专线承载示意图

（5）端到端分钟级发放：骨干网+城域网政企 OTN 端到端管理，东西部枢纽间，东部企业-西部枢纽间具备自动发放能力，支持分钟级业务开通。

（6）能力开放：通过管控系统为算网大脑开放多种能力。

中国联通的全光骨干网将围绕东数西算枢纽节点和联通数据中心集群进行优化和演进，主要包括优化时延和技术升级两个方面。

（1）优化时延，打造枢纽间 20 ms 时延圈。

骨干节点全连接程度持续提升，减少骨干节点间的绕行，优化时延。

- 提升集群（集群指的是数据中心集群）节点网络地位：如庆阳、中卫、韶关、张家口、芜湖，增加集群节点-互联网流量大省的骨干节点的直达波长路由，减少绕行，提升用户体验。
- 结合东数西算规划增补部分直达链路：针对时延要求高的链路，如内蒙古-北京/天津，贵阳-韶关/广州/深圳，甘肃/宁夏-上海/京津冀，可建直达链路作为主链路，确保满足带宽与时延需求，现有链路可以作为保护链路。

（2）网络技术及网络架构演进。

网络技术演进：光层向扩展 C + L 波段演进，提升波长；数据中心集群内网络向 400 Gbit/s/800 Gbit/s 演进，枢纽间向 400 Gbit/s 演进；通过频谱扩展与提升单波速率增加单纤容量，降低每 Gbit 功耗，实现绿色节能。

网络架构演进：广覆盖与立体架构相结合，广覆盖解决骨干节点与数据中心节点全覆盖问题，实现任意骨干节点间一跳直达；立体架构实现大站之间链路直达，避免两点带宽增加带来多链路拥堵；广覆盖与立体架构相结合模式可实现成本最优，性能最优，网络生命周期成本最优，业务上市时间（Time to Market，TTM）最优。

2．枢纽内：区域 ROADM+省本一体，5 ms 时延圈

区域 ROADM+省本一体（省内骨干网和本地网一体化），打破行政区划，构建成本、时延优势。

区域内 ROADM/OXC 网络实现跨省的算力就近互联，避免绕行省会城市，时延优化 30%以上。典型局向的优化效果如表 4-3 所示。长三角枢纽内一体化 ROADM 网络如图 4-14 所示。

表 4-3 区域 ROADM 网络典型局向的优化效果

局 向	按行政区划的路由	区域 ROADM 网络路由	价 值
常州–芜湖算力互联	常州–南京–合肥–芜湖	常州–芜湖	时延优化 50%以上，投资节省 50%左右
宁波–上海算力互联	宁波–杭州–上海	宁波–上海	时延优化 30%以上，投资节省 30%左右

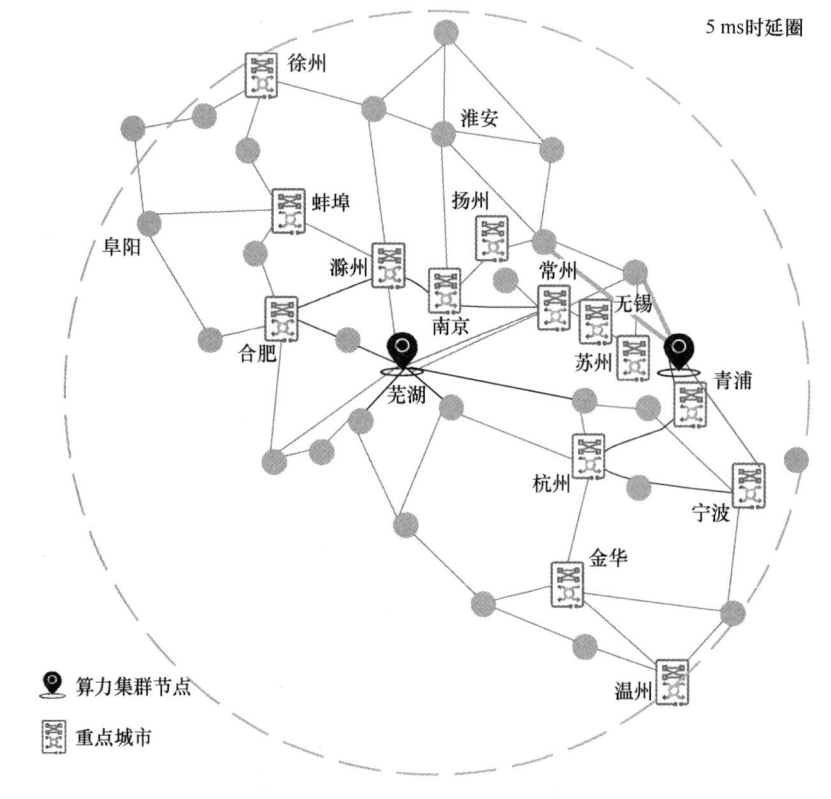

图 4-14 长三角枢纽内一体化 ROADM 网络

针对省内互联业务，推行"省本一体"（省内骨干网和本地网一体规划和建设），构建省内成本、时延、可靠性优势，如图 4-15 所示。

（1）调度灵活：跨环业务光层互通，同厂家一键可配置，无须落地跨接；快速应对新业务发展及业务流量流向的变化。

（2）低时延：业务光层直达，降低了时延。

（3）网络更可靠：跨接业务从电层无保护变为背板/光层穿通。

（4）低成本：无背靠背电层板卡转接，降低了成本。

（5）省机房空间：城域核心仅需部署一套设备，无须同时部署多套波分设备。

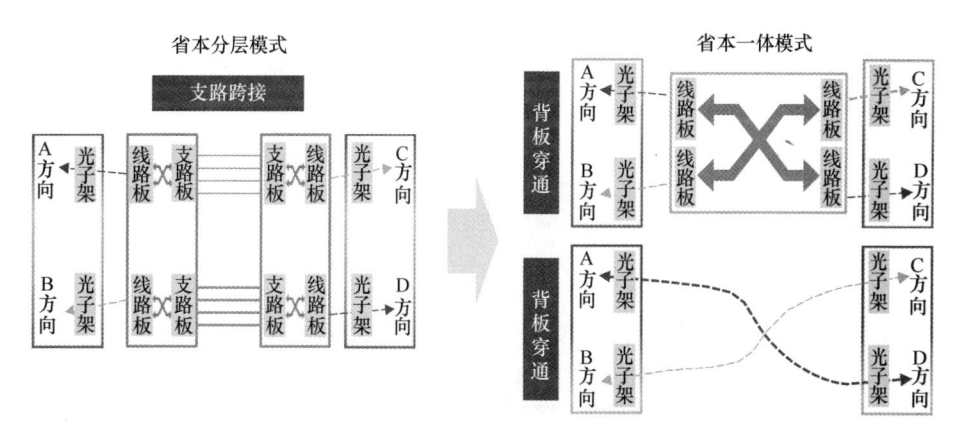

图 4-15 省本分层模式和省本一体模式

枢纽内网络将围绕优化架构、技术升级等方面演进。

1）优化架构

以广东省为例，围绕算力集群节点优化网络架构，如图 4-16 所示。

（1）网络架构优化：韶关变成枢纽节点，以前韶关节点与其他地市流量互通要绕行广州，现在不必再绕行广州；韶关到其他地市增加 OTN 直达波道，互联网业务与政企 OTN 都可一跳直达，从而优化省内用户体验。

（2）大站快车：韶关到广州、深圳增加直达高速链路，减少对广覆盖网络的冲击。

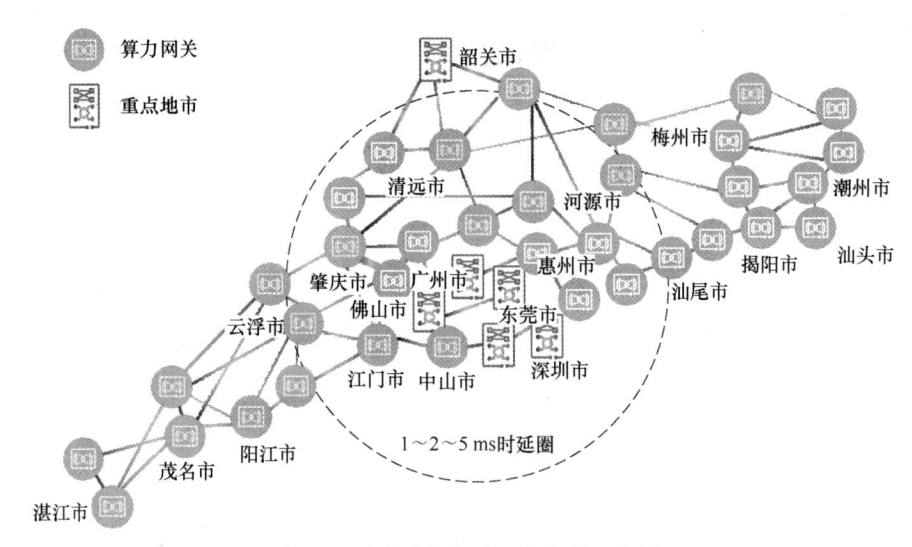

图 4-16 广东省枢纽内网络架构示意图

（3）广覆盖：算力节点与热点区域预覆盖，包括第三方算力节点，通过资源覆盖，缩短 TTM，提升业务竞争力。

（4）算力间一张网：省本一体化网络覆盖算力网关，地市结合政企 OTN 部署算力网关，用户一跳联算，地市算力到集群算力一跳直达。

（5）5 ms 时延圈：地市算力到枢纽算力 OTN/OSU 一跳直达，光路由参考高速/高铁路网，去行政区划，去物理迂回。

（6）可靠性>99.99%：重点地市确保三路由到集群、路由物理分离。

2）技术升级

（1）智能化：采用 SDN 智能管控技术，实现全省业务统一调度和管控。

（2）高可靠：全网使能 ASON，抗多次断纤，打造最佳网络 SLA。

（3）技术优：引入 OXC 极简光层、200 Gbit/s/400 Gbit/s、OSU 等领先技术方案，逐步演进到一张架构稳定、技术领先的全光算力网。

3. 城市内：光锚点实现泛在灵活光接入，1 ms 时延圈

全光城市，从多张网演进到一张全光网，实现多业务的综合承载。随着城域

全光政企、千兆家庭宽带、边缘云、算力网等新业务开展，全光城域网在以下三方面发生转变：

（1）品质特征变化：家庭业务随着居家办公、网上教育、云游戏等业态高速增长，要求网络时延更低；政企业务"上云连算"要求物理高安全；品质连接需求扩展到 5G，第五代固定网络（5th Generation Fixed networks，F5G）加速落地千行百业。

（2）网络调度变化：时分复用→以太网→云化，云化导致网络从南北调度到东西调度同时存在，城域光传输网向 ROADM 演进。

（3）建网模式变化：从被动建网模式（多张网络、多个平面）转换为主动建网模式（一张全光网）。

基于机房的功能定位和各业务网的流量流向特点，城市内构筑稳定的三层全光网络架构（对中小城市，也可由两层网络组成），实现 IP 网络互联、政企、家庭宽带等各类业务综合承载。三层全光网络架构包括核心层、汇聚层和综合接入层，如图 4-17 所示。

（1）核心层：以地市 IDC、IP 城域网核心路由器、智能城域网城域核心路由器与省干对接节点为核心节点。光层由固定光分插复用器（Fixed Optical Add/Drop Multiplexer，FOADM）或可重构光分插复用器（Reconfigurable Optical Add/Drop Multiplexer，ROADM）组成，电层以 100 Gbit/s/200 Gbit/s PeOTN 组网，实现综合承载。

（2）汇聚层（城区汇聚/市县波分）：以边缘云、宽带接入服务器（Broadband Access Server，BAS）、智能城域网城域边缘路由器（Metro Edge Router，MER）为汇聚节点。光层由 FOADM 或 ROADM 组成，电层以 100 Gbit/s/200 Gbit/s 分组增强型 OTN（Packet enhanced OTN，PeOTN）组网，实现综合承载。

（3）综合接入层（城区接入/县乡波分）：以综合接入点为中心，以一张光缆网为基础。按照综合接入区设置 1~2 个 OTN 全光锚点，实现光线路终端(Optical Line Terminal，OLT)、政企专线等业务综合承载。

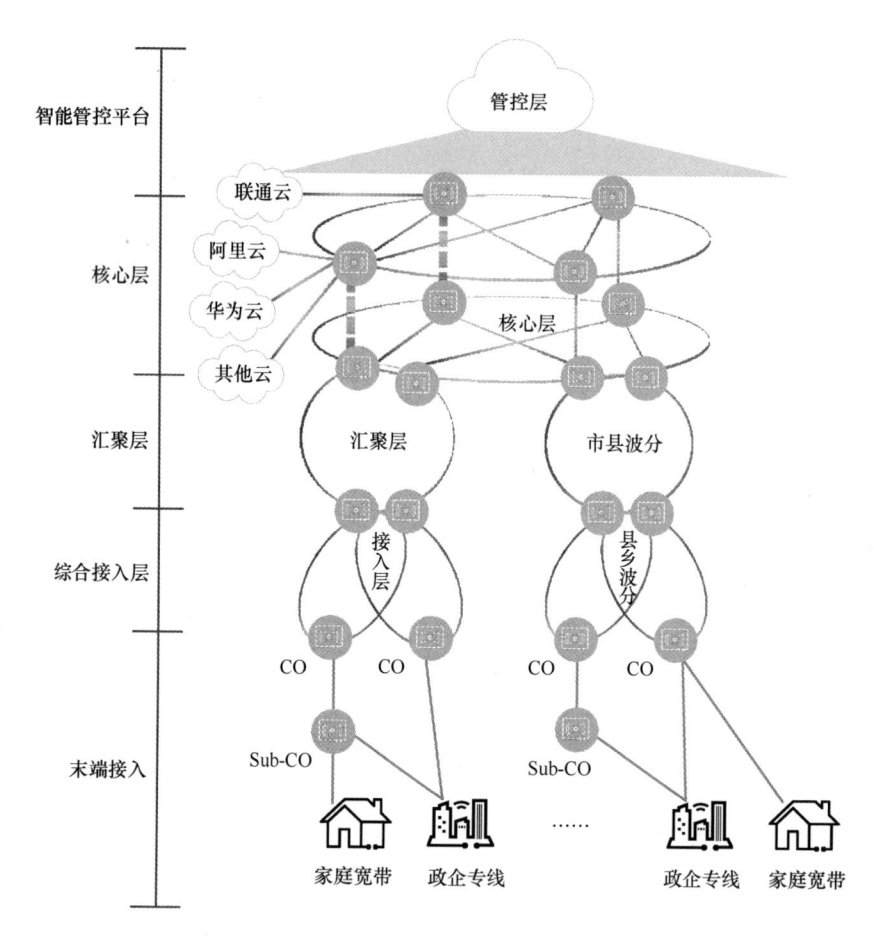

图 4-17 城域全光网综合承载架构

通过全光锚点，实现多业务的综合接入，如图 4-18 所示，有非常明显的价值优势。

- 架构稳：多层网络架构，不同网络层级演进节奏可解耦，整体网络架构稳定。

- 投资稳。

- 品质稳：OTN 提供确定性低时延/抖动、零丢包保障；OTN 提供丰富保护机制，可靠性提升。

- 收益稳：围绕着全光综合业务锚点，可以发展多种品质业务，包括品质家庭宽带，品质政企专线，打造差异化优势，实现收入增长，提升投资回报。

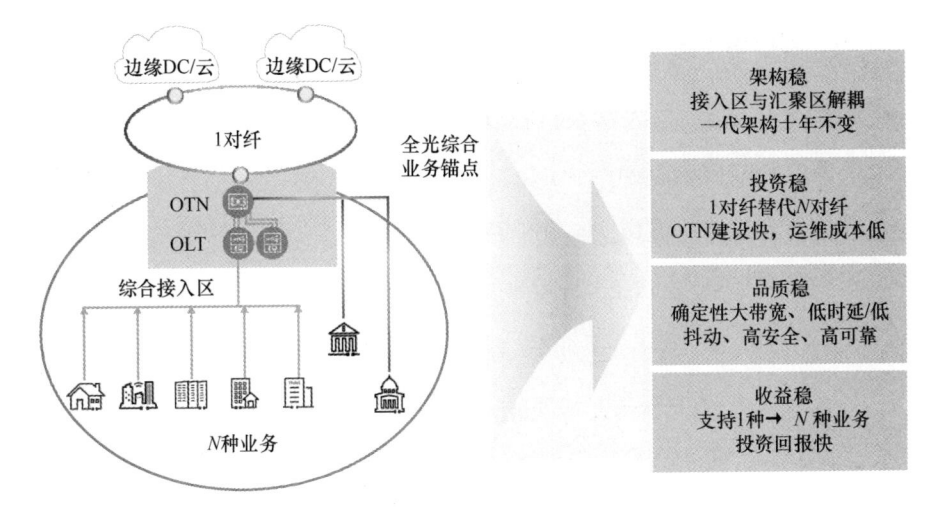

第 4 章 构建以算力网络为代表的新型数字基础设施

图 4-18 全光综合承载价值

算力时代下全光城市网络演进方向：加大力度打造全光锚点，实现泛在光接入，具体包括 3 个方面。

（1）建设全光算力锚点，打造"五个一"算力全光底座，全光城市架构如图 4-19 所示。

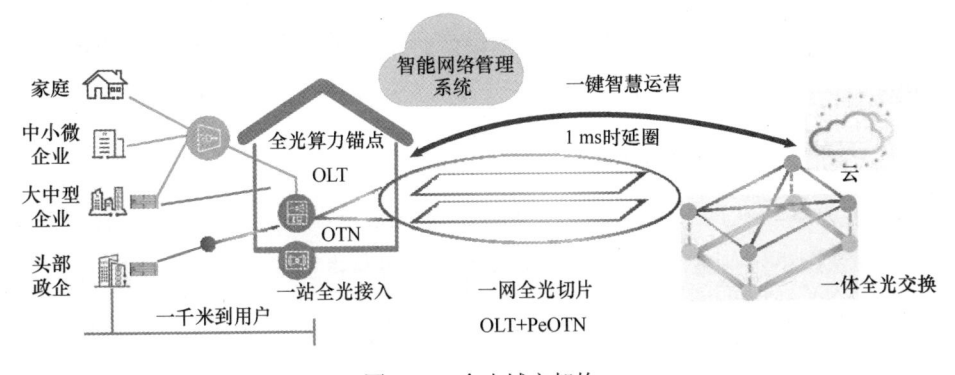

图 4-19 全光城市架构

- 一千米到用户：全光锚点如同地铁站，最终用户 1 km 内接入。

- 一站全光接入：全光锚点可综合承载家庭业务、政企业务和算力业务，提升多种业务的品质。

- 一网全光切片：一张综合网络，按不同业务类型进行波长/ODU/OSU 切片，用专有资源保障专有业务。

- 一体全光交换：在汇聚及核心节点，采用 ROADM/OXC 全光交换，使端到端时延与成本最优。

- 一键智慧运营：城域网与骨干网端到端拉通，实现端到端一键业务发放，一键智慧运营。

（2）面向城域 5～10 年业务承载，打造城域全光网络关键能力。

- 具备 5～10 倍网络带宽扩展能力：政企专线、5G 行业应用、品质家庭宽带、边缘云/算力网至少考虑 5 倍增长能力；同时从带宽每年 20% 复合增长看，也需要 5 倍以上的演进能力。全光城域网通过 WDM 扩展容量，单波速率从 100 Gbit/s 升级到 400 Gbit/s 及以上速率，可以满足未来网络带宽扩展需求。

- 具备低时延优化能力：政企专线、5G to B（5G to Business）、品质家庭宽带面向未来具备优化时延的能力；边缘云、算力云考虑灾备和多活则应具备 1 ms 的低时延能力。全光城域网通过 OXC/ROADM 光层一跳直达实现业务网络的扁平化，通过时延测量和时延选路功能实现最短路径选择。

- 具备网络零丢包能力：业务要求丢包率 $\leqslant 1\times 10^{-6}$，全光城域网通过 OTN/ODU/OSU 硬管道实现零丢包。

- 具备 4 个 9 可用度能力（99.99%）：全光城域网通过业务网 1+1 保护及全光基础网 ASON 保护实现多路径保护，可靠性提升至少一个数量级。

（3）全光城市的核心层、汇聚层和综合接入层的关键技术演进。

- 核心层、汇聚层：光层采用 ROADM/OXC 组网，依据需求灵活选择 9/20/32 维 ROADM/OXC，可支持灵活扩展光方向；支持 200 Gbit/s/400 Gbit/s/800 Gbit/s 平滑演进，单比特成本更优。

- 综合接入层：强化全光锚点建设覆盖，全光锚点即算力锚点，确保容量按需扩展，满足综合承载需求。全光算力锚点的覆盖要实现用户快速接入

OTN，类似地铁站，城区 500 m，县乡 3 km，一点接入即用即取；县乡波分接入层支持 100 Gbit/s/200 Gbit/s 大带宽到乡镇，通过高速率板卡降低每比特成本。光层依据场景灵活采用 FOADM/ROADM/OXC 与骨干/汇聚 ROADM/OXC 组网。结合不同场景，灵活选择不同方案。

- 端到端 OTN：党政军大企业可采用端到端 OTN/OSU 方案。OTN 逐步下沉到同步数字系列（Synchronous Digital Hierarchy，SDH）站点，所有业务通过 OTN/ODU/OSU 统一承载，SDH 上的业务逐步割接，SDH 逐步退网，容量提升百倍以上，空间及功耗节省 50%以上。

- 无源光网络（Passive Optical Network，PON）+OTN：中小企业/园区可采用 PON+OTN 结合的方案。

- IP+OTN：家庭宽带承载，普通互联网业务通过 IP 承载，价值业务通过 OTN 承载，实现品质与成本的平衡。

- 接入层 WDM：可实现接入层的综合承载，节省光纤资源。

4. 智能管控：打造智能敏捷、光算协同的管控架构

全光底座智能管控采用分层架构，如图 4-20 所示，通过协同器协同各厂家管控系统，实现跨域跨厂家网络端到端自动编排和协同，基于标准化流量工程网络抽象与控制（Abstract and Control of Traffic Engineering Networks，ACTN）北向接口，提供开放、快捷、分层的 OTN/WDM 业务发放和运维能力。业务协同器系统采用两级架构，按省分权分域设置，二级协同器负责省内多域控制，一级协同器负责管控各二级协同器、骨干及国际网络控制器。协同器通过北向接口对接资源管理和调度系统，接收电路调单信息，并在电路开通完成后对业务性能、业务状态及业务端到端逻辑路由进行拼接和上报；通过南向接口对接多厂商的 OTN/WDM 控制器及客户前置设备（Customer Premise Equipment，CPE）管控系统，实现全域资源管理和路径计算、业务配置分域拆解和下发等功能。

管控系统是对网络设备全生命周期进行管理、控制和分析的自动化平台，它集成传统网管和 SDN 控制器的功能，支持对 SDN 和非 SDN 的统一管控，充分发挥 SDN 的自动化优势，通过人工智能技术，实现对整网质量和流量数据全景可视和深度分析，保证网络的长期稳定运行和对网络的智能运维。管控系统可提供标准的北向接口，支持通过接口协议与协同层进行对接，供上层系统灵活整合、重用和组合管控系统已有的综合管理和智能控制的功能，快速定制开发新业务或应用。

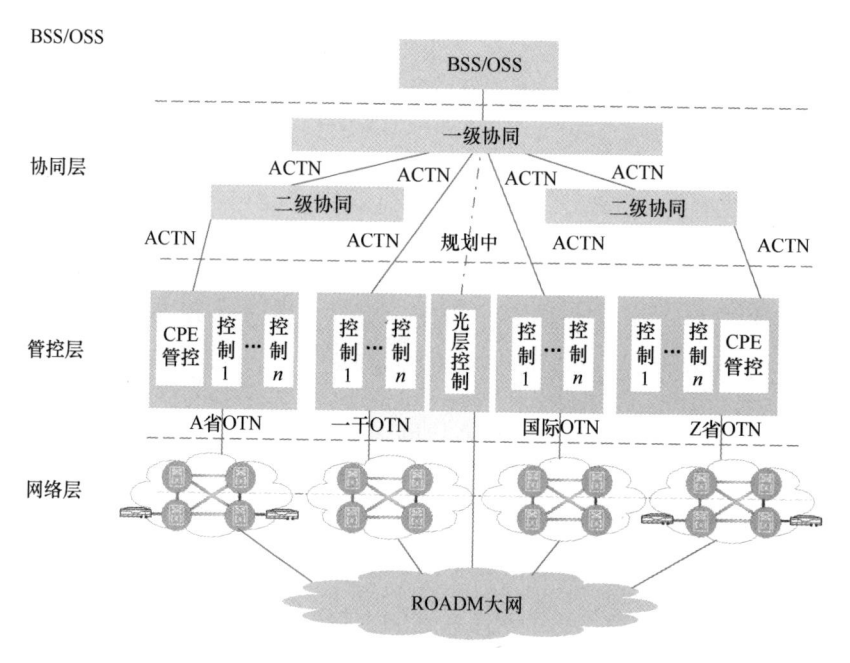

图 4-20 全光底座智能管控架构

全光传输网是一个天然硬隔离的网络，设备面通过波长/ODU/OSU 为用户提供确定时延、确定带宽、确定质量等确定性体验。在确定性体验的基础上，设备面需要增强对于业务、光缆、算力等的感知能力，管控面需要进一步增强自动化、灵活弹性、资源可视、协同计算等能力，根据业务不同的 SLA 需求选择合适的算力节点和网络路径，最终达成整体算力网络使用效率最优的目标。要达成这个目标，从整体架构上需要一个统一的"大脑"来拉通算网资源，网络也需要北向开放与大脑协同。面向算力时代的管控系统将向算网融合的架构进一步演进，整体架构如图 4-21 所示。

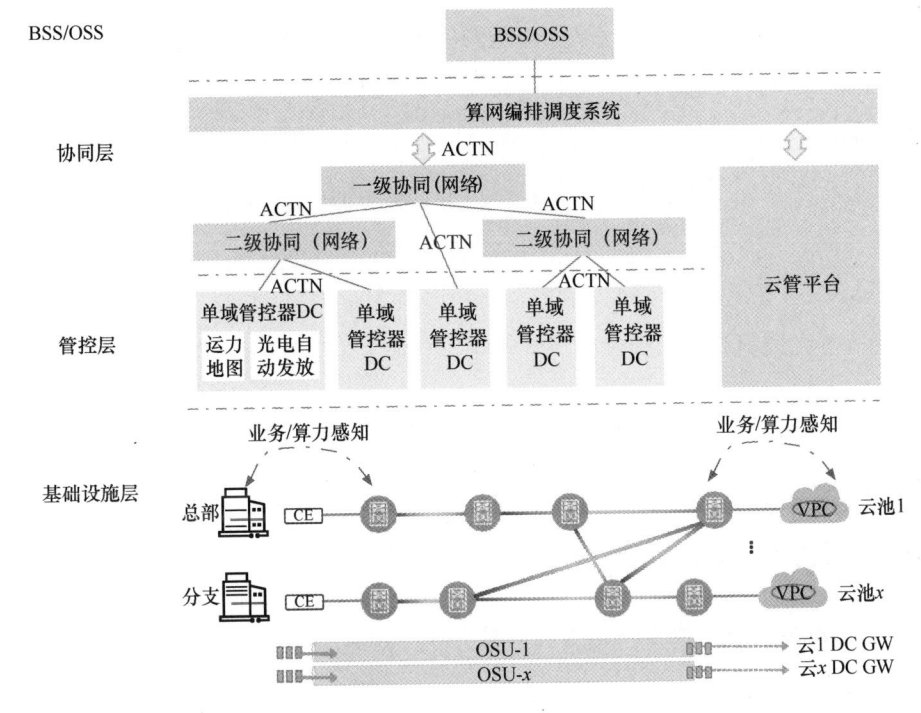

第 4 章 构建以算力网络为代表的新型数字基础设施

图 4-21 算网融合架构

全光算网管控是基于全光网已部署的智慧管控系统的进一步升级。一方面，设备控制器需进一步增强业务自动化、弹性调整、资源可视、SLA 可视等能力；另一方面，协同编排调度系统在原来跨域跨厂家网络设备协同的基础上，进一步增强与算力管控系统的调度协同，向算网融合自智网络演进，为算网资源综合最优、高效调度打基础，实现"算网联动，网随算调"的目标。未来可以根据实际需求进一步探索光网的业务感知机制，进一步提升光网业务感知能力和灵活调度的能力。

（1）基于运力地图的多因子算路：基于当前 OTN 管控系统时延地图功能，引入算力元素，形成用户接入节点、算力节点、物理路由、时延、带宽、保护等级等综合信息资源视图（运力地图）。基于运力地图，OTN 管控系统具备多因子算路，确保不同业务的确定性 SLA。

（2）光电协同调度和保护：对于小颗粒业务，进行电层业务调度，对于 100 Gbit/s 以上颗粒业务，可以通过电层驱动光层自动建链，提升业务发放效率，同时改变光层资源预置的现状,提升整个网络资源的利用效率。光电协同 ASON 保护,既具有电层业务倒换快的特点,又具有光层 ASON 低成本的优势,同时保证了业务的高可靠性。

(3)光缆感知,资源可视:为充分利用光缆资源,解决当前光缆资源不可视、利旧难等问题,需进一步提升 OTN 设备的光缆资源感知能力,并在管控系统中引入 AI 技术,实现光缆资源动态刷新,光缆质量实时感知,光缆故障点精确感知。需精确统筹光缆资源,快速分配光纤资源,使修复效率提升,增强业务可靠性。

面向算力时代,全光网络在实现原来确定性体验的基础上,进一步增强整网的弹性、灵活调度能力、业务感知和光缆感知能力,将设备面与管控面协议结合,同时通过北向接口与上层协同编排调度系统对接,提升整个算网全局资源调度效率,做到算力和网络的最优自动分配。

5. 目标网价值:用户一跳入算,算力间一跳直达

在枢纽间、枢纽内、城市内构建端到端的算力网络全光底座,可实现各类型的业务安全一跳入云、高可用、稳定、低时延。

1)家庭业务,通过硬管道提供品质云连接

对 to H 场景的品质业务,如 VR 视频、云游戏、4K 高清视频等,需要支持按业务或应用驱动 OTN/OSU 管道建立与动态带宽调整,从而达到在确保业务承载品质的同时,兼顾网络成本的目的,如图 4-22 所示。家庭侧进行业务识别,价值业务在 OLT 上行时自动选择 OTN 硬管道,并自动映射到 OSU 管道中,实现无拥塞直达云端;OSU 随流量弹性无损扩缩容,在提升网络承载效率的同时,提供超低时延/零卡顿极致体验保障。为确保用户的初始点播请求等操作体验,要求动态管道建立连接和带宽调整性能达到百毫秒至秒级。

2)政企业务,端到端 OTN 提供品质云网连接

全光入云网关节点与云网关对接,云端业务映射入 OTN 管道并提供跨域保护。全光入云网关节点直接对接云网关,实现一跳入云,如图 4-23 所示。全光入云网关

节点和 OTN 接入侧设备具备业务路由感知能力，支持在 OTN 边缘基于业务路由灵活分流进 OSU 管道，端到端一跳转发到云端，实现企业一点接入随选入多云。

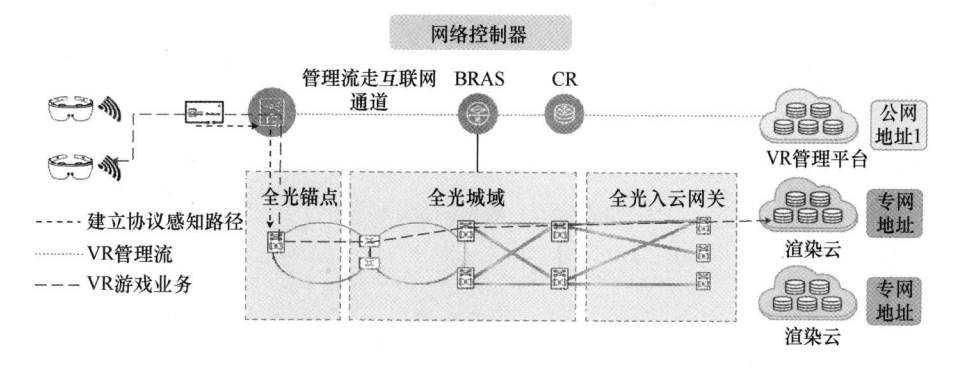

图 4-22 OTN 承载云虚拟现实（Cloud Virtual Reality，Cloud VR）方案架构

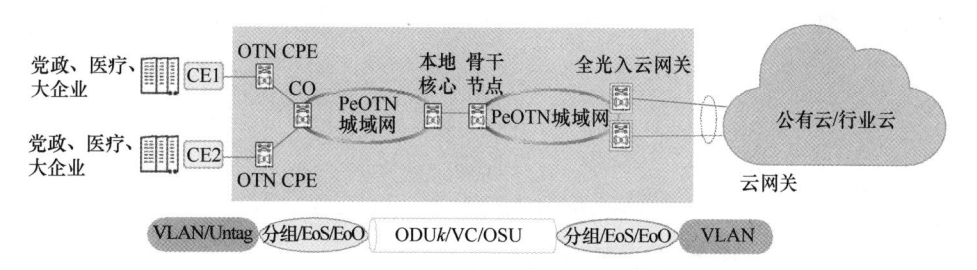

图 4-23 品质专线入云方案架构

全光入云网关节点支持双归保护，与云网关对接，倒换时间<50 ms，确保 OTN 入云业务的可靠性和可用性。网络管控和协同器提供标准化、开放的北向接口，并将网络能力服务化，根据云端业务需求变化实现电路的在线开通/调整、云网一站式受理，实现"云网协同，网随云动"。

3）云间/算力间：端到端 OTN 运力网络，跳数与时延最优

目前在地市级数据中心（DC）、省级数据中心、枢纽数据中心间互联多采用 IP 多级汇聚的模式，如图 4-24 所示，IP 网络的时延与网络跳数、负载度密切相关。数据中心间多级协同开展业务是趋势，数据中心间迫切需要稳定与可靠的低时延传输，如数据中心间双活业务要求 1～2 ms 时延。通过全光云/算网可提供数据中心间的 OTN/OSU 一跳直达，使跳数与时延最优，支持更多业务在多数据中心间部署，实现成本与资源利用最优。

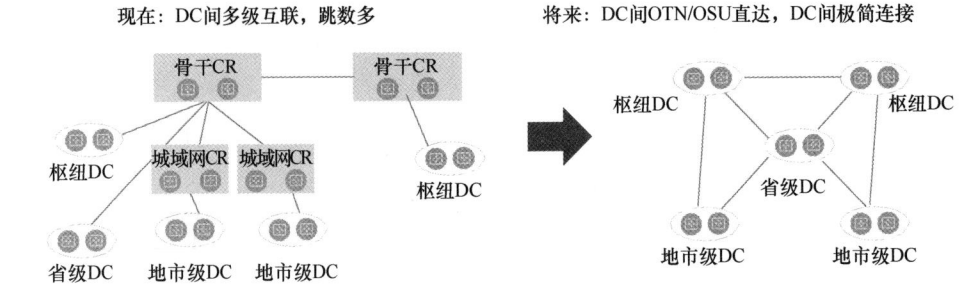

现在：DC间多级互联，跳数多　　　　　将来：DC间OTN/OSU直达，DC间极简连接

图4-24　云间互联方案演进

针对数据中心间流量不足100 Gbit/s的带宽需求，可通过部署在数据中心出口的全光算力网关进行业务识别，数据中心间流量直接进入不同的OSU管道，实现数据中心间流量OTN/OSU一跳直达，时延最优；互联网流量可继续采用传统的多级汇聚模式；OSU管道能感知流量方向与流量大小，根据流量大小可动态调整OSU带宽，实现云间、算间品质连接的灵活、高效调度。不同数据中心和边缘云间互联的带宽需求差异大、不同时段带宽需求差异大，采用OSU带宽调整功能能有效提升骨干网带宽利用效率，降低数据中心间连接成本。

4.3.3　发挥IPv6演进技术优势

4.3.3.1　IPv6演进技术优势

随着5G、数据中心、算力网络等新型信息基础设施的持续加速部署，人人互联加速迈向万物互联、万物智联。为了方便统一管理及降低运维成本，网络和服务的云化已经成为趋势。海量数据和算力需求进一步驱动着算力网络的发展。算力网络作为新型信息基础设施，能够根据业务需求，在云、网、边之间按需分配和灵活调度计算资源、存储资源及网络资源，通过网络将各类分布和泛在的算力协同连接成池，提供最佳的资源分配及网络连接方案，从而实现整网资源的最优化利用。在算力时代，算力是核心，网络是根基。面向5G和云时代，IP网络的业务与架构都发生了巨大变化，新业务与新架构对目前的承载网提出了诸多挑战。

作为互联网的核心技术载体，IP经历了互联网协议第4版（Internet Protocol Version 4，IPv4）、IP和多协议标签交换（Multi-Protocol Label Switching，MPLS）

及 IPv6 三个技术阶段，目前正在向承载能力、运维能力和感知能力增强的"IPv6+"技术演进。随着网络规模的扩大，IPv4 地址资源短缺及 MPLS 协议运维复杂的缺陷愈发明显，当前网络面临着转发优势消失、云网融合困难、跨域部署困难、业务管理复杂、协议状态复杂等问题，极大地制约了我国互联网的应用和发展。相较于 IPv4，IPv6 可以提供海量的地址空间和无处不在的连接，以满足 5G 及垂直行业对网络规模和连接数量的需求。此外，IPv6 本身所具有的灵活性和可扩展性，便于满足垂直行业对网络的差异化需求，为垂直行业的业务创新提供技术支持。以下将从 IPv6 良好的可扩展性、可靠的安全性、易管理性及多样化的服务质量四个方面对 IPv6 的原生优势及结合算力网络的应用优势进行分析。

1. 可扩展性

目前分配给物联网设备的网络地址通常为 IPv4 地址，IPv4 共有 2^{32} 个可用地址。随着物联网的高速发展，全球物联网设备数量已达数百亿台，却只有 40 多亿个网络地址，地址资源短缺制约着互联网的进一步发展。IPv6 地址长度为 128 bit，相较于 IPv4 地址空间增大了 2^{96} 倍，可以提供数量更为庞大的网络地址。此外，IPv6 的地址分配，可以基于支持 IPv6 的动态主机配置协议（Dynamic Host Configuration Protocol for IPv6，DHCPv6）进行有状态地址分配，同时可以不依赖 DHCPv6 进行无状态地址自动配置（Stateless Address Autoconfiguration，SLAAC）。IPv6 可以通过邻居发现协议（Neighbor Discovery Protocol，NDP）进行路由请求和通告，获取 IPv6 地址的网络前缀，而 IPv6 地址的后 64 位由网卡的物理地址和转换算法得来，本身就是全球唯一的地址，有效避免了 IP 地址冲突现象。因此基于 IPv6，每个接入设备（数量可达数十亿台的移动终端、家用电器等）都可以拥有一个全球唯一的、可被路由的 IP 地址，让物联网成为现实。

在报文格式设计上，区别于 IPv4，IPv6 报文格式的设计思想是让 IPv6 基本报文头尽量简单。IPv6 报文通常由 IPv6 基本报文头、IPv6 扩展报文头及上层协议数据单元三个部分组成。大多数情况下，设备只需要处理基本报文头，就可以转发 IP 流量。因此，和 IPv4 相比，IPv6 去除了分片、校验和选项等相关字段，仅增加了流标签字段，使得 IPv6 报文头的处理得到了简化，提高了处理效率。另外，IPv6

为了更好地支持各种选项处理，提出了扩展报文头的概念，需要新增选项时不必修改现有的报文结构，理论上可以无限扩展，在保持报文头简化的前提下，还具备了优异的灵活性。IPv6 有着非常强大的扩展能力，如果要支持一个新的网络功能，只需要定义一个新的指令即可，无须改变协议的机制或部署，这大大缩短了网络创新业务的交付周期。

由此可见，原生 IPv6 具有的丰富地址空间和优异的灵活性，保证了不同业务场景下差异化需求的可拓展性，采用 IPv6 对于信息社会进入万物互联时代有着重要意义。

2. 安全性

随着互联网的快速发展，当前网络仍然面临着拒绝服务（Denial of Service，DoS）/分布式拒绝服务（Distributed Denial of Service，DDoS）、恶意代码、僵尸网络、冒充篡改等多种攻击行为，网络安全面临着更多的挑战。高价值业务要求 IP 承载网提供高可靠性，例如政府、医疗、金融等行业对于可靠性的要求通常达到 99.99%；而 5G 业务，尤其是对于超可靠、超低时延通信业务而言，可靠性要求是 99.999%。IPv6 有望成为解决原生安全的关键技术，提高网络的安全保障能力。

现有 IPv4 地址空间有限，存在大量用户通过网络地址转换（Network Address Translation，NAT）方式使用同一个公网地址的情况，从而无法准确定位到个人。IPv6 的出现有效解决了地址空间不足的问题，使得每个用户可以有一个类似电话号码一样的唯一地址标识并与个人信息关联，从而使得实名制的实现成为可能。基于 IPv6 进行固定地址分配可实现地址与用户（人、物、服务等）身份的绑定，为地址溯源提供了可能，因此，IPv6 是下一代互联网体系结构的安全可信关键技术。

此外，传统的网络安全机制只建立在应用层程序级，如 E-mail 加密、接入安全［超文本传输协议（Hypertext Transfer Protocol，HTTP）和安全套接层（Secure Socket Layer，SSL）协议］等，无法从 IP 层来保证互联网及物联网的安全。而 IPv6 网络中，除了对 IPv4 的报文进行精简，还强制使用互联网安全协议（Internet

Protocol Security，IPSec）加密传输，使得当建立一个 IPv6 连接时，可以得到一个安全的端到端连接。这可以加强物联网相关设备和数据的安全性，让用户信息的安全保障得以升级，用户能够对网络层的数据进行加密并且对 IP 报文进行校验，保证了分组的完整性与保密性，进一步提高了网络的可靠性。

基于 IPv6 的段路由（Segment Routing IPv6，SRv6）协议兼容 IPv6 特性，利用 IPv6 地址 128 bit 的可编程能力，丰富了 SRv6 指令表达的网络功能，除用于标识转发路径的指令外，还能标识增值服务（Value Added Service，VAS），例如防火墙、应用加速、用户网关等。通过在段路由头（Segment Routing Header，SRH）中封装一系列的 SRv6 段标识（Segment Identifier，SID），可以显式指导报文按照规划的路径转发，实现对转发路径端到端的细粒度控制，满足业务的低时延、大带宽、高可靠等服务级别协议需求。同时，SRv6 提供针对 IP 网络端到端故障点的本地保护技术，从而实现任意拓扑的低时延本地保护。在网络发生故障时，SRv6 先由邻近故障点的设备切换到次优路径，然后通过逐级路由收敛，找到最优路径。SRv6 独有的本地保护技术主要有拓扑无关的无环路备份（Topology-Independent Loop-free Alternate，TI-LFA）路径和中间节点保护等，利用这些技术可以极大地提高保护成功率，从而进一步增强 IP 承载网的安全可靠性。

3．易管理性

随着网络、云、终端技术的持续演进，云、网、边、端的协同需要进一步加强和延伸。网络不仅要快速建立可以满足客户带宽和时延要求的通信连接，还要为客户低成本、高可靠、高安全使用算力服务提供灵活的调度能力。在优化云、网、边、端协同的同时，从现有的网络架构向以算力服务为中心的网络架构演进，真正实现云网融合。IPv6 为打通云、网、边、端，实现网络自主可控提供了平台。SRv6 具备原生 IPv6 属性，在报文结构上 SRv6 报文和普通 IPv6 报文具有相同的报文头，使得 SRv6 仅依赖 IPv6 可达性即可实现网络节点的互通，从而可以打破运营商网络和数据中心网络之间的界限，进入数据中心网络，甚至服务器终端。

4．SRv6 的多样化服务质量

为了基于 IPv6 转发平面实现段路由（Segment Routing，SR），IPv6 的 SRH 可指定一个 IPv6 的显式路径，存储的是 IPv6 的路径约束信息。在 SRv6 的 SRH 里，偏移地址栈和段列表（Segment List，SL）信息共同决定报文头部的 IPv6 目的地址。SRv6 基于源路由的理念设计，结合了 SR 的源路由优势及 IPv6 的易扩展特性。同时 SRv6 赋予了 SID 更多的内涵，SRv6 SID 除了可以代表路径，还可以代表不同类型的业务，同时可以代表用户自己定义的任何功能，因此 SRv6 具有更强的网络可编程能力。

具体来说，SRv6 支持三重编程空间：

（1）SRv6 SID 可以自由组合进行路径编程，由业务提出需求，控制器响应业务需求，定义转发路径。

（2）SRH 中的 Function 和 Arguments 字段可以自定义功能。Function 可以由设备商定义，比如数据包到达 SRv6 尾节点后，利用 Function 指示节点将数据包转发给某个虚拟专用网络（Virtual Private Network，VPN）实例；Function 在未来也可以由用户来定义，比如数据包到达 SRv6 节点后，指示节点将数据包转发给某个应用。由于 Linux 系统支持 SRv6，所以未来基于 Linux 系统进行创新，定义不同的 Function，可以支持很多新型的业务。

（3）SRH 里还有可选类型–长度–值（Type-Length-Value，TLV），可以用于进一步自定义功能，比如有一种思路就是用来携带随流检测（in-situ Flow Information Telemetry，iFIT）的指令头。

SRv6 主要包括两种工作模式，即 SRv6 Policy（Segment Routing IPv6 Policy，分段路由 IPv6 策略）和 SRv6 BE，两种模式都可以承载常见的传统业务。其中 SRv6 Policy 是利用 SR 的源路由机制，通过在头节点封装一个有序的指令列表来指导报文穿越网络，可以满足业务的端到端需求，是实现 SRv6 网络编程的主要模式。SRv6 Policy 可以实现流量工程，配合控制器可以更好地响应业务的差异化需求，做到业务驱动网络；而 SRv6 BE 是一种简化的 SRv6 实现，正常情况下不含有 SRH，只能提供尽力而为的转发。在 SRv6 发展早期,基于 IPv6 路由可达性,利用 SRv6 BE 快速开通业务,具有无与伦比的优势;在后续演进中,可以按需升级网络的中间节点,部署 SRv6 Policy,满足高价值业务的需求。

SRv6 的重要特点就是灵活,其业务编排器或者各种应用可以根据业务 SLA、网络定制、服务功能链等不同的具体需求,提供灵活的可编程功能。基于网络编程功能,SRv6 能够更好地进行路径编程,满足业务的 SLA。此外,还可以将网络和应用连接起来,构建智能云网。

5G 三大业务场景对承载网提出了更高的要求,从网络运维及性能监控方面看,目前 5G 网络存在缺乏网络性能劣化、故障定位手段,性能检测等操作维护管理(Operation Administration and Maintenance,OAM)粒度较粗(如端口/隧道/伪线)等问题,需要为时延敏感类业务提供时延异常监控、时延选路等功能,以提升 5G 用户体验。为满足 5G 承载网对性能监控的需求,需要设计实时、高精度且准确反馈客户实际流量的性能检测机制。

传统检测方式采用发送模拟检测报文的间接测试方式,不能保证模拟报文与真实业务路径一致。基于 IPv6 网络随流检测,无须外挂探针,将 OAM 指令携带在用户报文中,OAM 信息跟随报文一起转发,从而完成测量。iFIT 的指令可以封装在 IPv6 的逐跳选项扩展报文头中,也可以封装在 SRH 的可选(Optional)TLV 中。iFIT 提供了随路网络测量的架构和方案,支持多种数据平面,通过智能选流、高效数据上送、动态网络探针等技术,融合隧道封装,使在实际网络中部署随路网络测量成为可能。因此,基于 IPv6 网络随流检测可以真正实时地检测用户流的时延和丢包情况,实现面向用户的实时性能分析。

4.3.3.2 SRv6 技术优势

SRv6 即基于 IPv6 数据平面的 SR,其 SID 为 IPv6 地址。随着 2019 年全球 IPv4 公网地址的耗尽,IPv4 向 IPv6 迁移,进一步加速了 SRv6 的发展。SRv6 继承了基于 MPLS 转发平面的段路由(Segment Routing MPLS,SR-MPLS)简化网络的优点,降低了网络管理复杂度,便于更好地应对 5G 和云网络发展带来的挑战。具体而言，SRv6 的技术优势体现在以下几个方面。

1. 简化网络协议

面对 5G 和云网络发展的挑战，IP 承载网需要简化，降低管理复杂度，进一步提升运维水平。SRv6 和以太虚拟私有网（Ethernet Virtual Private Network，EVPN）可以使 IP 承载网的协议简化、归一。具体而言，在隧道/Underlay 层面，IPv6 报文的扩展替代了隧道技术，取消了原有的标签分发协议（Label Distribution Protocol，LDP）和基于流量工程扩展的资源预留协议（Resource ReSerVation Protocol-Traffic Engineering，RSVP-TE）等 MPLS 隧道技术，简化了信令协议；在业务层面，通过 EVPN 整合了原有网络中二层虚拟专用网（Layer 2 Virtual Private Network，L2VPN）、基于 LDP 或多协议边界网关协议（Multiprotocol Border Gateway Protocol，MP-BGP）的虚拟专线服务（Virtual Private Wire Service，VPWS）、基于 LDP 或 MP-BGP 的 L2VPN 虚拟专用局域网业务（Virtual Private LAN Service，VPLS）及基于 MP-BGP 的三层虚拟专用网（Layer 3 Virtual Private Network，L3VPN）技术；业务层面可以通过 SRv6 段标识（SID）来标识各种各样的业务，也降低了技术复杂度。

在算力网络中，SRv6 技术可以简化网络结构，实现网络之间的无缝衔接。同时，跨域路由能力不再割裂，并可以结合 SDN 将网络能力开放出来，实现资源互调。这样可以大幅降低业务连接和业务部署的复杂度，使得网络服务化具备必要条件，即将网络的能力和数据开放，支持业务实现实时、按需、动态部署。

2. 促进云网融合

IPv6 的基本报文头确保了任意 IPv6 节点之间的互通，而 IPv6 的多个扩展头能够实现丰富的功能。SRv6 释放了 IPv6 扩展性的价值，基于 SRv6 最终可以实现简化的端到端可编程网络，真正实现网络业务转发大一统，实现"一张网络，万物互联"。

3. 兼容存量网络

SRv6 可与存量 IPv6 网络兼容，因而可以按需快速开通业务。部署业务时，不需要全网升级，能够保护现网已有投资；另外，业务开通只需要在头、尾节点进行部署，缩短部署时间，提升部署效率。

4．提升跨域体验

SRv6 就是通过路由报文头（RH）扩展来实现的，SRv6 报文不改变原有 IPv6 报文的封装结构，普通的 IPv6 设备也可以识别。SRv6 的原生 IPv6 特质使得 SRv6 设备能够和普通 IPv6 设备共同组网，对现有网络具有更好的兼容性。

此外，SRv6 的 SID 也经过了特殊的设计。首先，SID 在 SR-MPLS 里采用标签形式，在 SRv6 中变为 IPv6 地址形式的。SRv6 SID 由 Locator、Function 和 Arguments 三部分组成。其中 Locator 具有定位功能，一般要在 SRv6 域内唯一，但是在一些特殊场景，比如任播保护场景，多个设备可能配置相同的 Locator。节点配置 Locator 之后，系统会生成一条 Locator 网段路由并且通过内部网关协议（Interior Gateway Protocol，IGP）在 SRv6 域内扩散。网络里其他节点通过 Locator 网段路由就可以定位到本节点，同时本节点发布的所有 SRv6 SID 都可以通过该条 Locator 网段路由到达。Function 代表设备的指令，这些指令都由设备预先设定，用于指示 SRv6 SID 的生成节点进行相应的功能操作。Arguments 字段可以定义一些报文的流和服务等信息。当前一个重要应用是 EVPN VPLS 的用户边缘（Customer Edge，CE）设备多归场景，转发广播、未知单播、组播（Broadcast，Unknown-unicast，Multicast，BUM）流量时，利用 Arguments 可实现水平分割。

IP 网络去除了 MPLS，协议简化，并且归一到 IPv6 本身，具有重大的意义。相对于传统的 MPLS 跨域技术来说，SRv6 跨域部署更加简单。在跨域的场景中，只需要将一个域的 IPv6 路由通过"BGP4+"引到另外一个域，就可以开展跨域业务部署，由此降低了业务部署的复杂性。因此利用 SRv6，只要路由可达，就意味着业务可达，路由可以轻易跨越自治系统（Autonomous System，AS），业务自然也可以轻易地跨越 AS 域，这对于简化网络部署、扩大网络的范围非常有利。

SRv6 跨域在可扩展性方面也具备独特的优势。SRv6 的原生 IPv6 特质，使得它能够基于聚合路由工作。这样即使在大型网络的跨域场景中，也只需要在边界节点引入有限的聚合路由表项。这降低了对网络设备能力的要求，提升了网络的可扩展性。

5. 敏捷开通业务

随着多云、混合云成为趋势，企业客户需要灵活访问分布在不同云上的应用，网络需要能够按需提供相应的上云连接。同时，为支撑应用在不同云间的灵活调度，需要在承载网络与云之间建立连接，为不同云上的资源提供动态、按需的互联互通路径。传统的二层点对点专线模式下，企业需要基于不同云的部署位置租用多条上云专线，并通过手动切换或者企业内部自组网调度实现对不同云应用的访问，这严重影响业务灵活性和多云访问体验，云网协同复杂度高。同时，由于缺失一张统一互联互通的云骨干网，若有多个不同网络分别访问多个云，如新建一个云数据中心，意味着所有网络和云的连接都需要新建，连接复杂，分段部署难度非常高，业务变现时间长。智能云网方案通过云骨干网连接多云和多网，实现云网连接与部署，达到入网即入云的效果，通过 SRv6+EVPN 技术实现业务一线灵活入多云，实现了业务敏捷开通。

基于 IPv6 的下一代互联网将是未来社会信息基础设施的重要组成部分和未来互联网的主要创新平台。IPv6 是网络空间发展不可逾越的阶段，IPv6 网络不仅仅能解决 IP 地址问题，通过 IPv6 的创新能力开发，还可以简化网络，提升网络服务质量，激发网络业务创新。通过引入 SRv6、网络切片、随流检测等 IPv6+技术创新并推动这些新能力的标准化，对于算力网络的进一步部署有着重要意义。新时期 IPv6 与物联网、大数据、云计算、区块链、人工智能和 5G 等新一代信息技术并行发展，将成为新一代 IT 的承载平台，并统一云、网、边、端的承载，在云网融合和多云协同中发挥重要作用。IPv6 赋能的算力网络方案不仅能够打破云网边界，实现算网深度融合，还可以帮助运营商快速发展智能云网，在保持现网平滑演进的同时，赋予网络对算力的感知和路由能力，为我国实现下一代互联网安全和技术创新引领奠定基础。

4.3.3.3 网络可编程技术优势

CUBE-Net 3.0 创新体系强调结合"IPv6+技术"等先进技术,构建"一网联多云,一键网调云"的云网边一体化能力开放调度体系,形成网络与计算深度融合的算网一体服务新格局。

"一网联多云,一键网调云"的实质是满足网络智能连接、业务智能调度的需求,当前中国联通已经建成良好的云网生态,实现"一网联多云"。中国联通产业互联网(CUII)在自研 SDN 管控和编排系统支持下,已经纳管自有多级云池及阿里云、腾讯云、AWS、华为云、京东云、百度云等主流云商云池。未来,我国电信运营商将进一步优化云网边一体化的新型数据中心发展格局,全面承接国家东数西算工程。

"一键网调云"的含义是基于网络多云连接环境,通过引入网络编程技术,发挥网络在云–边–端多级算力资源分布环境下进行服务调度的优势,提升用户云网一致性服务体验。面向"一键网调云"的实施目标,SDN 管控和编排技术及协议创新是基础,使对全网进行实时管理和敏捷配置成为可能,为发展网络可编程能力提供了必要保障。

网络编程的概念源于计算机编程。将网络功能指令化,即将业务需求翻译成有序的指令列表,由沿途的网络节点去执行,可在任何时间重新编排任意数据包的传输路径,提高网络的灵活性,实现网络可编程。网络可编程具有多方面的优势。

(1)网络可编程提高了网络控制的粒度,可以快速调用网络功能或能力,灵活地建立满足不同需求的路径,并结合架构创新与协议优化,构建算力网络"转发融合,管控分离,一体编排"的可编程架构。

(2)网络可编程有效提升了资源利用率,基于对业务、算力资源和网络资源的协同感知,将业务按需调度到合适的资源节点,可对物理资源重新分配必要的功能,以实现最大的效能。

(3)网络可编程增强了节点可视化能力,对网络节点进行监控,可实时更改数据流的网络行为，可以根据网络情况进行算力调度，也可以基于算力调度需求进行网络适配和编程，有效推动算网一体融合运营。

在网络编程方面，IPv6 及系列演进技术具备天然优势，IPv6 对数据包报文格式有重大创新，可扩展报文头具有很好的可扩展性和可编程能力，如逐跳选项报文头（Hop-by-Hop Options Header，HBH）、目的选项报文头（Destination Options Header，DOH）、路由报文头（Routing Header，RH）等都存在可编程空间，可用来携带信息，实现源路由功能。IPv6 扩展头的合理设计和处理是可编程服务有效承载的核心。

4.3.3.4 SIDaaS 可编程服务技术优势

算力网络可编程服务是以"SRv6/IPv6+"为基础的算网一体增强服务。基于当前网络能力与近期演进目标，中国联通提出了基于 SRv6 的 SIDaaS 算网融合解决方案，该方案以面向可编程服务的"IPv6 演进技术"体系研究和应用为抓手，提出 SIDaaS（SID as a Service）服务理念。未来，电信产业将推动面向 SIDaaS 的可编程服务的落地，使之成为下一代可编程网络创新发展的有力支撑。

SIDaaS 服务理念内涵如图 4-25 所示，即打造"一网联多云、一键网调云"体系，实现对网络 SID 和应用 SID 的统一编排、灵活调度。面向"IPv6+"算力网络可编程服务能力进一步增强的应用需求，中国联通已开展对 IPv6 HBH/DOH 等的可编程能力的研究，探索面向服务感知网络的演进方案，打造用户服务需求感知、算力服务能力感知、算网服务一体化调度、端到端服务质量测量与保障的新型服务感知网络。

在 SIDaaS 中将 SRv6 SID 的内涵进行扩展，基于对外提供的服务能力及场景，当前定义了 Network SID、Service SID 和 Binding SID 三种 SID，通过将不同类型的 SID 进行统一编排，提供承载网络的可编程服务能力、云服务能力及跨域可编程服务能力。构建算网一体的编排管控体系，实现云网端一体的可编程服务能力开放，面向用户提供安全服务、广域加速、视频编码等端到端的、灵活高效的商业服务。

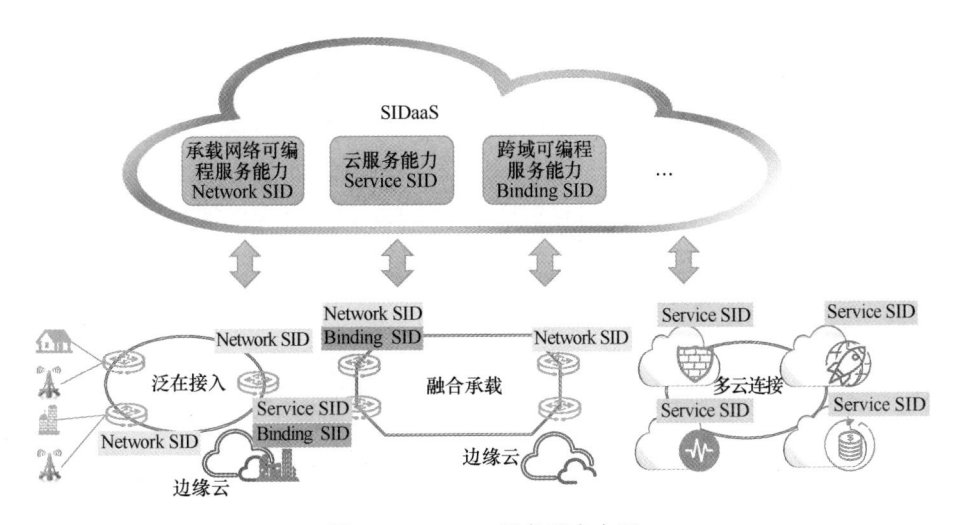

第 4 章 构建以算力网络为代表的新型数字基础设施

图 4-25 SIDaaS 服务理念内涵

Network SID 指目前 SRv6 承载网络中的 Segment ID，是段标识（Segment Identifier，SID）原始的定义。如图 4-26 所示，通过多个 Network SID 的灵活组合形成 SRH，实现承载网络转发路径可编程服务开放。

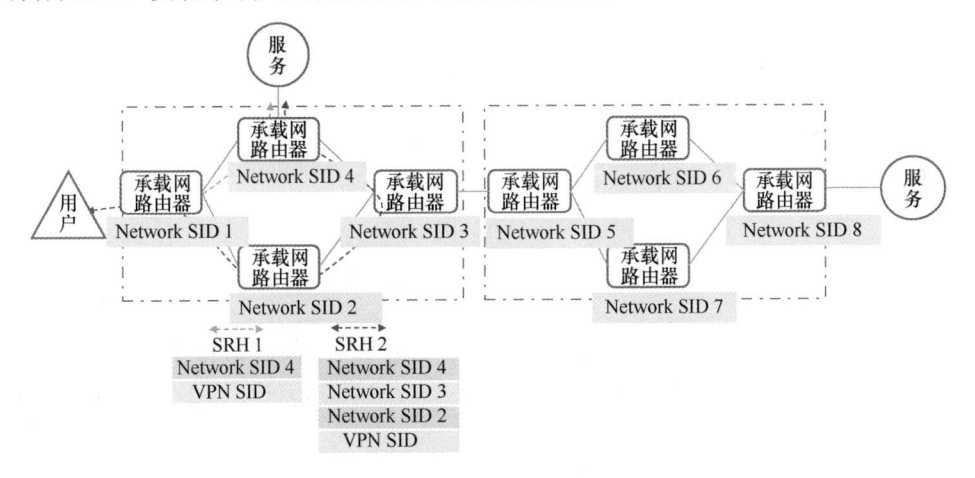

图 4-26 Network SID 实现可编程服务示意图

Network SID 在 Native IPv6 的基础上，融合了 SR 的网络编程能力，既保证了网络任意可达，又可以实现任意路径编程以满足业务的 SLA 要求，例如最短时延、最大带宽、必选路径等不同目标。随着 SRv6 部署的推进，基于 Network SID 的转发路径可编程能力正在提供越来越多的差异化的服务。

Service SID 指在云侧的服务 SID，包括第三方应用程序（Application，APP）服务实例标识、算力服务标识等。如图 4-27 所示，Service SID 采用 IPv6 地址形式，通过 IPv6 语义扩展对服务位置、服务能力等进行描述，通过集中或分布的方式，将 Service SID 与 Network SID 进行统一路由编程，实现云服务能力开放。Service SID 是 SRv6 入云的实现手段之一，是打破算网边界，实现算力资源与网络资源的统一标识、统一寻址的有效尝试。

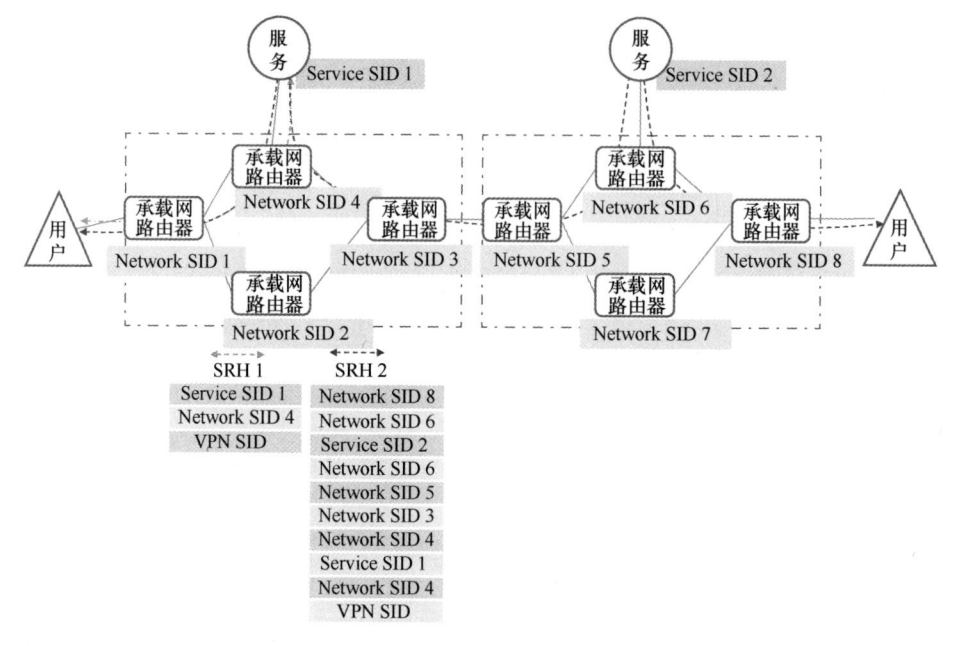

图 4-27 Service SID 实现可编程服务示意图

Service SID 的典型应用之一是云网一体的服务功能链（Service Function Chain，SFC）Aware 部署，云侧服务（如安全服务、视频服务等）支持 SRv6 功能，为每个云内服务资源分配 Service SID，然后根据分配的 Service SID 编排服务路径，用户流量流经所需服务资源进行相应业务处理，实现云网融合的服务编排。

绑定段标识（Binding SID）是 Segment Routing 的基础指令，一个 Binding SID 对应 SR Policy 的一条路径（SID 列表）。在跨域、跨网络场景中，通过 Binding SID 屏蔽域内/网络内的 SID 路径，抽象成不同的 Binding SID 对外提供路径选择服务。

如图 4-28 所示，Binding SID 在网络跨域场景中的应用是作为域内不同 SLA 路径的标识，其他网络域无须关心本域内的具体转发路径，只需根据 SLA 指标进行 Binding SID 选择和压栈，就可以屏蔽域内网络细节，同时减少 SID 栈长度，实现网络域的差异化服务提供。

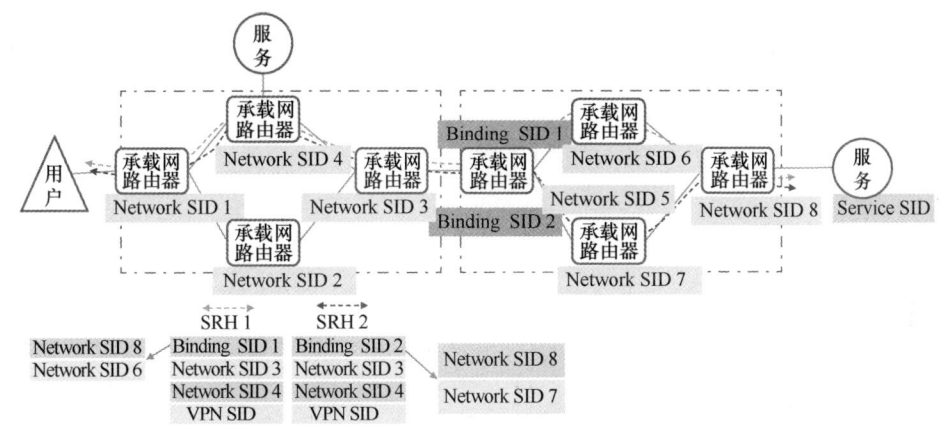

图 4-28 Binding SID 跨域实现可编程服务示意图

Binding SID 同样可应用于云网融合场景，如图 4-29 所示，当云内提供多个服务时，可利用 Binding SID 将云内的服务进行组合编排，对外屏蔽云内的服务及网络细节，云外网络只需根据服务需求进行 Binding SID 选择和压栈，就可以实现云服务的组合编排及开放。

综上所述，Network SID 是 SRv6 的原生网络 SID，可实现承载网络可编程能力开放，Service SID 用于标识云内服务，通过 SRv6 入云实现云网融合服务能力开放，Binding SID 将域内的 SLA 路径或多服务集合进行标识后对域外公开，提供跨域/跨网络的可编程能力开放。上述三类 SID 是基于 SIDaaS 理念对 SRv6 技术进行的深入挖掘和拓展，通过定义 SID 的内涵与实现方式，结合算网融合的一体化编排，可以向用户提供端到端的灵活高效服务。算力网络可编程服务体系是对算力网络的应用创新，SIDaaS 以 SRv6 可编程路由协议为基础，对其中的网络段标识（Segment ID，SID）进行扩展应用和编程操作，以实现面向服务的可编程路由体系。参考算力网络总体架构提出的算力网络可编程服务体系的分层结构、接口设计等如图 4-30 所示。

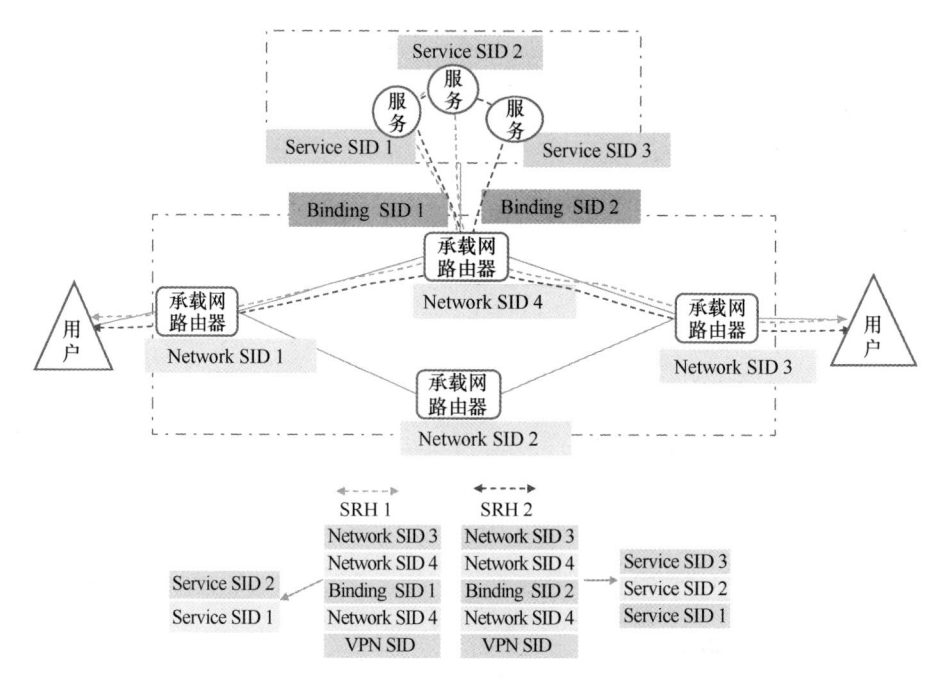

图 4-29 Binding SID 跨网络实现可编程服务示意图

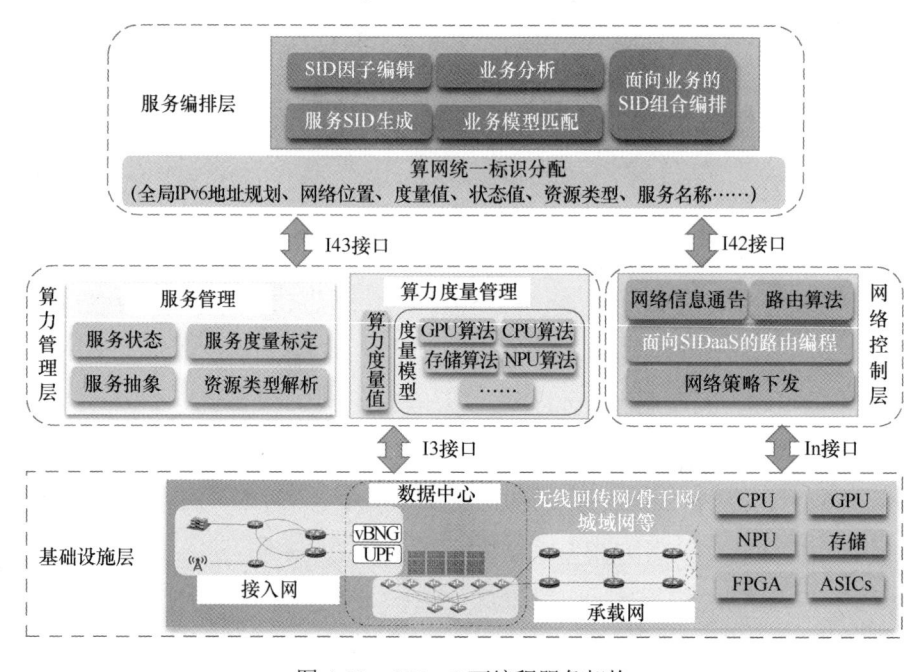

图 4-30 SIDaaS 可编程服务架构

SID 是可编程服务体系中的核心部分，在传统 SRv6 网络编程中，SID 标识了一个网络地址，可以建立网络节点之间的报文路由顺序，而随着算力网络的发展，SIDaaS 拓展定义了上面提到的三类 SID（Service SID、Network SID 和 Binding SID），通过对三类 SID 的联合编程来实现业务请求的路由编程目的，节点通过解析 SID 来确定如何帮助用户获得此服务。Network SID 用以唯一标识基础设施层中网络设备的位置等信息，Service SID 基于算力服务的网络位置、服务类型、服务状态等属性唯一标识一个体系内的服务，Binding SID 用于跨域或跨网络场景中唯一标识不同的 SLA 路径或服务集合。

在现网部署中，算力管理平台或云管平台一般位于算力管理层，用于完成算力的服务化抽象和算力的度量标定；由服务编排层的编排器等组件完成服务 SID 因子标识与服务 SID 创建功能，并且能够选定某一业务所需全部服务的 SID 集合发送至网络控制层的网络控制器，由网络控制器将各类 SID 进行路由编程，下发到基础设施层的网络设备中执行转发操作。

算力网络可编程服务体系的核心功能涉及算力管理层、服务编排层、网络控制层等。算力管理层通过 I3 接口连接基础设施层，实现 SID 因子采集功能，包含服务管理和算力度量管理两方面的功能。

（1）算力度量管理模块不仅能对多样化算力建立度量模型，还能够对某服务使用的算力进行标准度量值的计算。

（2）服务管理模块通过算力服务感知完成对算力信息的采集，实现算力的服务化抽象及命名，同时分析服务使用的算力资源类型和资源用量，通过算力度量管理模块标定出标准量化值，并且对服务的状态进行描述；最终将服务命名、度量值、服务状态、资源类型等信息作为 SID 因子保存并传递到其他模块。

服务编排层通过 I42 和 I43 接口接收某服务的 SID 因子，实现算网统一标识功能和 SID 因子编辑功能，以及面向业务的 SID 组合功能。

（1）SID 因子标识是指通过算网统一标识分配功能，为某服务的 SID 因子赋予算力网络可编程体系的统一标识，该标识为体系内的全网唯一标识，遵循同一标识标准，在此标准下，统一标识应符合 IPv6 报文头扩展位的编码规则，做到网络可解析。

（2）SID 因子编辑功能指接收到某服务的 SID 因子标识，将这些标识按一定规则分别添加到 SID 的不同扩展位中，生成 Service SID，作为该服务的唯一标识。

（3）面向业务的 SID 组合功能基于业务解析实现对组成业务所有服务的全局编排，并生成所涉及服务的 SID 组合。

网络控制层根据 SID 组中的网络节点、链路的相关权重信息进行路由计算。网络控制层综合网络信息和 SID 组合，通过某种路由算法进行路径计算，在 SRv6 的头节点通过 Segment List 的方式生成网络路径，在所有网络节点上生成路由表项，从而指导业务报文进行转发。

基于上述核心功能，首先在算力管理层和网络控制层向服务编排层输出算力的度量值、状态值、资源类型、服务命名、网络位置等 SID 因子。当一个业务请求进入服务编排层后，通过对业务的分析，得到服务所需的编排模型，通过模型可选定与此业务匹配的具体服务，并且从 SID 编辑模块获取所需服务的 SID，组成一个面向该业务的 SID 集合。服务编排层将这个 SID 集合通过 I42 接口告知网络控制层，网络控制层完成 SIDaaS 服务路由编程，并将路由信息下发至基础设施层中的被控设备。基础设施层获得路径信息，将用户请求报文按编程路径转发，形成端到端的服务提供。需要注意的是，当前算力云池内一般不支持 SRv6 协议，所以对应用的 SRv6 协议解析由应用层边界网关代理实现，边界网关基于 Service SID 进行云池内的服务寻址，实现端到端的可编程服务。

基于可编程服务体系架构，本书提出了集中式和混合式两种可编程服务实现机制。这两种不同的实现机制主要是从服务编排层和基础设施层的角色分工来区分的，两种实现机制都遵循可编程服务体系的目标，即更加灵活、弹性、可靠地为用户提供端到端的最终商业服务。

在集中式可编程服务实现机制中，通过上层统一的服务编排层、算力管理层和网络控制层来进行算力度量、服务 SID 标识与分配和用户业务路径的决策等，网元设备根据上层的决策执行相关指令。各层的具体功能如下：

(1)算力管理层进行 SID 因子采集，基于一定的度量算法模型进行算力度量。

(2)服务编排层的 SID 因子标识功能基于度量值、状态值、资源类型、服务名称等因子进行算网统一 SID 标识分配，SID 编辑功能实现 Service SID 的生成与组合。

(3)网络控制层基于网络拓扑等网络信息进行路径计算，实现面向服务的路由编程。

(4)基础设施层的网络路由设备根据上层决策的路径进行流量转发。

具体的服务实现流程如图 4-31 所示，分为两个部分，具体如下。

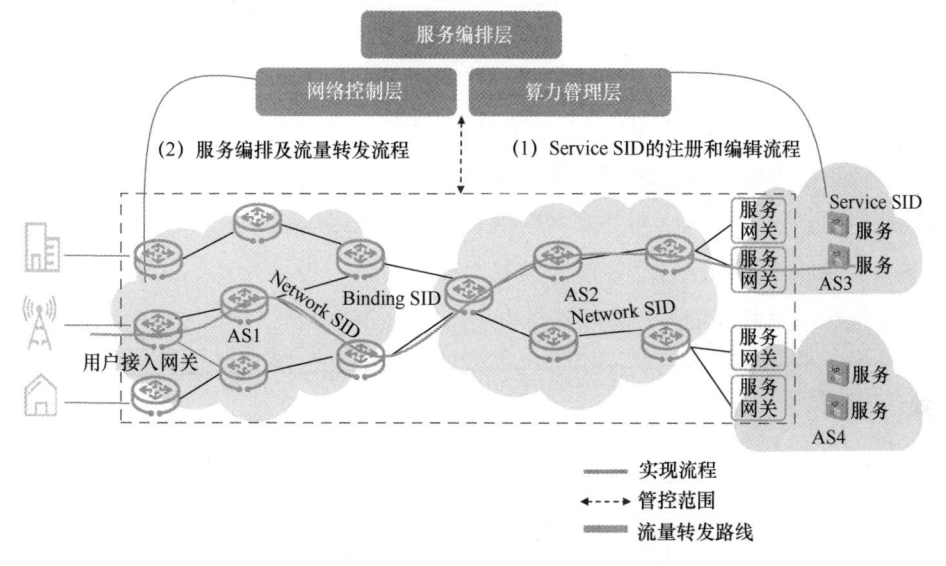

图 4-31　集中式可编程服务实现流程示意图

(1)Service SID 的注册和编辑流程：上层统一的服务编排层为服务资源编辑生成 Service SID。

(2)服务编排及流量转发流程：由上层统一的服务编排层和网络控制层生成由 Network SID、Service SID 和 Binding SID 组成的路径序列组，网络节点及服务资源按该序列组进行流量转发，其中域间节点按 Binding SID 指令进行路径更新。

集中式可编程服务实现机制的优势在于全局统一的管控编排，可减少网络设备资源消耗，随着网络设备功能和性能的不断演进，上层系统实现的算力度量、服务 SID 标识和路径决策等功能同样可在底层网络设备中进行分布式部署，将集中式实现机制和分布式实现机制进行有机结合，提出了混合式的实现机制，实际应用中，可结合网络规模、区域划分、业务形态等实际需求，分区分域进行可编程服务部署。

混合式可编程服务实现机制中上层服务编排层对于网络和算力资源的管控范围不再是集中式中的全域所有节点，而是只负责部分节点，再结合网络设备的分布式架构实现端到端的可编程服务编排调度。

混合式可编程服务实现机制中，上层服务编排层负责全局的算力度量及服务 SID 标识规划和感知，并完成关键节点组成的路径决策。基础设施层的某些网络设备，比如区域边界节点或云池服务网关节点，基于其设备自身的分布式可编程能力实现域内的服务 SID 标识，以及域内路径的动态计算等功能。设备分布式可编程能力包括但不限于 SID 因子采集、SID 标识、SID 分配生成及路径编程能力等。上层网络控制层基于网络拓扑等网络信息进行关键路径计算，网络中的路由设备根据上层系统决策的路径进行流量转发，在关键节点基于本节点的可编程能力进行自主选路或服务寻址。

具体的混合式可编程服务实现流程如图 4-32 所示，分为两个部分，具体如下。

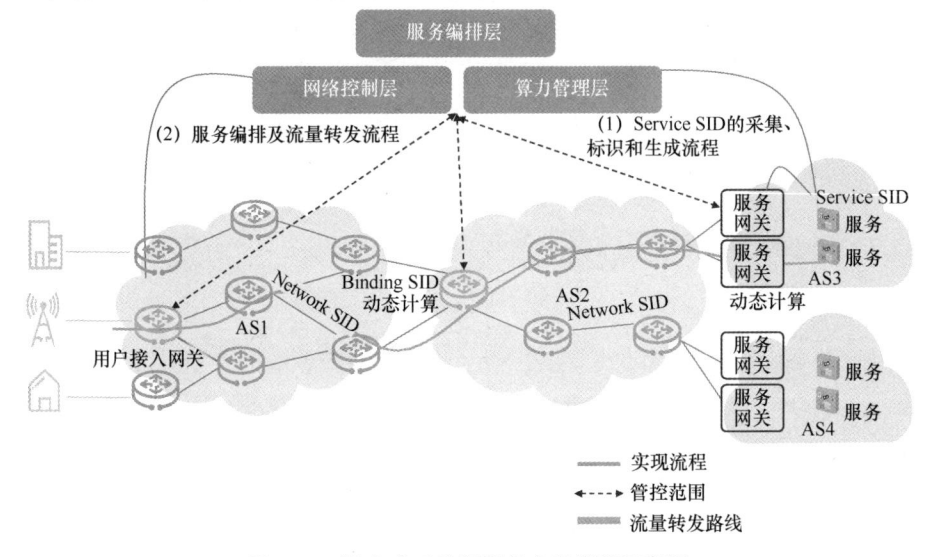

图 4-32 混合式可编程服务实现流程示意图

（1）Service SID 的采集、标识和生成流程：由上层的服务编排层和服务网关节点协同为服务资源编辑生成 Service SID。

（2）服务编排及流量转发流程：由上层服务编排层和网络控制层生成由 Network SID、Service SID 和 Binding SID 组成的关键路径序列组，关键节点基于收集到的域内网络或服务信息进行动态计算，完成域内的自主选路或服务寻址，域内节点基于动态计算得到的路径进行流量转发。

需要说明的是，混合式实现机制有多种技术路线，本节仅从区域管控的角度进行集中式+分布式的协同混合，还可以基于路由决策的位置或信息通告的方式等进行混合策略设置，以实现更为灵活高效的可编程服务能力。

随着 5G 和云业务的发展，业务应用日益丰富，新业务对网络服务的部署和应用提出了很多新的需求，也催生出一系列全新的应用场景。基于 SRv6 的 SIDaaS 体系，具备丰富的网络和服务编程能力，能够将用户业务意图翻译成转发指令发给沿途的网络设备，以很好地满足新业务的定制化需求。

目前面向个人用户的互联网移动端创新应用，如超高清视频、在线教育、在线游戏、多方会议、视频直播等，普遍存在时延敏感、带宽需求较高等特点，在普通网络环境中，经常会出现卡顿、访问和下载数据缓慢等现象，影响用户的体验。不同用户对服务质量的要求有所不同，因此出现了同类业务的差异化质量保障需求，如视频、游戏、会议等对时延和带宽要求高的业务需要进行定向加速，这就要求运营商网络具备更强大的网络编程能力。基于 SIDaaS 体系的 Network SID 可实现对网络路由节点的编程，对特定用户流量基于不同的 SLA（网络时延、带宽等）要求进行精细化承载，提供更加优质的服务体验。

Network SID 的典型应用场景之一即为业务定向加速，如图 4-33 所示，服务编排层通过网络编程为普通业务和加速业务定制不同的端到端路径，额外付费用户的业务流量进入加速通道，未订购加速服务的用户流量进入普通通道，以此实现面向重点客户、重点业务的差异化服务承载。

随着网络和业务的发展，越来越多的增值业务需要按需部署和动态调整，典型的如网络安全服务，包括防火墙（Firewall，FW）、网站应用防火墙（Web

Application Firewall，WAF）、深度报文检测（Deep Packet Inspection，DPI）等。最初各种服务可以部署在中心云资源池或用户网络，随着用户对网络质量、请求时延等网络性能要求不断提升，对业务功能灵活增减的需求日益增加。随着边缘计算技术的发展，运营商已逐步在若干边缘节点上按需部署安全服务功能。边缘节点通过网络实现协作，采用服务功能链（Service Function Chain，SFC）技术将业务功能串联起来，满足用户对业务功能灵活调度的需求，进一步缩短响应时间、优化资源布局、提升网络效率。

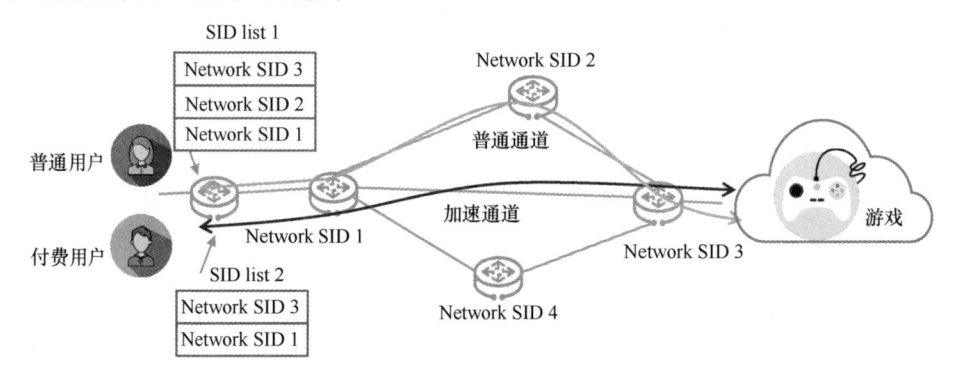

图 4-33　网络编程实现业务定向加速

图 4-34 所示的安全服务场景下面向服务的路由编程（云网安一体服务）是 SIDaaS 中 Service SID 的典型应用场景之一。其中服务编排层基于云侧安全 VAS 对于 SRv6 功能的支持，为其分配全网唯一的 Service SID，然后服务编排层根据用户的安全服务需求对 Network SID 和 Service SID 进行组合编排，统一规划服务路径，实现云网融合的服务路径灵活编排与调度。例如，用户 1 所需的安全服务为（DDoS-WAF）- 入侵检测，据此组合编排出 SID 列表转发路径，并以 SRv6 协议的格式进行封装压栈，下发至用户接入网关 CPE。用户 2 的服务编排方式与服务 1 类似，这样用户 1 和用户 2 即可基于各自的 SID 路由表实现按需灵活地访问安全服务业务。

随着行业信息化和数字化转型的深入，各行业用户在带宽随需调整、业务智能发放、用户自助服务等场景下，对于运营商的网络能力提出了更高的要求。基于 SRv6 可编程技术的智能路由策略，有效地解决了跨域专线业务开通周期长、配置复杂度高的问题，提供跨域政企专线一键式开通、带宽一键式调整的业务，满足行业客户的多样化需求。

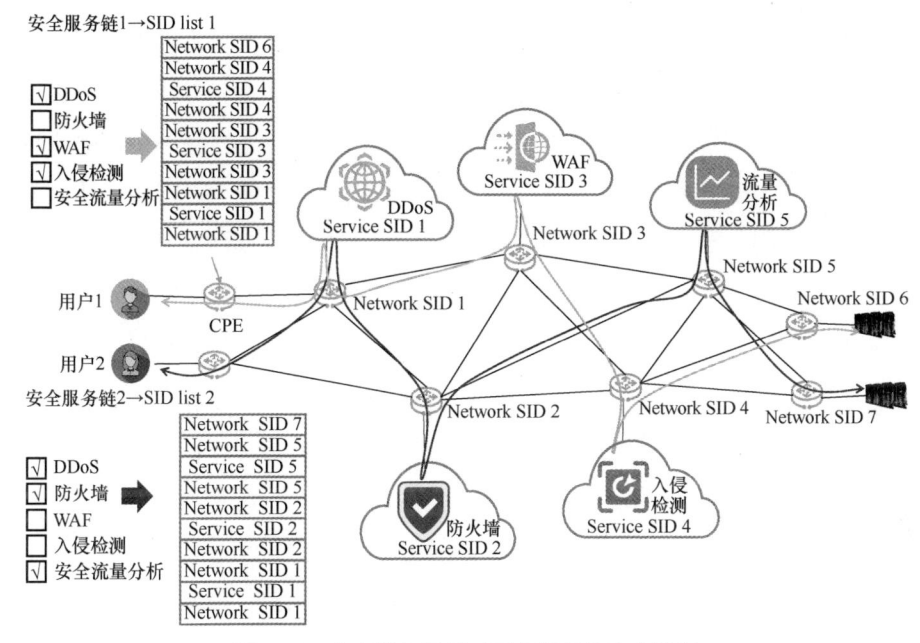

图 4-34 安全服务场景下面向服务的路由编程

在跨域专线场景下，如图 4-35 所示，将 AS2 域内的一条网络路径（对应一段 SID 列表）抽象为一个 Binding SID，不同的 Binding SID 对应不同 SLA 指标的路径。这样不仅对 AS1 屏蔽了 AS2 域内的某条具体路径，而且显著压缩了用户侧网络节点需要压栈的 SID 列表长度。当流量到达 AS2 时由自治系统边界路由器（Autonomous System Boundary Router，ASBR）根据 Binding SID 进行域内的自主选路，并将流量引导至域内对应的某条网络路径中。类似地，Binding SID 还可应用于云网融合场景，将云内的多个服务组合后形成 Binding SID 对承载网络开放，实现云网融合的一体化服务编排与调度。

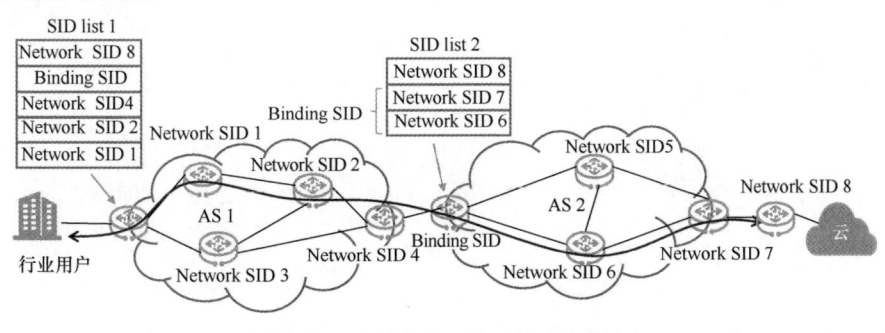

图 4-35 跨域专线场景下的路由编程

在推进新一代数字基础设施发展方面，智慧安防是 AI 应用落地最早的场景之一。智慧安防是在端侧嵌入 AI 芯片，完成人脸识别、视频结构化、图谱分析等预处理，然后通过算力网络将业务数据传送到边缘算力节点进行进一步处理。智慧安防业务对网络实时性和确定性要求高，需要更多的 ICT 能力，但由于边缘算力节点的算力资源分配差异、算力负载不均等因素，本地边缘算力节点的算力资源无法完全满足智慧安防业务的需求，因此对算力网络提出了边边协同的需求，即对边缘算力节点资源状态的实时感知，以及多边缘算力节点之间的协同调度。

如图 4-36 所示，智慧安防服务分别部署在边缘算力节点 MEC-1、MEC-2 和 MEC-3 上，通过服务网关与承载网络连接。服务网关支持对算力资源信息及状态的采集和发布，为其分配 Service SID。承载网络入口节点（R1、R2、R3）将接收到的终端业务请求映射为资源需求，根据网络资源和算力资源信息将计算任务调度到满足业务需求的 MEC 节点。在网络无边边协同能力时，视频业务流接入最近的 MEC 节点，当 MEC 资源利用率处于高负载状态时，视频会出现卡顿；在边边协同方式下，若 MEC-3 资源利用率处于高负载状态，则通过算力网络按需调度，自动将视频业务引流至最优计算节点 MEC-2 处理，保障视频业务流畅不中断，提升用户体验。算力网络通过边边协同方式能充分利用边缘算力节点的计算资源，实现海量监控视频接入场景下图像识别处理业务的算力负载均衡。

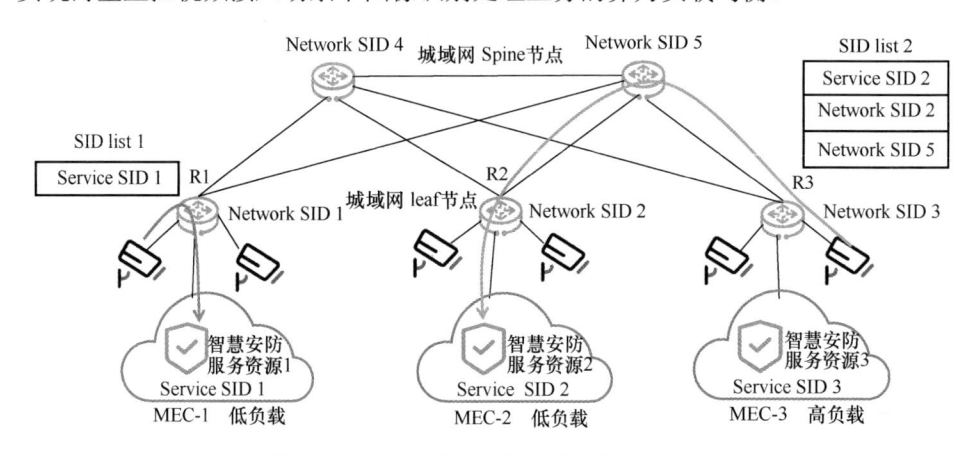

图 4-36 基于边边协同方式的智慧安防服务

本节提到的业务定向加速、云网安一体服务、跨域专线增值业务及智慧安防服务等，只是算力网络面向 SIDaaS 可编程服务的典型场景中的一部分，事实上，SIDaaS 可编程服务几乎可以涵盖所有云网协同编排的应用场景，同时，算力网络可编程服务有望在未来各种集中式算力与分布式算力结合的场景下发挥更大的作用。

4.3.4 做强以算网大脑为中枢的智能调度

算网管控与编排是东数西算"五数"体系中"数纽"层着力要解决的问题，也是实现东数西算工程总体目标的基础。运营商、大型云服务商和互联网公司一直在研究和推动网络智能管控与调度技术，在东数西算业务场景驱动下，跨区域算力调度需求变大，云边算力趋向泛在化，网络更加扁平化、灵活化、服务化，用户场景不断丰富，需要进一步加强面向算网一体的算力网络编排调度体系的研发，通过对业务、算力资源和网络资源的协同感知，将业务按需调度到合适的节点，为算网资源综合最优、高效调度打下基础，实现"算网联动，网随算调"的目标。

通过算和网的深度融合，在汇集算和网实时动态数据的基础上，实现基于算和网的全量资源感知的弹性调度机制。面向用户需求在资源、数据、服务、应用、安全、运维等方面提出合理、高效、高性价比的多云、多域、多类型的一站式算网资源协同服务方案，提供算网一体化协同部署、业务开通、全生命周期运营等服务。

随着网络和算力技术的发展，业务呈现多样化、自动化和智能化的特点，是算网融合智能化的主要驱动力。一方面，通过与 AI、大数据等技术深度融合，满足多云协同、云边协同、存算分离、分布式云计算等复杂业务场景下的云、网、边、端各种差异化业务的协同编排需求；另一方面，运用 AI 等新技术，面向算网智能化运维，围绕规划、建设、维护、优化、运营五大运维流程，实现算力和网络设施故障、性能、安全智能分析和决策，做到智能预判、在线检测、快速定位、实时恢复，满足算力网络高可靠性的需求。

算网资源感知与抽象是指对业务和算网资源的实时获取、理解与模型化处理，是算网一体化调度与编排的重要保障。以通用数据模型为基础，将不同场景、不同技术的算力资源或网络资源抽象为标准化的基础资源模型,并提供统一的获取、转换、存储、管理功能,保障算网资源信息的实时性和有效性,为跨云、跨业务、跨技术领域的多要素编排提供数据基础。算网数据感知实时获取算网业务与算网资源的动态特性,通过统一抽象化处理,向下对接一体化调度与编排,实现算网资源和应用的跨域拉通和部署,向上为算力交易和数据流通等新型算网服务的构建提供支撑,实现多技术要素融合供给。

通过标准的接口协议和公共模型,构建集群共享、灵活易扩展、层次化的统一 API 接口,实现算网各系统之间的快速对接。

在国家东数西算战略及算网融合发展的大背景下,算力网络中算力节点分布方式和分布区域复杂、算网服务、感知、连接、调度能力等多种因素需要算力网络提供算网协作与算网交易一体化服务。

算力调度和交易技术主要包括三个层面的协同技术,最底层的算力网络调度与协同技术,主要实现算力感知、算力和存储资源的发现和调度;中间层算力资源调度与协同技术,主要实现 IaaS 层和 PaaS 层资源的协同并实现统一管理;最上层的算力服务调度与交易(算力交易)技术,主要实现 SaaS 层服务的撮合与交易,如图 4-37 所示。算力网络中这三个层面的调度与协调相互协作,提升算力资源和算力服务的跨域跨主体高效可靠协同。

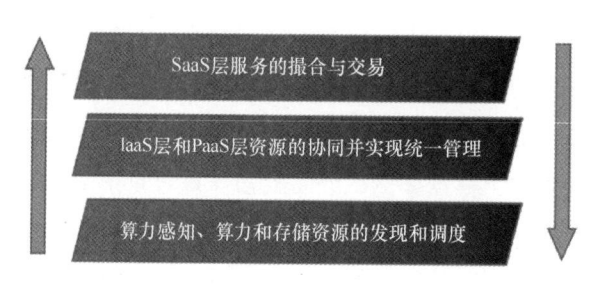

图 4-37 算力调度和交易技术中三个层面的协同技术

算力调度和交易重点在于建设两个平台,即算力调度平台和算力交易平台。

图 4-38 是算力调度平台的功能示意图,算力消费者和算力提供者向算力调度平台请求服务。算力调度平台主要进行以下三类工作:

第 4 章　构建以算力网络为代表的新型数字基础设施

（1）信息收集，即收集各类资源信息。

（2）算力编排调度，指的是根据交易需求选择合适的算力资源并制定调度策略。

（3）网络连接调度，指根据交易需求建立网络连接。

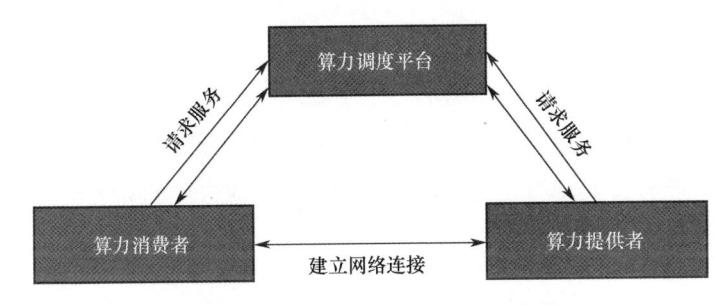

图 4-38　算力调度平台的功能示意图

图 4-39 是算力交易平台的功能示意图，算力交易平台主要完成以下两项工作：

（1）纳管分散布置的算力，指算力节点上报算力资源、存储资源、网络资源；交易平台验证后返回卖家确认消息。

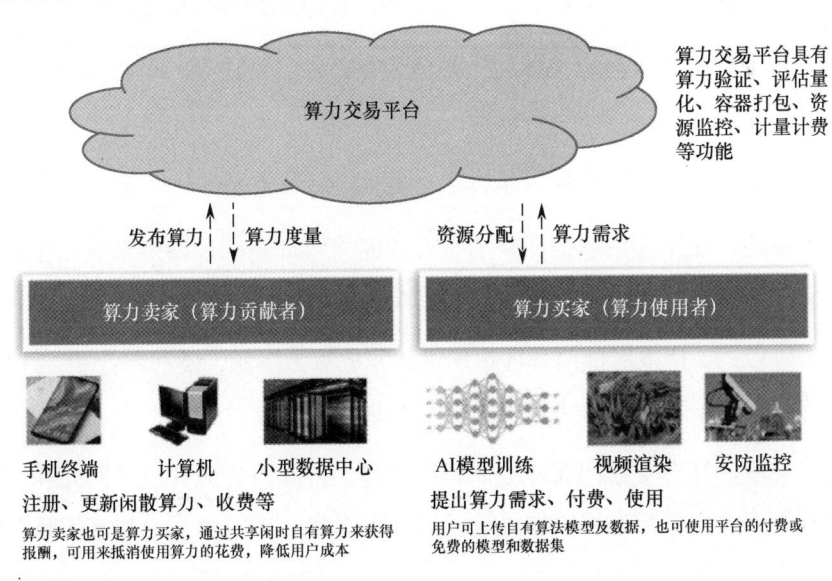

图 4-39　算力交易平台的功能示意图

（2）提供算力服务，算力买家申请算力，交易平台评估并报价，买家同意后算力卖家通过算力调度平台提供算力服务，买家使用算力。

算力调度与交易需要研究和解决以下几方面的问题：

（1）面向算力和网络资源的统一协同能力不足，缺乏全局感知算力和网络资源的能力，难以实现统一的调度和交易。

（2）算力资源开放是算力交易的一个主要障碍。算力资源归属于单独的机构或个人，特别是一些大的公司拥有强大的算力资源，同时有明确的算力用户，这样的公司内部能够实现算力交易的撮合，不愿意开放自己的算力资源进行外部交易。封闭的算力资源体系，难以实现算力资源的高效利用。

（3）算力调度和交易基础技术空白较多，包括统一注册/建模/度量、计费与结算、高效生命周期管理、跨域多云协同与管理、分布式计算和存储、异构算力适配与协同、安全可信算力交易和数据共享等多方面。

（4）当前算力调度和交易平台的实践比较少，平台建设还处于摸索阶段，各个运营商或者算力大厂之间对于建设算力调度和交易平台还未达成一致。

（5）算力调度和交易相关标准体系仍不完善，亟须建立一个各方认可的算力调度和交易体系。

针对以上问题，面向东数西算的算力调度和交易技术将分阶段发展。

第一阶段，建立面向东数西算场景的智能算网资源统一编排系统，实现算力与网络资源的协同服务，为客户提供一站式入云、入算服务。

第二阶段，支持政府部门和各市场主体开放算力资源，推动跨行业、跨地区、跨层级的算力资源共享，构建算力服务资源池。

第三阶段，算力交易相关标准体系已经建立，算力资源开放、协同和交易的安全性有保障，客户需求可以通过统一的调度平台，由多个资源方来满足，实现算网一体化。

本章参考文献

[1] ITU. Computing Power Network-framework and architecture [S]. Y.2501.
[2] 中国移动通信集团有限公司. 中国移动算力网络白皮书[R]. 2021.
[3] 中国电信集团公司. 中国电信云网融合 2030 技术白皮书[R]. 2020.
[4] 中国信息通信研究院，上海有孚网络股份有限公司. 我国典型地区数据中心网络性能分析报告[R]. 2020.

第 5 章
算力网络关键技术分析

算力网络作为一项新型服务，融合了异构资源、分布式算力并实现统一的编排调度，创立了新的服务模式，目前业界有多项重点技术在讨论中。本章分别从全光算力网络、IPv6+、算力标识与度量、算网业务协同与编排这几个方面详细阐述了算力网络关键技术。

5.1 全光算力网络关键技术

全光网络是算力网络的基础底座，也是超大数据运力的使能条件，本书 4.3.2 节阐述了全光算力网络（简称全光网）的主要特征和演进思路，本节介绍实现超低时延、泛在接入、智能敏捷、绿色低碳全光算力网络发展的关键技术，主要包括全光传送、全光交换、全光接入、全光智能、多场景适配与开放组网、光算协同等方面。

5.1.1 全光传送

1. 扩展光纤的 C 波段（Conventional Band，C Band）+L 波段（Long-wavelength Band，L Band）

单根光纤所能传输的光信号的容量取决于信号的频谱效率和可用频谱带宽，频谱效率越高，可用频谱带宽越大，单纤容量就越高。提升单纤容量，前期的主要思路是提升信号的频谱效率，带来的直观结果是 WDM 系统的单波长速率从 2.5 Gbit/s 开始向着 10 Gbit/s、40 Gbit/s、100 Gbit/s 和 200 Gbit/s 等速率不断提高。现在城域和数据中心互联应用场景中，已经开始单波长 400 Gbit/s、600 Gbit/s 和 800 Gbit/s 等速率 WDM 系统的部署，并持续向更高的速率演进。

提升频谱效率，要求光信号采用更高阶的调制格式，或者更复杂的频谱整形方式、更多维度的复用手段，受到香农极限的制约，随着频谱效率的不断提高，信号的传输距离将不断缩短。在现有的技术条件下，依靠提高频谱效率来提升单纤容量的手段已经难以持续地演进下去。

传统的 C 波段 WDM 系统使用 C 波段 4 THz 的频谱（常见的 80 波系统），后来 96 波 WDM 系统使用 C 波段 4.8 THz 的频谱，目前 C 波段的可用频谱已经扩展到 6 THz，最多可支持 120 个 50 GHz 间隔的波长。随着光纤工艺的提升，现在的光纤已经可以基本消除水峰的影响，其理论上可用的传输频谱带宽范围已经可以扩展到 1260～1675 nm，涵盖 O 波段到 L 波段，如图 5-1 所示。扩展可用光频谱带宽，或者说扩展波段，是提升单纤容量的有效手段，存在着巨大的挖掘空间。

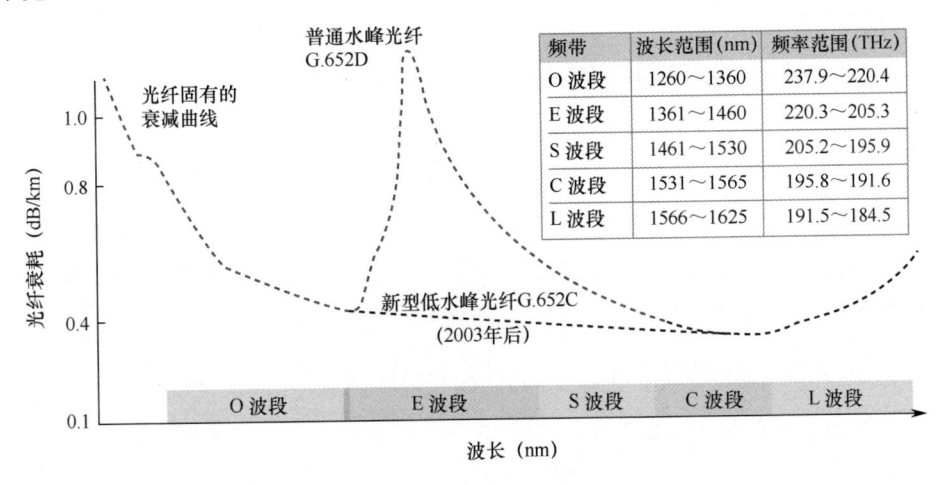

频带	波长范围(nm)	频率范围(THz)
O 波段	1260～1360	237.9～220.4
E 波段	1361～1460	220.3～205.3
S 波段	1461～1530	205.2～195.9
C 波段	1531～1565	195.8～191.6
L 波段	1566～1625	191.5～184.5

图 5-1 光纤频谱特性示意图

线路速率向 400 Gbit/s/800 Gbit/s 演进，实现单纤支持 80 × 400 Gbit/s 的长距离传输，单波频谱占用更多，需要向 L 波段扩展，在传统 C96+L96（也称 C 波段 4.8 THz+L 波段 4.8 THz，简称为 C4.8T+L4.8T）的基础上，扩展为 C 波段 6 THz+

L 波段 6 THz（简称为 C6T+L6T），可支持 12 THz 的频谱宽度。扩展之后的 C6T+L6T 波段可以实现在 50 GHz 波长间隔下单纤传输 240 波、150 GHz 波长间隔下单纤传输 80 波。

2. 高速率技术：400 Gbit/s/800 Gbit/s WDM

高速传输信号调制技术主要包括高波特率、多相位调制、多子载波三个方面。

$$线路速率 = 偏振复用数 \times \log_2(调制阶数) \times 波特率 \times 子载波数$$

根据香农理论，仅采用增加调制阶数的方法，能提升线路速率，但传输距离会大幅缩短。目前业界 400 Gbit/s WDM 系统的主要技术方案有正交振幅调制（Quadrature Amplitude Modulation，QAM），目前主要是 16 QAM 和正交相移键控（Quadrature Phase Shift Keying，QPSK），16 QAM 有 60 GBaud 波特率和 90 GBaud 波特率两种方案，60 GBaud 波特率下单波道需要占用 75 GHz 光纤频谱，但传输距离有限，适合点到点短距离传输，目前已经开始在数据中心互联系统中商用，90 GBaud 波特率下单波道需要占用 100 GHz 光纤频谱，传输距离为 800~1000 km，适合城域及小型骨干网络。

400 Gbit/s WDM 传输能力要达到与 100 Gbit/s QPSK 调制方案相当的能力，满足骨干传输应用需求，需要采用 400 Gbit/s QPSK 调制技术，该技术实验室离线验证的传输距离达到 2000 km。400 Gbit/s QPSK 调制方案的波特率需要提升到 128 GBaud 以上，占用的谱宽达到 150 GHz，需要采用高速模拟到数字/数字到模拟的转换（Analogue-to-Digital conversion / Digital-to-Analogue conversion，AD/DA）器、高波特率调制器等高速器件，这都需要基础的材料和工艺技术的突破。

目前业界可商用的 800 Gbit/s WDM 的传输距离在 100 km 左右，要具备干线商用的能力，需要超 150 GBaud 的更高波特率的器件，这还处于研究阶段。

3. OSU 技术

政务、金融、大企业客户，对于自主可控及高物理安全的网络需求强烈，甚至希望自主运营网络。SDH 和多业务传送平台（Multi-Service Transport Platform，MSTP）成为高品质电路的主要承载网络。SDH 技术已进入技术生命周期末期，主要芯片厂商已经不再提供 SDH 相关芯片，难以支持业务的长期发展。传统 OTN 技术基于 ODUk（k 表示一个数字参数，取值为 0～4，不同的参数表示不同速率的 ODU）时隙实现业务硬隔离，天然就支持切片，但切片颗粒度较大，主要用于承载 1 Gbit/s 及以上速率的业务。传统 OTN 技术在承载小颗粒专线业务方面存在明显的缺陷，如图 5-2 所示，包括以下四个方面。

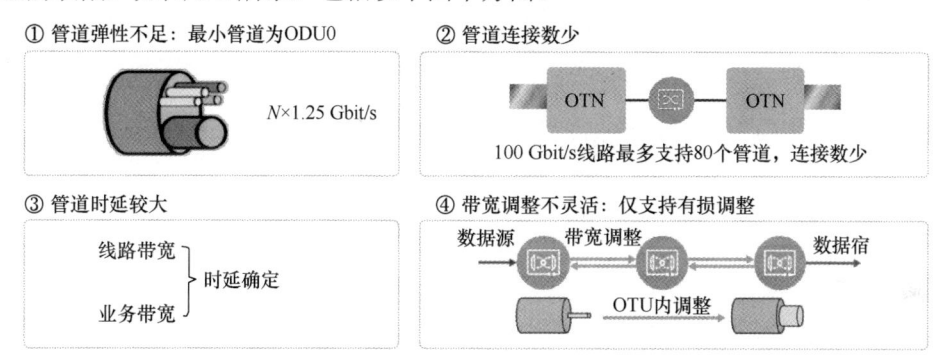

图 5-2　传统 OTN 技术承载小颗粒专线业务的缺陷

（1）管道弹性不足：当前 OTN 最小管道为 ODU0（1.25 Gbit/s），现网存在大量 155.520 Mbit/s [155.520 Mbit/s 的同步传输模块-1（Synchronous Transfer Module-1，STM-1）]、622.080 Mbit/s（622.080 Mbit/s 的 STM-4）、快速以太网（Fast Ethernet，FE）等低速率业务，如果采用 ODU0 承载，会出现带宽浪费等问题。

（2）管道连接数少：100 Gbit/s 线路最多只能承载 80 个管道，即最多只能承载 80 条专线业务。

（3）管道时延较大：由于当前 OTN 的所有通道颗粒都基于帧格式传输，在每一个站点，经过交换网之后，需要将交换后的数据重新对齐，然后组装成 ODUk 的帧格式，增加了 OTN 端到端传输时延。

（4）带宽调整不灵活：当前 OTN 仅支持有损调整，即在不删除业务的情况下，短暂中断业务，然后实现端到端的灵活光通道数据单元（flexible Optical channel Data Unit，ODUflex）带宽增大或减小调整，业务体验不佳。

因此，高品质 OTN 若要承载高品质的政企专线业务，应具备更强的切片服务能力，不但能够将网络资源硬切片出多个资源切片组，还能够在管控系统上为这些资源切片组提供独立的管控能力并开放给行业客户进行自主管控。基于专线、视频等新业务对灵活带宽承载的需求，OSU 技术应运而生。OSU 技术在 OTN 技术体系中新增灵活光业务单元（flexible Optical Service Unit，OSUflex）容器，采用定长帧灵活复接方式，将 ODU 划分成更小的带宽颗粒。OSU 可以应用于任意颗粒的高品质入云专线、云间互联专线、政企连接专线、品质家庭宽带。与传统 OTN 相比，具有六大关键价值。

（1）极简架构：多业务接入和统一承载，简化承载架构。

（2）泛在连接：新增灵活弹性的新容器 OSUflex，网络硬切片的颗粒度最小可达到 2 Mbit/s，网络连接数提升 12.5 倍。

（3）超低时延：大幅简化网络传输封装结构，降低设备转发时延，单节点业务处理时延从百微秒级别减少至十几微秒级别，支持更多对时延敏感的业务场景。

（4）灵活可调：OSU 相比传统 OTN，好比无级变速的汽车变速箱，无论业务速率是 100 Mbit/s、2 Gbit/s，还是 5 Gbit/s，都会以 2 Mbit/s 或 10 Mbit/s 为步长，根据实际业务速率自动换挡，使网络带宽与业务速率完全匹配。OSU 支持 2 Mbit/s～100 Gbit/s 无损带宽调整，OSU 承载架构封装如图 5-3 所示，支持在同一个高阶 ODUk 通道内进行带宽调整，带宽调整时业务"0"中断，理论上网络资源利用率达到 100%。

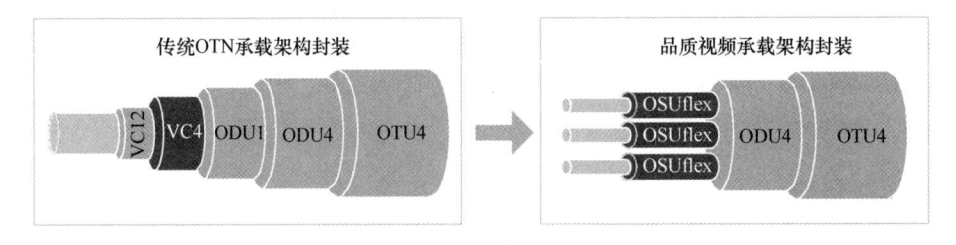

图 5-3 OSU 承载架构封装

（5）确定性承载：按需部署 OTN 电层调度节点，通过 ODUk/OSU 技术，提供 2 Mbit/s～100 Gbit/s 大带宽服务。

（6）按需无损调整带宽：8K 视频、VR 教育等业务对带宽要求高，用户使用品质视频业务分闲时和忙时，带宽的潮汐效应明显，如果按照用户数预留和规划带宽，闲时可能空载，浪费带宽，忙时带宽又不够，需要网络能实时感知业务、提供自适应带宽服务，实现时间上的带宽复用，降低网络成本。OSU 应支持通道感知业务带宽的需求，并能够按需自动调整带宽。比如在光接入+光传输场景中，光网络终端（Optical Network Terminal，ONT）、OLT 识别应用类型，确定所需要的带宽，OLT 通过协议通告 OTN 带宽需求，OTN 接收到带宽服务请求，OSU 基于带宽扩容、缩容门限动态调整带宽，自动完成 OSU 管道带宽的调整。OTN 实时监控 OSU 管道入口的流量，根据实际流量是否达到了扩容门限和缩容门限，确定是否调大或调小 OSU 管道的带宽。

OSU 的技术已经基本完善，国内标准和国际标准都在制定中，中国联通已组织业界多个主流厂家在实验室完成了基于 OSU 的 OTN 设备互连互通测试，为网络向政企精品网、算力网络演进，以及高品质业务持续发展做好技术储备。

4. 光传送切片网络

光传送切片网络（Optical Transport Sliced Network，OTSN）技术支持将一张物理网切片并组成多张专网，面对不同的用户或不同场景下的资源需求，借助 SDN 管控系统和 ASON 2.0 技术，实现了一张物理网、多张逻辑网，如图 5-4 所示。通过北向开放可编程将切片能力提供给上层系统和最终用户，实现资源的分等分级、隔离使用。

为了灵活适配各类行业需求，需要为用户提供多种维度的资源分割功能。OTSN 对 OTN 中光电各层的物理资源，如网元、端口、波长、ODU 等进行多维度切片建模。切片之间实现资源隔离，切片内形成专有网络拓扑，基于切片的路由策略，实现在切片内发放业务和调度路径。OTSN 技术方案的优点包括：

（1）基于切片的算法：OTSN 最核心的能力在于业务发放时，只使用指定切片内的资源，而不会占用切片外的资源。

（2）全光行业切片：在一张物理网基础上，通过 OTSN 切片方式打造多张逻辑网，构建以云为中心的"低时延+超高速+高可靠"立体综合承载网。面向不同行业，分等分级预留资源，满足不同行业客户的需求。

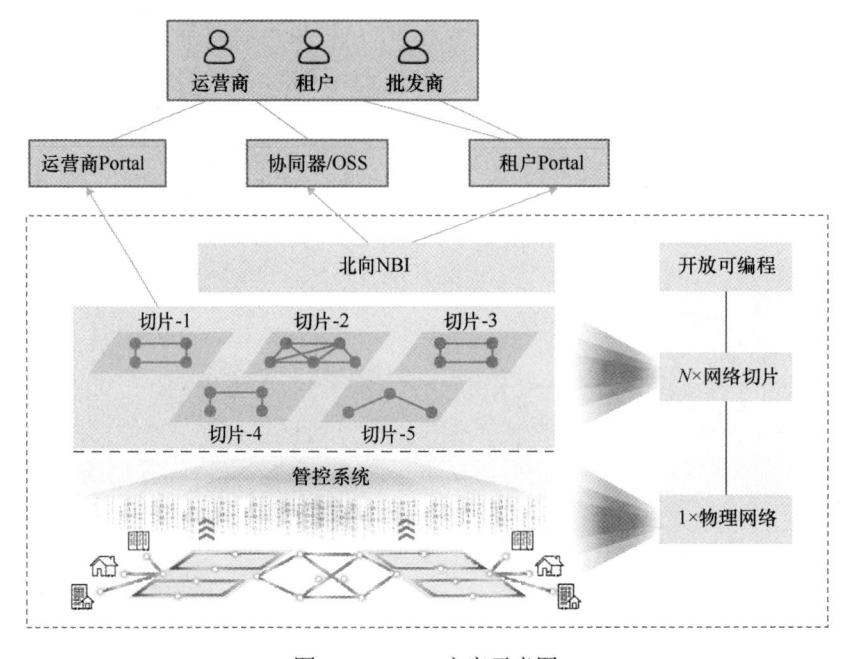

图 5-4　OTSN 方案示意图

（3）低时延切片：面向金融客户提供小带宽、高品质业务，围绕重点金融城市构建和预留专用资源，在金融客户聚集区布局节点，一跳直达骨干网，建立金融城市间直达通道，降低物理链路时延。

（4）大带宽切片：面向大型 OTT/云客户提供 100 GE+大带宽业务，覆盖 100 GE 大带宽需求旺盛的城市、重点 IDC 园区，实现行业独享端到端大带宽。

（5）高可靠切片：面向可靠性、安全性要求高的党政军精品专线，骨干网覆盖业务所在城市，本地网就近覆盖党政军用户聚集区域，党政军独享切片资源，提升业务可靠性。

5. 数据中心光交换网络

数据中心的业务，主要分为计算和存储两大类。近些年，数据中心流量呈现井喷式增长，这主要得益于并行计算，以及分布式存储的大量部署。传统的计算业务，多是将一个处理芯片分成多个虚拟机，租给多个用户。但是随着 AI、HPC 等高性能应用需求，单一处理芯片已经无法满足芯片处理速度和时间的要求，并行计算逐渐成为主流。随着计算芯片数目的增加和能力的增强，计算时间逐渐缩短，而计算节点间传递的数据量却逐步提升，传输时间占比不断增加，数据传输时延成为算力发挥作用的重要瓶颈。

随着存储数据量增加，备份保护需求的提升，分布式存储应运而生。同时，随着存储介质技术从传统的机械硬盘、固态硬盘，到现在的子载波复用（Sub-Carrier Multiplexing，SCM）等技术的发展，磁盘存取时间也从早期的秒级降低为纳秒级，网络转发时延的影响逐渐凸显出来。

传统电交换网络，受限于多级互联架构，网络中拥塞问题严重，动态时延较长，特别是对并行计算的长尾效应影响巨大。同时，电交换芯片工艺已经遇到瓶颈，单交换机带宽增速放缓，无法匹配日益增加的服务器带宽需求，传统电交换网络遇到巨大的挑战，因此光交换网络成为下一代数据中心网络发展的重要方向。

6. 新型光纤

随着 100 Gbit/s、400 Gbit/s 等相干传输技术和数字信号处理技术的发展，光纤的色散和偏振模色散对传输性能的影响问题已经得到了很好的解决，制约传输速率和传输距离的关键是光纤的衰减和非线性。

超低损、大有效截面积的 G.654E 光纤已经开始在中国多个运营商骨干网络中部署。根据现有的测试数据，G.654E 光纤在传输距离和传输性能上更适合 400 Gbit/s 及以上速率的 WDM 系统，与现网广泛采用的 G.652D 光纤相比，可以减少光放站和光再生中继站的设置，有效降低网络的运维成本。

随着线路速率从 100 Gbit/s/200 Gbit/s 向 400 Gbit/s/800 Gbit/s 发展，其他更多新型光纤也在研究中，主要有空芯光纤、少模光纤、多芯光纤等。空芯光纤使用特殊的结构，光信号相当于在空气介质中传播，具有低插损、低时延、低色散、低非线性的特点，但由于拉制工艺特殊，空芯光纤无法规模生产。少模光纤具有大模场面积，多个独立空间模式，单纤芯利用多个模式进行传输，能大幅增加系统容量，但模式耦合技术还没有达到可商用条件。多芯光纤在原先的单纤芯中拉制出更多纤芯。上述三种新型光纤目前主要在研究阶段，还不具备规模商用条件。

5.1.2 全光交换

ROADM 可实现远程对波长的上下路及直通配置，增加了网络的弹性，简化了网络规划难度；ROADM 节点的重构能力提升了工作效率及对客户新需求的反应速度，大大缩短业务开通时间，同时有效地降低运营和维护成本。

随着维度数的增加，维度间的连纤数量快速增加，传统 ROADM 设备采用外部光纤人工连接的方式，非常不利于系统维护，ROADM 设备逐渐演进发展到大容量 OXC 设备，支持维度数从 9 维/20 维提升至 32 维。维度间互联方式由外部光纤跳线直连优化为光背板互连，无须人工连接，做到即插即用，如图5-5所示。

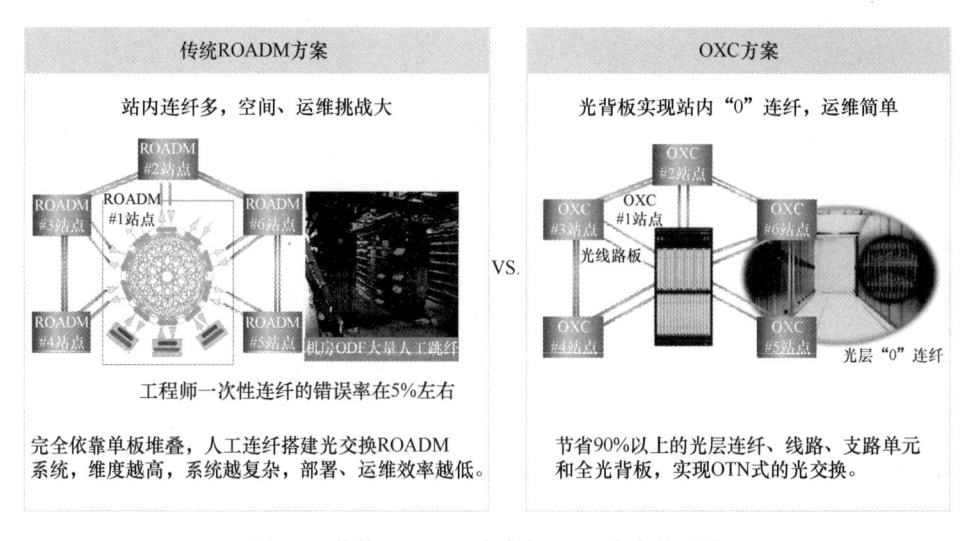

图 5-5 传统 ROADM 方案与 OXC 方案的对比

OXC 的基本构成包含光支路单元、光线路单元、光背板和管理控制单元。光背板把设备内部互连光纤部署在印制电路板上实现光支路单元、光线路单元全网状互联，从而实现光信号任意方向交叉调度。

光支路单元需支持本地光信号无色（Colorless）、无方向（Directionless）、无阻塞（Contentionless）接入，并通过光交叉连接矩阵功能模块调度到任意维度的光线路单元，实现线路传输。

目前的 OXC 主要是 20 维与 32 维的，随着带宽的增长，核心节点需要更高纬度的 OXC，从 32 维向 64 维演进；在城域汇聚与接入节点，主要采用 9 维与 4 维的低纬度 OXC。

5.1.3 全光接入

1. OTN 与 OLT 协同高品质承载

随着产业数字化转型加速，越来越多的中小企业对专线品质提出了更高的要求。大量的商务楼宇汇集直播电商、在线教育、云网咖等海量中小企业，这些企业随着云化升级，对专线的需求已从最基本的"能上网"转为"上好网"，也就是有品质保障地上网。

OTN 和 OLT 协同方案实现 PON 与 OTN 握手，将 PON 的广泛覆盖和 OTN 的高品质管道的两大优势完美融合，形成最优承载方案，并且配合管控系统，PON 和 OTN 端到端业务发放，实现时延、带宽可承诺的具有竞争力的方案。

OTN 和 OLT 协同解决方案有以下几大功能场景。

（1）业务广覆盖：基于 OLT 与 OTN 直接握手，快速复用光分配网（Optical Distribution Network，ODN）现有的光纤资源，实现商务楼宇和园区内企业品质专线快速开通，实现专线快速覆盖，可以将 OTN 品质专线应用扩展到千行百业。

（2）智能业务切片：基于重点业务的智能识别，通过控制协议实现动态业务带宽调整，实现端到端业务 OTN 管道带宽调整。

（3）智能管控：通过管控系统实现业务端到端集中控制、业务端到端快速发放、带宽按需调整、SLA 可视。

OTN 和 OLT 协同打造的全光接入解决方案，可以保障各类应用的高品质体验，提供领先的差异化产品和服务。

2. 接入型 WDM 实现波长级服务

密集波分复用（Dense Wavelength Division Multiplexing，DWDM）技术下沉是光网络的发展趋势，中国联通联合华为及国内外主要运营商、设备商共同在 ITU-T 基础上制定了面向城域综合承载基于 DWDM 技术的 G.698.4 标准（在获得标准号前称为 G.metro），其综合多业务接入架构如图 5-6 所示。将低成本 DWDM 技术进一步下沉应用于城域边缘接入层，包括移动前传、室内分布和专线接入等应用场景，提供光波长级连接的硬隔离管道，实现波长即业务（λ as a service，λaaS）。综合接入型 WDM 系统可高效利用城域接入层光纤频谱资源，提高纤芯利用率，较好地解决城域多业务综合接入对接入主干光缆和配线段光缆的光纤芯数依赖问题，减少不必要的光缆超前建设，减少基础资源的无效沉淀和折旧，从而使得网络规划和建设更加经济合理。

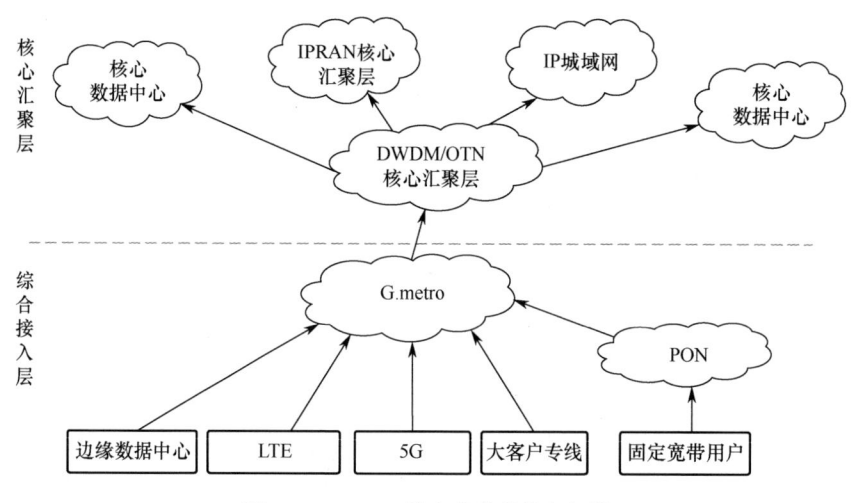

图 5-6 G.metro 综合多业务接入架构

该技术采用波长可调谐 DWDM 光模块，具备端口无关、波长自适应特性，系统容量大，且可极大地简化网络建设和运维，其主要优势如下：

（1）采用可调谐激光器，光模块型号归一化，可与合分波器任意连接，不需要一一匹配，不存在波长识别等问题，安装维护简单，即插即用，备件种类和数量少。

（2）基于 G.698.4 标准的消息通道，实现简捷有效 OAM，如图 5-7 所示，具备光功率/波长/温度等实时监测，以及告警和环回等快速故障定界功能，提升综合接入网络维护能力，可实现对综合接入网络的有效管理，降低维护成本。

（3）支持有源和半有源等多种形态灵活部署，独立或多平台集成（WDM、OTN 等）部署，充分利用机房资源。

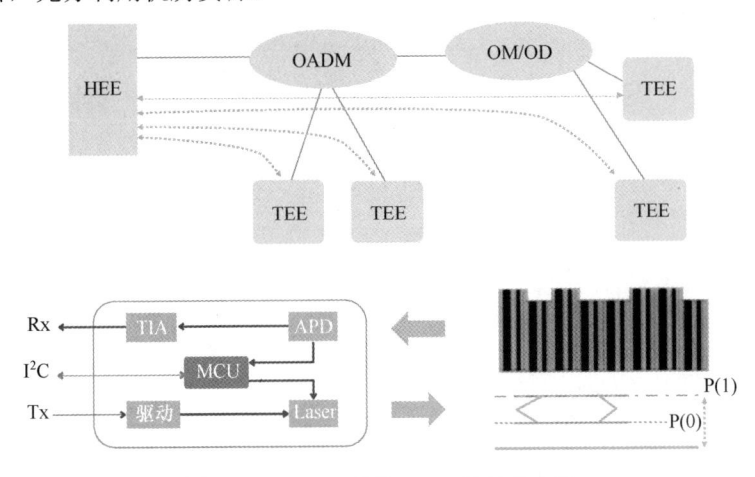

图 5-7　G.metro 系统 OAM 及技术实现

3．光纤到房间

光纤到房间（Fiber To The Room，FTTR）是光纤入户（Fiber To The Home，FTTH）在家庭内部的延伸，也是保证用户真千兆体验的必然选择。从入户家居配线箱部署光纤到家庭内各个房间，替代传统的以铜缆为基础的以太网线，通过光纤及配套的组网设备为每个房间提供有线、无线业务接口，配合第六代无线保真（Wi-Fi 6）技术实现全屋千兆网络覆盖。FTTR 解决方案有以下特征。

（1）光纤全连接：光纤组网方式规避了网线提速需更换更高标准的网线、Wi-Fi 信号易受干扰和信号穿墙带来的性能衰减、电力线速率低且易受电器干扰等问题，Wi-Fi 6 速率很高，可实现超千兆宽带到房间。FTTR 组网可实现"1 次部署，长期演进"，在不改动光纤基础设施的情况下，仅通过更换两端的设备，即可将网络带宽平滑升级到 10 Gbit/s 以上，可以满足未来持续演进的高带宽业务需求。

（2）全屋一张网：采用主从网关组网架构，从网关即插即用，上电后通过光纤接入主网关，完成主网关的自动上线和自动配置，主网关上的 Wi-Fi 等参数自动同步到从网关，实现全光组网的 Wi-Fi 统一配置，从网关无须单独配置 Wi-Fi 等参数。全屋 Wi-Fi 无缝漫游，用户从一个房间到另外一个房间，Wi-Fi 连接可以无感切换，保证实时业务不会中断，消除 Wi-Fi 切换导致访问中断的问题。

（3）自动化管理和运维：FTTR 管理平台提供 FTTR 网络的远程管理和运维功能，保障全光网络的 Wi-Fi 体验，提升全光网络的运维效率。远程管理和运维功能包括家庭网络拓扑和设备信息可视可管，云端大数据+边缘分析+极简应用（Application，APP）使能家庭网络的自助运维，Wi-Fi 覆盖和性能智能调优，用户体验可视。

4．10 Gbit/s /50 Gbit/s PON

PON 接入到目前已历经吉比特无源光网络（Gigabit-Capable PON，GPON）、以太网无源光网络（Ethernet Passive Optical Network，EPON）。10Gbit/s GPON/10Gbit/s EPON 两代技术，正在向 50 Gbit/s PON 演进，每一代 PON 技术部署时间大概是 7 到 8 年，带宽提升 4～5 倍，当前阶段 10 Gbit/s PON 技术已进入大规模部署阶段，同时 50 Gbit/s PON 的国际标准已基本完成。50 Gbit/s PON 包括以下关键技术。

（1）上下行速率：50 Gbit/s PON 采用单波长时分复用 PON（Time-Division Multiplexing PON，TDM-PON）架构，其速率为 10Gbit/s PON 的 5 倍，上行/下行方式和 Gbit/s PON、10 Gbit/s PON 一致；支持不同光网络单元（Optical Network Unit，ONU）速率组合，50 Gbit/s/12.5 Gbit/s（目标家庭客户）、50 Gbit/s/25 Gbit/s（部分家庭客户和政企客户）、50 Gbit/s/50 Gbit/s（小部分高端政企客户）。

（2）兼容 GPON 和 EPON 两种制式：在 ODN 等级上，50 Gbit/s PON 兼容传统 GPON ODN 和 EPON ODN 两种制式。在多 PON 模式（Multi-PON Mode，MPM）下支持 29 dB/32 dB 功率预算等级，从而为 10 Gbit/s EPON 和 10 Gbit/s GPON 平滑演进到 50 Gbit/s PON 铺平道路。

（3）与 10 Gbit/s PON 共存：50 Gbit/s TDM PON 和 10 Gbit/s PON 的共存演进升级，原则上都采用波分共存技术，两代 PON 系统的容量互不影响，支持通过更换 ONU 平滑升级。

5. 工业 PON

工业 PON 技术主要应用在工业生产网络中的车间级和工厂级网络位置，利用 PON 灵活便捷部署的特点（无源、长距离和预连接），提供多等级的保护倒换，实现车间级多业务的大带宽承载，支持工厂生产网络和企业信息网络的融合，并通过边缘计算和开放平台实现网络协议的统一承载，促进工业场景应用开发和运维能力的提升。

业界正在以下关键技术方向进行工业 OPN 技术创新和推广，支撑工业互联网的建设和发展，在长周期内匹配智能制造多样化需求。

（1）节拍网络：保证海量数据实时传递，匹配生产节拍。

- 高可靠：PON 端到端实现 5 个 9（99.999%）的可靠性，按节拍承载。
- 端到端硬管道隔离：提供确定性低时延/带宽保障，即 PON 与时间敏感网络（Time Sensitive Networking，TSN）技术融合，打破工业以太网协议的限制。

（2）简单灵活：匹配智能制造多样化设备。

- 多种形态终端产品组合覆盖主流应用场景。
- 按工业要求重新定义极简 ODN，免勘验免熔接，免工具施工。
- 傻瓜式 ONU 管理，免现场配置，减少学习和推广成本。

（3）开放平台：行业应用快速集成。

管理平台为用户提供应用管理服务，汇聚上下游合作伙伴，形成有竞争力的端到端解决方案，使得用户可以方便地选择满足其需要的各个组件和最终方案。

5.1.4 全光智能

1. 高可靠，光电协同 ASON

骨干网络发展，经历了静态链路网络到 OTN 叠加 ROADM 调度的网络，如图 5-8 所示。

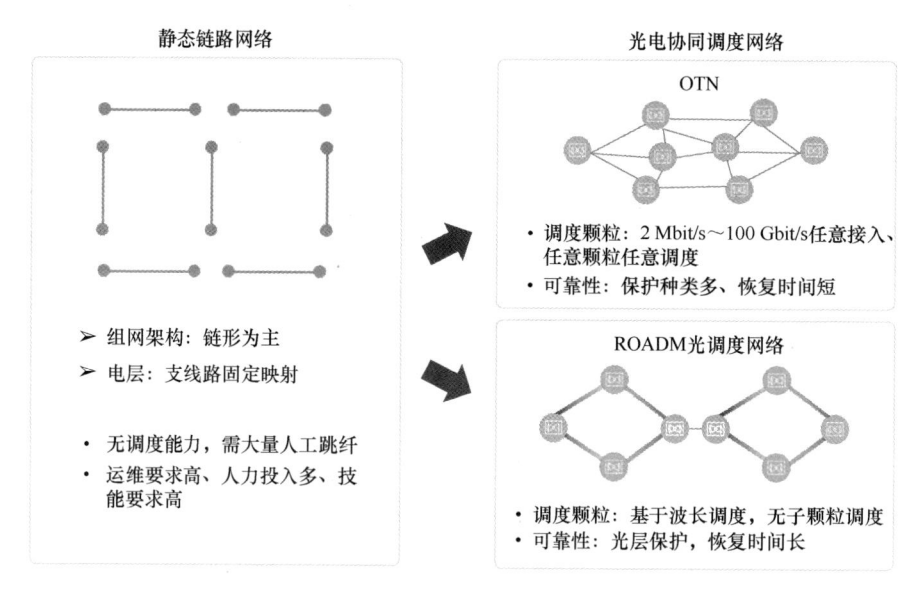

```
静态链路网络                           光电协同调度网络
                                            OTN

  ▶ 组网架构：链形为主              · 调度颗粒：2 Mbit/s～100 Gbit/s任意接入、
  ▶ 电层：支线路固定映射                任意颗粒任意调度
                                    · 可靠性：保护种类多、恢复时间短
  · 无调度能力，需大量人工跳纤
  · 运维要求高、人力投入多、技            ROADM光调度网络
    能要求高

                                    · 调度颗粒：基于波长调度，无子颗粒调度
                                    · 可靠性：光层保护，恢复时间长
```

图 5-8　静态链路网络向光电协同调度网络演进

ROADM 光调度网络主要解决大颗粒的业务调度问题，基于光层 ASON 实现波长级大颗粒业务的自动重路由恢复，通过光层 WSS 实现波长重路由恢复，减少波长转换器（OTU）的数量，但是重路由效率低，多波同时重路由，业务恢复时间通常是秒级甚至十秒级。

OTN 主要解决小颗粒业务调度问题。骨干 OTN 通过 OTN 电交叉实现基于 OTN 的业务重路由恢复，需要的 OTU 数量较多，但是重路由效率高，业务恢复快，达到百毫秒级。

光电协同 ASON 汇聚了 WSON 和 OTN ASON 的优势，实现业务恢复效率和资源的最佳平衡，实现光电协同，光电协同调度和保护如图 5-9 所示。

目前光电协同的方向主要包括：调度协同、保护协同、资源协同及运维协同，从而提升业务可靠性、资源利用率，实现运维数字化。

（1）调度协同：控制器可根据现有资源、业务需求及空闲线路端口，在线规划并选择业务路径及波长；控制器驱动光通道（Optical Channel，OCH）建立并完成调测，同步部署电层业务，实现部署时间大幅降低，从数周到分钟级。

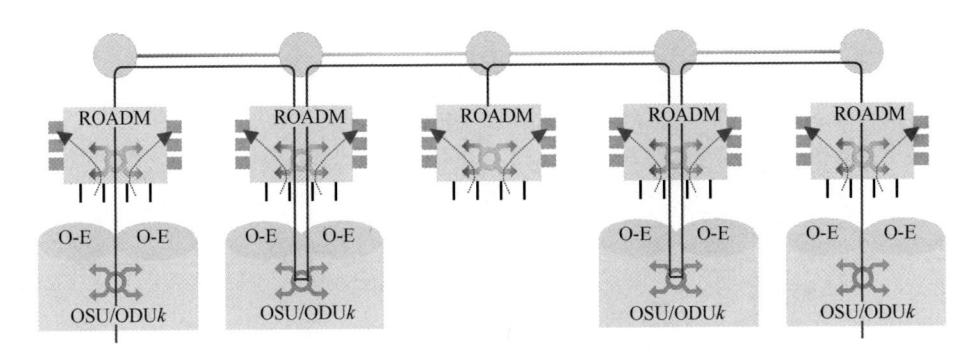

图 5-9　光电协同调度和保护

（2）保护协同：电层保护快速恢复业务，光层保护恢复资源，实现业务抗多次断纤，提升业务可靠性；达到资源和可靠性的最佳平衡，发挥光电 ASON 各自优势，同等资源，实现光电层共享风险链路组（Shared Risk Link Group，SRLG）/距离/时延协同，达到更高可靠性。

（3）资源协同：光电资源协同；灵活速率+余量评估，获得线路最佳速率，提升系统带宽；通过最优的碎片整理，实现光层频谱的资源利用率提升，ODU 层的线路资源效率最大化。

（4）运维协同：通过光电传感器协同，提升运维能力，真正实现光电端到端数字化运维，简化故障告警根因定位，提升运维效率。

2．光缆数字化

光缆资源长期缺乏有效的监控、运维手段，主备业务或关联业务实际部署到同一条光缆上并不鲜见，单条光缆中断后主备业务和关联业务同时失效，不仅导致业务中断，而且部分网络成为孤岛，缺乏远程应对手段。目前常以人工巡线、人工录入方式维护同缆信息，随着网络不断变更和演进，综合资源管理系统同缆信息数据不够准确，不足以支撑精准识别同缆，效率和识别准确度较低，亟须引入 AI 技术，实现光缆资源数字化，如图 5-10 所示，保障网络高可靠运行。

（1）数字光缆网的核心是光缆物理路由还原和质量监测：准确还原光缆哑资源的物理路由和实时监控备用纤芯质量，构建数字化光缆底座，支持业务主备同路由分析、光缆故障的 GIS 精准定位、光缆故障预警。

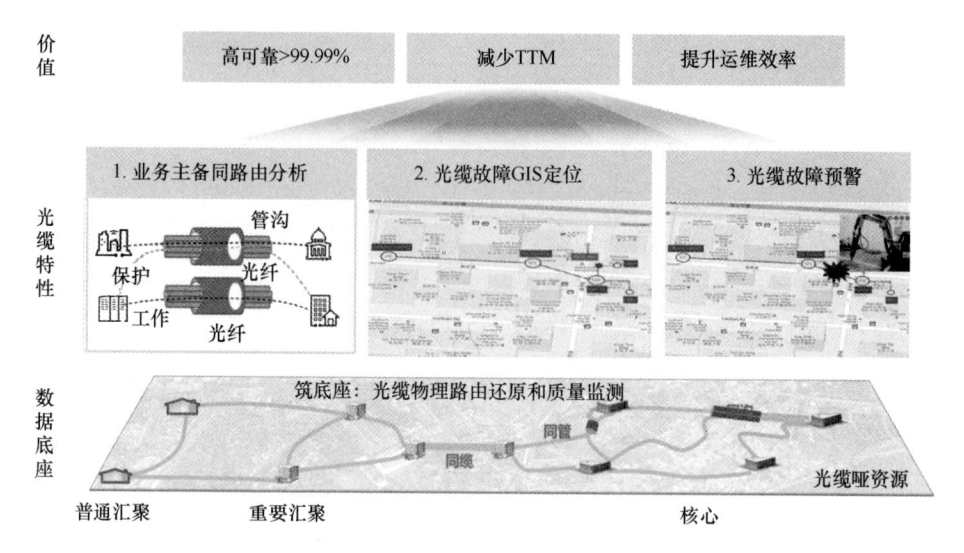

图 5-10　光缆数字化特性及价值

（2）业务主备同路由分析：基于光缆物理路由的准确还原，识别同路由的光缆，业务发放、光纤割接时不会出现同路由，提升可靠性。

（3）光缆故障地理信息系统（Geographic Information System，GIS）定位：光缆故障时，将分光比内置光时域反射仪（embedded Optical Time Domain Reflectometer，eOTDR）检测的距离信息，映射到光缆物理 GIS 路由上，可以对故障精准定位，提升抢修效率。

（4）光缆故障预警：光缆故障频发，靠人工巡线预防，成本高、效果差。通过识别光缆风险事件，将其映射到光缆物理 GIS 路由上，进行有针对性的盯防，可降低风险。

3. 自智网络

自智网络借鉴汽车自动驾驶的分级模型，从客户体验、解放人力的程度和网络环境复杂性等角度，定义了 L0～L5 几个自智等级，如表 5-1 所示，在执行、认知、分析、决策、意图等环节持续提升自治能力，逐步实现全光网自治的目标。

目前业界在规划、建设、维护、优化和运营五个流程域广泛开展自智网络创新实践，下文介绍几个典型的实例。

表 5-1 自智网络分级

自智等级	L0：人工运维	L1：辅助运维	L2：部分自智网络	L3：条件自智网络	L4：高度自智网络	L5：完全自智网络
自智网络业务	不涉及	单个自智网络用例	单个自智网络用例	选择多个自智网络用例	选择多个自智网络业务	任意自智网络业务
执行	人工	人工/自动	自动	自动	自动	自动
感知	人工	人工	人工/自动	自动	自动	自动
分析/决策	人工	人工	人工	人工/自动	自动	自动
意图/体验	人工	人工	人工	人工	人工/自动	自动

案例 1 故障根因分析

网络故障有规范的工作流程，操作支持系统（Operation Support Systems，OSS）收到网络上报的告警后，根据告警的严重级别和定位信息，生成维修工单并提交维修单到工单系统，工单系统将维修单分配给维修工程师进行故障修复。但是光网络出现严重故障时，往往会在路径上下游、不同信号层次上产生大量衍生故障告警，可能触发大量重复无效的维修工单，并且告警数据分散，关联定位故障困难，问题定位速度很大程度上依赖维修工程师的经验和技术水平。

根因分析（Root Cause Analysis，RCA）通过机器学习方式识别根因告警，大幅过滤和压缩衍生告警，甚至精确实现一个故障对应一个根因，如图 5-11 所示，使面向大量告警的故障运维，演进到面向少量/一个根因告警的精准排障，减少无效重复维修工单。采用学习型模型训练算法，根据设备厂商多年技术积累形成的组网和故障场景（如线路中断/线路劣化/线路监控信道故障等），进行有针对性的 AI 训练，持续提升告警压缩和原因分析准确率；RCA 具备灵活的专家规则引擎，可提供多样化告警规则定制功能，嵌入 OSS 达成"故障即工单"的目标。

应用智能 RCA 功能识别根因告警，可大幅减少日常维护过程中维修工单的数量，降低排障过程中的资源消耗，提高故障的解决速度，可有效应对网络规模不断增大带来的网络故障处理压力。

案例 2 光网健康可视可预测

光纤故障是引起光网络故障的首要因素，光纤故障会影响大量业务，且故障定位非常困难，需要高技能员工查询各个节点的光功率和光性能数据进行深入分析。

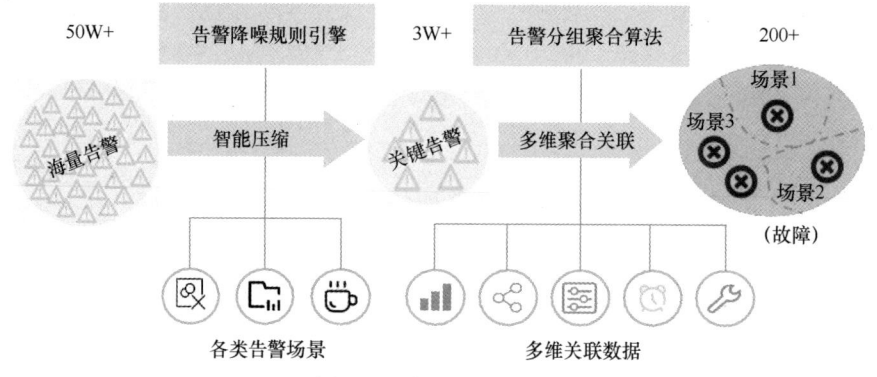

图 5-11　智能故障 RCA

光网健康可视和预测技术，通过光传感器采集光功率、光性能等光层参数，并基于 AI 算法进行评估和预测，从而判断光层健康程度，并预测未来的变化趋势，指导开展主动运维，在故障发生前解决故障。光网健康可视和预测技术的典型功能如下。

（1）光纤波道健康可视：光纤波道劣化状态实时可视，出现明显劣化会主动预警，光纤收发光功率、光纤衰耗、波道光功率、光性能、光信噪比等光学参数当前信息和历史信息可视，能清晰显示这些光学参数的变化趋势。光纤/波道上承载的业务信息实时可视，能明确显示亚健康光纤波道会导致哪些业务受影响。

（2）光纤波道健康预测：光网健康可视和预测技术能预测一段时间内光纤波道健康度的变化趋势，如图 5-12 所示。

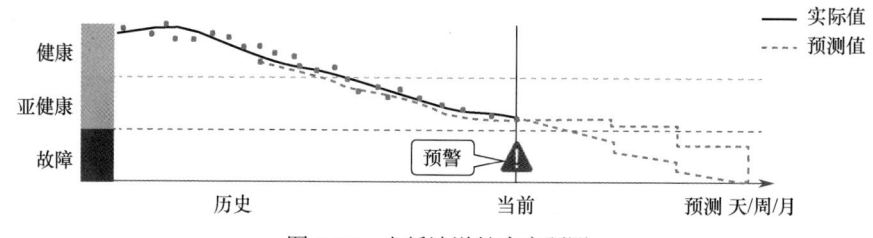

图 5-12　光纤波道健康度预测

案例 3　敏捷业务发放

传统专线业务开通、CPE 安装上线、专线业务运行过程中带宽变更等处理流程，基本依赖营业厅业务办理、人工处理等方式，导致整个专线业务开通时间长，带宽变更流程复杂，用户体验差。

敏捷业务发放技术，通过打通业务支持系统（Business Support System，BSS）和 OSS 各子系统间自动接口，整合了设备厂商网络管理和控制系统的光业务自动发放、智慧运维能力。用户只需要关注专线的应用层需求，可方便快捷地设定业务源/宿地址、用户设备端口类型、专线带宽和保护、时延等级要求，系统会自动计算满足时延和保护要求的路径，为这条专线分配资源，创建业务对应的服务层路径或重用现有的服务层路径，并端到端创建连接，完成分钟级的快速发放，提供专线在线的带宽灵活调整模式，实现带宽按需（Bandwidth on Demand，BOD）调整。发放之后，管理和控制系统实时监控和上报状态、性能、告警信息，定向运维使用。

5.1.5 多场景适配与开放组网

1. 多样化的设备形态，匹配不同场景的灵活部署

传统波分设备采用全场景设备形态，即具备大容量光/电交换能力，满足从干线到城域的各种场景的容量需求，但随着全光底座的广泛覆盖，在特定场景中逐渐出现功耗大、集成度低、散热风道不匹配等问题。例如，城域综合业务接入站点受限于机房空间，需要高集成度盒式设备，提供包括 2～4 维光层和 100 Mbit/s～100 Gbit/s 全业务接入能力。点到点数据中心互联，需要前进风后出风、高集成度的设备。未来 WDM 网络将采用极简架构满足特定场景的集成度、功耗和风道需求，降低运维成本，典型场景包括光放站、局端机房（Central Office，CO）节点、前传、数据中心互连（Data Center Interconnect，DCI），设备形态的变化包括极简光层、室外型 WDM、DCI 波分和光子集成电路（Photonic Integrated Circuit，PIC）。

（1）极简光层：一板一维，一块板卡实现一个维度的所有功能。

（2）室外型 WDM：极速开局、极简运维、极高安全性。

（3）DCI 波分：模块化设计，高集成度，平台通用，组网灵活，支持机架堆

叠式按需扩容，前进风后出风，单位带宽功耗低，适用于点对点等简单组网场景。电信机房通常是 300 mm/600 mm 深机柜和洪灌风，数据中心化机房通常是 600 mm 深以上机柜和前后风道，模块化波分需要能够同时适配电信机房和数据中心化机房安装要求，且板卡能够在电信机房和数据中心化机房环境下通用，减少了备件，提升了运维效率；模块化波分设备应能够和现网波分设备混合组网和共网管管理，能够支持网络的智能健康预测；数据中心之间带宽增长迅速，模块化波分设备的光层和电层系统需要能够支持高速率演进（200 Gbit/s → 400 Gbit/s → 800 Gbit/s）以降低建网成本；模块化波分设备需要能够支持网络级保护、系统板主备冗余保护等多重保护，需要能够智能识别主备光纤路由同缆以提升业务可用率；模块化波分设备需要具备全光调度的能力（OXC/ROADM）以支持业务的灵活调度。

（4）光子集成电路（PIC）：高集成度，节省功耗，免跳纤，无须人工介入。

2. 开放组网，协同控制器统一管理

随着全光底座从城域核心向边缘接入层覆盖，为了进一步提升网络建设灵活性，并降低建网成本，光网络将基于标准化南北向接口，通过协同控制器进行统一管理，引入光电解耦和开放的建网思路，实现多供应商开放的全光底座。开放组网架构可以采用两种方式：一是通过运营商统一管控系统直接管理多厂家设备；二是通过设备商管控系统北向开放对接运营商协同控制器，如图 5-13 所示。

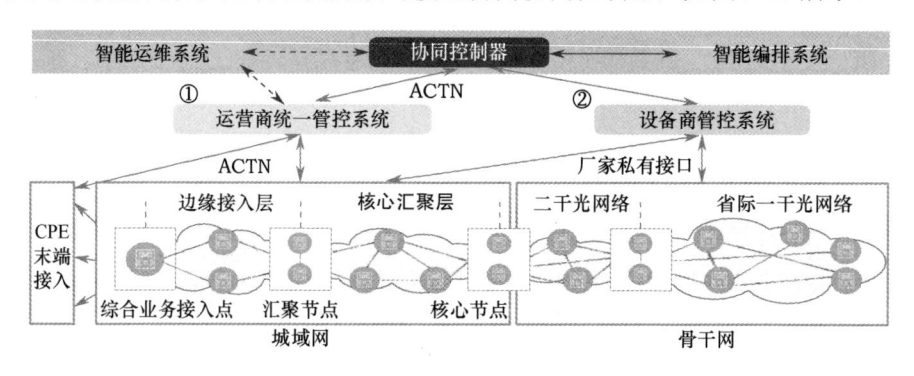

图 5-13 开放组网架构

第 5 章 算力网络关键技术分析

5.1.6 光算协同

1. 业务感知

目前的 OTN 还存在灵活性不足、开通成本高、开通周期长等缺点，企业新增云或企业分支，都需同步调整企业网关和云网关配置。未来，云光一体的全光算力网络的目标是实现一点接入，灵活且高品质入多云，如图 5-14 所示。

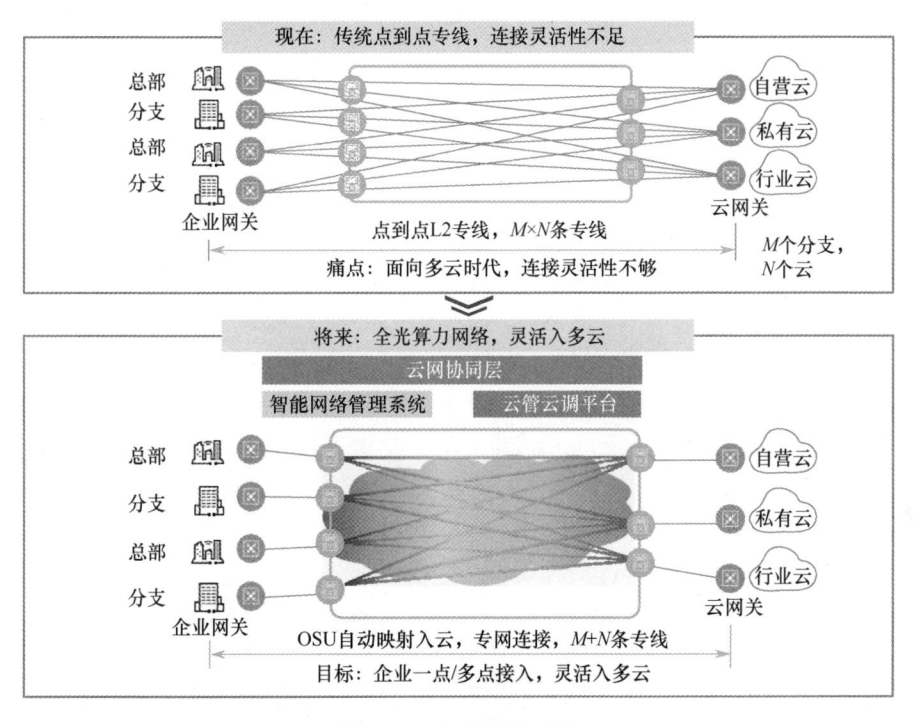

图 5-14 入云网络演进

实现上述目标的关键技术是 OTN 自动感知业务并自动映射进 OSU 隧道。

（1）边缘业务感知：边缘设备感知业务地址，控制器按需分发，主要有两种实现方式，一种是基于业务流的品质感知随流检测技术；另一种是基于应用感知的技术，在 TCP/UDP 层进行质量探测监视，如图 5-15 所示。

（2）自动业务映射：基于业务互联需求自动映射进 OSU 隧道，实现企业灵活入多云。

（3）控制器双活：双实例同时工作，永久在线，高可靠。

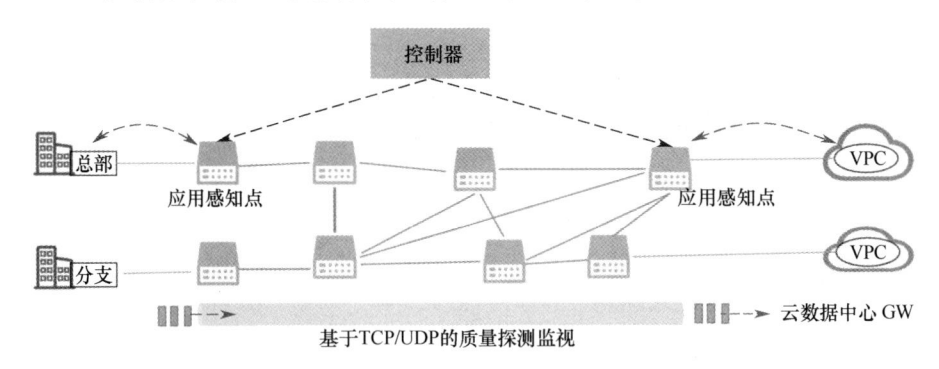

图 5-15 在 TCP/UDP 层进行质量探测监视

（4）网络高可靠：隧道级 1∶N 共享保护，确定性动态极速恢复；入云侧可提供双归保护，实现企业入云超高可靠性。

业务感知架构图如图 5-16 所示，云光一体网络的核心价值是建立云光专网、云光算网服务体系，实现根据业务需求进行灵活互联。比如，多点到多点（Multipoint to Multipoint，MP2MP）云光网，提供企业一点/多点接入，一跳入云，一跳联算，灵活联多云；提供企业级 OSU 硬切片隔离，实现高安全、高品质的确定性连接。

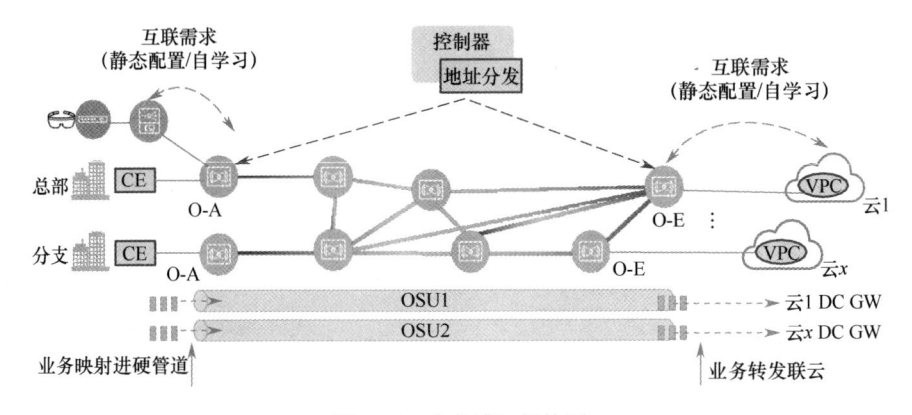

图 5-16 业务感知架构图

（5）确定性、硬隔离连接：企业级 OSU 硬切片隔离，高安全、高品质。

2．光算协同相关技术

算力时代，网络连接着全网各地算力和用户，由于用户的位置不同，不同业务 SLA 需求也有差异，需要用最适合的云池提供算力服务。光算协同是由光网络管控系统、云管平台及算网编排调度系统相互协作，为用户自动化、智能化地提供最优算力和网络服务。光算协同的目标是实现算网资源的统一调配，相关技术主要有算力和网络感知技术、算网智能决策技术和算网编排调度技术。

1）算力和网络感知技术

云管平台：对算力资源进行抽象和标识，感知和度量算力的负载、功耗等状态，并通告给算网编排调度系统。

光网管控系统：对网络资源进行抽象和管理，计算用户到算力节点或算力节点到算力节点的连接时延、带宽、保护能力等信息，并通告给算网编排调度系统。

算网编排调度系统：将算力感知信息和网络感知信息形成算网全域信息图。

2）算网智能决策技术

用户申请算力时，基于算网全域信息，综合算力负载及连接时延等因素，智能选择最优的云池和最满足 SLA 需求的网络连接方案。

3）算网编排调度技术

算网编排调度系统决策算力和网络连接方案后，可自动编排算力和网络服务，分配算网对接资源。

5.2 "IPv6+"算力网络关键技术

5.2.1 IPv6 演进技术体系概述

随着互联网的快速发展，TCP/IP 技术体系作为互联网的核心技术载体，得到广泛的应用，IP 在 40 多年的发展中不断演进和变革。以 IPv4 为代表技术的互联网时代和以 MPLS 为核心技术的全 IP（All IP）时代是 IP 发展的前两个时代，这两个时代的网络技术支撑互联网实现了人人互联和人机互联，促进了工业革命后时代的飞速发展。但随着 5G、云和物联网的蓬勃发展，万物互联即实现物与物、人与物连接的需求进一步扩大，网络需要支持的节点和连接数量扩大到前所未有的规模，而之前暴露出来的 IPv4 地址短缺和 MPLS 叠加协议运维复杂问题越发突出，亟须通过一种新的技术来更迭演进到下一时代。以 IPv6 为基础的时代即为 IP 的第三个时代，IPv6 采用 128 位地址，拥有巨大的地址空间，解决了 IP 地址短缺的问题；同时，IPv6 更简单、更方便、更易扩展、更安全的特性可以高效支撑移动互联网、物联网、云计算、大数据和人工智能等领域的快速发展。

我国也在大力推进 IPv6 的部署，2017 年 11 月，中共中央办公厅、国务院办公厅印发了《推进互联网协议第六版（IPv6）规模部署行动计划》，推动 IPv6 发展进入快车道。2019 年 4 月，工业和信息化部为深入贯彻落实行动计划开展了专项行动。2021 年 7 月，工业和信息化部、中央网络安全和信息化委员会办公室印发了《IPv6 流量提升三年专项行动计划（2021—2023 年）》。

时至今日，国内 IPv6 部署已经取得了阶段性成果。但部署 IPv6 不是下一代互联网的全部，而是下一代互联网创新的起点和平台。我国互联网产业界持续研究探索 IP 网络的发展演进，为了应对云网融合和 5G 承载的灵活组网、快速部署、可靠传送、确定时延、简化运维、优化体验等需求，2020 年初，推进 IPv6 规模部署专家委员会提出了 IPv6 演进技术的概念，推进 IPv6 规模部署专家委员会主任、中国工程院院士邬贺铨认为，IPv6+的目标是构建面向 5G 和云时代的智能 IP 网络，该网络可以满足灵活组网、业务快速开通、简化网络运维、差异化保障等承载需求。从此，我国率先开展了 IPv6 演进技术网络创新体系的研究。

IPv6 演进技术，是基于 IPv6 的下一代互联网的全面升级，IPv6 演进技术包括以 SRv6、网络切片、iFIT、IPv6 封装的位索引显式复制（Bit Index Explicit Replication IPv6 Encapsulation，BIERv6）、应用感知的 IPv6 网络（Application-aware IPv6 Networking，APN6）等为代表的协议，和以网络分析、网络自愈、自动调优等为

代表的网络智能化技术，从广连接、超带宽、自动化、确定性、低时延和安全六个维度全面提升 IP 网络性能。IPv6 演进技术创新体系以企业为主体、市场为导向，并与产学研用相结合，能够更好地适应不同场景下的数字化转型需求。

IPv6 演进技术本质是在 IPv6 基础上增加智能识别和控制功能。IPv6 报文由 IPv6 基本报文头、IPv6 扩展报文头和 IPv6 数据单元（载荷）三部分组成，如图 5-17 所示。

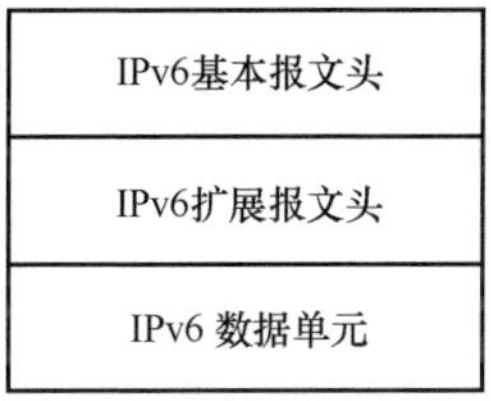

```
┌─────────────────┐
│  IPv6基本报文头  │
├─────────────────┤
│  IPv6扩展报文头  │
├─────────────────┤
│  IPv6 数据单元   │
└─────────────────┘
```

图 5-17　IPv6 报文结构

相比于 IPv4 报文结构，IPv6 取消了 IPv4 报文头中的选项字段，并引入了多种扩展报文头，在提高处理效率的同时增强了 IPv6 的灵活性，为 IP 提供了良好的扩展能力。IPv6 演进技术创新都是对扩展报文头进行修改而并不改变 IPv6 基本报文头，不仅保障了 IPv6 的可达性，还因 IPv6 扩展头长度任意扩展的特性而具备优异的灵活性和巨大的创新空间。IPv6 演进技术创新刺激了业务创新，重新赋予了协议的商业价值和模式，例如 SRv6 加速业务部署，部署周期从月缩短到天；iFIT 简化网络运维，优化用户体验。BIERv6 是实现 IPv6 时代组播业务的最佳承载方案。APN6 基于应用的差异化通道，实现网络精细化运营。

IPv6 演进技术创新可分为三个阶段。

第一个阶段主要面向 SRv6 基础特性，包括 VPN、流量工程（Traffic Engineering，TE）和快速重路由（Fast Reroute，FRR）等。在 IPv6 的基础上引入 SRv6 网络编程，打造 SRv6 基础能力，简化网络，实现部分自智网络，业务快速发放，路径灵活控制，并可基于 SRv6 在 IPv6 网络中提供 VPN、TE、FRR 等特性，也可基于 SRv6 为网络提供部分编程功能。

第二个阶段的重点是面向 5G 和云的新特性。这些新特性可以引入 IPv6 报文扩展头进行扩展，包含但不局限于 iFIT、BIERv6、网络切片、G-SRv6 等。第二阶段旨在保证用户体验，实现有条件自智网络，结合 iFIT、BIERv6、网络切片等，实现体验可视、体验最优，实现有条件保障用户体验的自智网络。

第三个阶段是利用应用驱动网络，技术重点是 APN6，APN6 作为 IPv6 演进技术第三阶段的主体，在第二阶段的基础上进一步实现网络功能与业务需求的精准匹配，形成高度自智网络。利用 IPv6/SRv6 报文自身的可编程空间，将应用信息随报文携带进网络，以原始的方式使网络感知到应用及其需求，从而为其提供相应的 SLA 保障，实现应用感知、高度自智的网络。

目前，我国正在 IPv6 演进技术领域多方位打造新优势。在标准方面，IPv6 演进技术标准体系的制定工作正由国际互联网工程任务组（The Internet Engineering Task Force，IETF）、电气与电子工程师协会（Institute of Electrical and Electronics Engineers，IEEE）、欧洲电信标准化协会（European Telecommunications Standards Institute，ETSI）和中国通信标准化协会（China Communications Standards Association，CCSA）等标准组织有条不紊地开展，我国专家提供了国际标准一半以上的草案提案。国内标准已出现了在某些技术领域与国际标准齐头并进的态势，甚至在一些与新应用、新场景结合紧密的方向上，国内标准创新已经走在了业界前沿。在产品方面，主流厂商均已推出满足 IPv6 演进技术相关标准的产品；在规模应用方面，我国已有超过 100 个 IPv6 演进技术试点项目；在生态构建方面，超过 40 个产业组织、企业、研究机构已开展 IPv6 演进技术相关工作，形成了合力。

我国企业正在积极统筹、协调推进 IPv6 演进技术国家标准、行业标准和团体标准的制定，通过 IETF、ETSI 等组织加强与海外机构在网络架构创新方面的合作，结合中国巨大的网络体量和活跃用户数量，探索中国创新先行先试；并进一步整合产业链力量，在路由协议、虚拟专网、性能管理、网络智能及内生安全等方面开展技术研究、标准验证、测试评估、应用示范，不断开发 IPv6 的潜能，拓展 IPv6 的业务支撑能力，完善 IPv6 演进技术的产业体系，为我国下一代互联网的发展做出重要贡献。

5.2.2 SRv6 可编程技术概述

1. SRv6 的产生背景

SRv6 是 IPv6 演进技术体系最为核心和基础的协议，它改变了传统 IP 网络基于目的地址的寻路机制，实现了基于源路由选路或者指定路径等条件选路。此外，SRv6 可实现网络端到端打通，不仅简化了跨域部署，还可在数据中心内部通过虚拟化平面进行部署，实现一跳入云，使运营商可以提供更多的增值业务。SRv6 为 IPv6 的快速、规模发展带来了机遇，开启了 IPv6 演进技术新时代[1]。

说到 SRv6，我们不得不提到分段路由（SR），SR 从众多 SDN 技术中脱颖而出，它在已有网络的基础上演进，提供丰富的网络开放可编程能力。SR 通过将报文转发路径划分为不同的段，在路径起始节点在报文中插入分段信息，以指导报文沿着指定的路径进行转发[2]。SR 支持 MPLS 和 IPv6 两种数据平面。基于 MPLS 数据平面的为 SR-MPLS，基于 IPv6 数据平面的为 SRv6。

传统多协议标签交换（Multi-Protocol Label Switching，MPLS）在网络 IP 化过程中起到了重要作用，但近年来随着 5G 和云业务的发展，新业务对网络提出了新的要求，传统 MPLS 技术存在协议复杂、网络跨域实现复杂度高的问题，难以支撑新业务的发展。近年来，随着 IPv6 的规模部署，SRv6 具备支持原生 IP（Native IP）简化协议及丰富的网络和服务的可编程能力等特点，成为未来 IP 承载网络的关键技术，推动新业务持续快速发展。

2. SRv6 网络编程的优势

SRv6 综合了 SR-MPLS 的头编程能力和 IPv6 报文头的可扩展性两方面优势，部署时无须全网设备升级，可按需增量升级。SRv6 天生契合运营商 IP 网络的 SDN 化理念，并且天然支持 IPv6，能将 IPv6 承载网络及支持 IPv6 的应用很好地融合在一起，通过网络感知应用，实现算网融合发展，为运营商的业务转型提供助力。

SRv6 的技术特点与价值包括：

- SRv6 具备强大的可编程能力，具备网络路径、业务、转发行为的三层可编程空间，基于段路由头（SRH）支持更多种类的封装，可以支撑不同业务的不同需求，满足新业务的多样化需求。

- SRv6 基于 SDN 架构，可以跨越应用和网络之间的鸿沟，将应用信息带入网络中，基于网络和算力的全局信息进行网络的调度与优化。

- SRv6 基于 IPv6 路由转发，不同网络互联简单。SRv6 简化协议，不再使用 LDP 和 RSVP-TE 等协议，也不需要 MPLS 标签。EVPN 和 SRv6 结合，将 IP 承载网转发平面简化。SRv6 基于 Native IP 进行转发，通过扩展报文头实现，没有改变 IPv6 报文的封装结构，使得现网普通 IPv6 报文也能识别 SRv6 报文，使得 SRv6 设备和 IPv6 设备可以在网络中共存，对现有 IPv6 网络具有很好的兼容性，支持新业务快速部署和上线，网络得以平滑演进，兼顾成本和收益。

3. SRv6 的概念和基本原理

对于计算机，可以通过有限的指令集实现多样的计算功能。同理，网络指令是实现网络可编程的基础，我们也需要定义网络指令集实现网络路由和转发等相关功能。SRv6 的每个 Segment 有 128 bit，可以灵活分为多段，每段功能和长度都可以自定义，具备灵活编程能力。

SR 技术的关键是对路径进行分段，在起始节点对路径进行排列组合，规划出路径。通过将不同功能的段进行排列组合，可以实现对路径的编程，满足不同业务对服务质量的要求[3]。

为基于 IPv6 数据平面实现 SR 技术，在 IPv6 路由扩展头中新增 SRH，通过该扩展头存储 Segment List，对网络节点进行有序排列以指定一条路径。SRH 的格式如图 5-18 所示。报文转发时，由 Segment Left 字段和 Segment List 字段共同决定 IPv6 目的地址（DA），从而指导报文的转发路径和转发行为。

SRv6 SID 的格式如图 5-19 所示，采用 IPv6 地址格式（128 bit），一般分为 Locator、Function、Arguments 三个部分。

```
┌─────────────┬─────────────────────────┬──────────────┐
│ IPv6 Header │ Segment Routing Header  │ IPv6 数据单元 │
└─────────────┴─────────────────────────┴──────────────┘
```

| 0 | 7 | 15 | 23 | 31 |

| Next Header | Hdr Ext Len | Routing Type | Segment Left |
| Last Entry | Flags | Tag |
| Segment List [0] (128 bit IPv6 地址) |
| Segment List [1] (128 bit IPv6 地址) |
| … |
| Segment List [n] (128 bit IPv6 地址) |
| Optional TLV (variable) |

图 5-18　SRH 的格式

| Locator | Function | Arguments |

128 bit

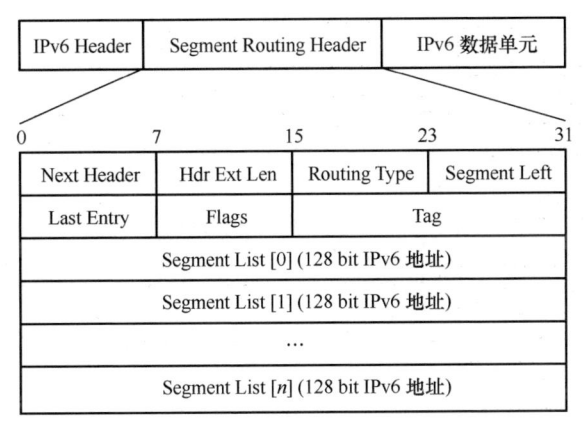

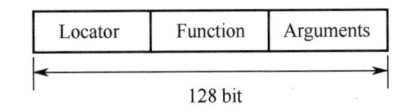

图 5-19　SRv6 SID 的格式

Locator 是网络中分配给某个网络节点的唯一特定标识，有可路由和可聚合两个重要属性；此外，Locator 的长度可变，可适配不同规模的网络。可路由是指具有定位功能，报文通过该字段实现寻址转发。

Function 用于表达该指令要求设备执行的转发动作，不同的转发动作由不同的 Function 来表达。

Arguments 是可选字段，是对 Function 的补充，是转发指令在执行的时候所需要的参数，这些参数可能包含流、服务或任何其他相关的可变信息。

最后，Segment List 后面的 TLV 选项提供了很好的扩展性，可以携带长度可变的数据，如加密、认证信息和性能检测信息等。

随着 SRv6 应用场景越来越多，指令集会不断演进和扩展。除了用于标识转发路径，还能标识增值服务（Value Added Service，VAS），例如防火墙、应用加速或者用户网关等。

综上，SRv6 具备三层可编程空间，如图 5-20 所示。

	可灵活编程的Segment		
IPv6报文头	Locator	Function	Argument
IPv6扩展头, SRH	位置信息可达性	业务功能定义	增强
Segment List[0]			
Segment List[1]	可灵活编程的SID List		
...	128 bit	128 bit ...	128 bit	128 bit
Segment List[n]			
Optional TLV	可灵活编程的Optional TLV		
数据单元			

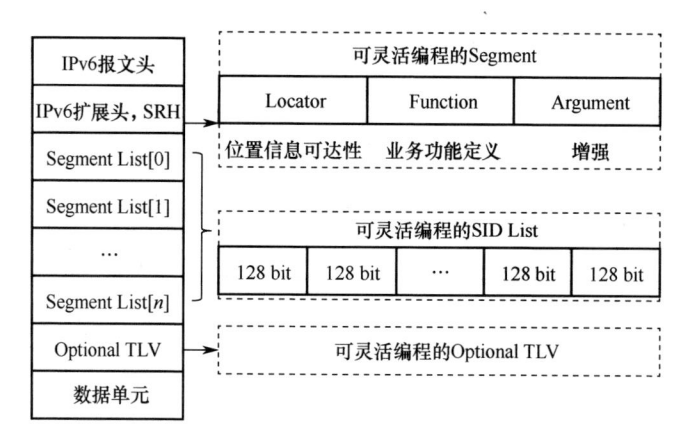

图 5-20　SRv6 三层可编程空间

（1）SID 可以灵活组合，将多个 Segment 组合起来，形成 SRv6 路径，使能路径可编程。

（2）自定义 128 bit SRv6 SID 的结构和功能。

（3）进一步自定义 Optional TLV 的功能。

SRv6 报文转发流程如图 5-21 所示，假设有报文需要从主机 1 转发到主机 2，主机 1 将报文发送给节点 R1 处理。节点 R1、R2、R4、R5 均支持 SRv6，节点 R3 不支持 SRv6，只支持 IPv6。我们在源节点 R1 上进行网络编程，希望报文经过 R2-R3、R3-R4 链路，送达节点 R5，由 R5 节点送达主机 2。

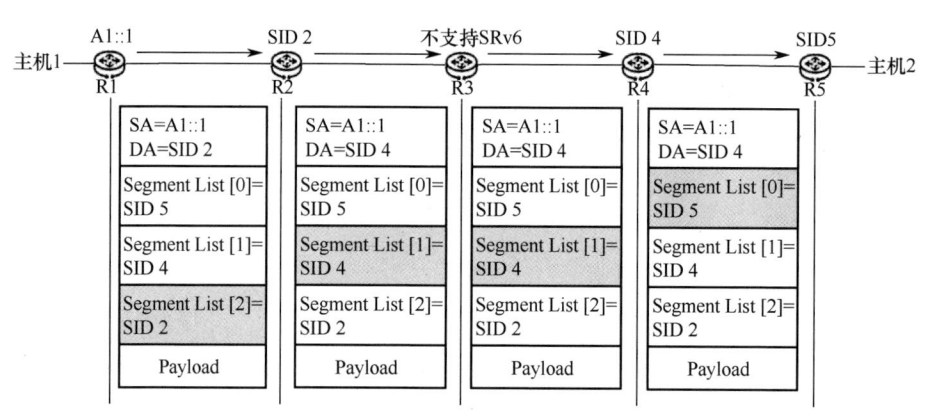

A1::1 主机1—R1	SID 2 R2	不支持SRv6 R3	SID 4 R4	SID5 R5—主机2
SA=A1::1 DA=SID 2	SA=A1::1 DA=SID 4	SA=A1::1 DA=SID 4	SA=A1::1 DA=SID 4	
Segment List [0]= SID 5	Segment List [0]= SID 5	Segment List [0]= SID 5	Segment List [0]= SID 5	
Segment List [1]= SID 4	Segment List [1]= SID 4	Segment List [1]= SID 4	Segment List [1]= SID 4	
Segment List [2]= SID 2	Segment List [2]= SID 2	Segment List [2]= SID 2	Segment List [2]= SID 2	
Payload	Payload	Payload	Payload	

图 5-21　SRv6 报文转发流程

报文转发流程分为以下几步：

源节点 R1 将 SRv6 路径信息封装在 SRH 中，指定 R2-R3、R3-R4 链路的 SID，另外封装 R5 节点发布的 SID 5，共 3 个 SID，逆序压入 SID 序列。此时 SL（Segment Left）=2，将 Segment List[2]值复制到目的地址 DA 字段，按照最长匹配原则查找 IPv6 路由表，将其转发到节点 R2。

报文到达节点 R2，节点 R2 查找本地 SID 表（存储本节点生成的 SRv6 SID 信息），找到自身的 SID，执行 SID 对应的指令动作。SL 值减 1，并将 Segment List[1]值复制到 DA 字段，同时将报文从 SID 绑定的链路 R2-R3 发送出去。

报文到达节点 R3，节点 R3 不支持 SRv6，无法识别 SRH，根据正常 IPv6 报文处理流程，按照最长匹配原则查找 IPv6 路由表，将其转发到当前目的地址所代表的节点 R4。

节点 R4 收到报文后根据目的地址 SID 4，查找本地 SID 表，找到自身的 SID，SL 值减 1，将 SID 5 作为 DA，并将报文发送出去。

节点 R5 收到报文后根据 SID 5 查找本地 SID 表，找到自身 SID，执行对应的指令动作，解封装报文，去除 IPv6 报文头，并将内层 IPv4 报文在 SID 绑定的 VPN 实例的 IPv4 路由表中进行查表转发，最终将报文发送给主机 2。

1）SRv6 BE 和 SRv6 Policy 简介

SRv6 提供两种工作模式：分段路由的 IPv6 尽力而为（Segment Routing IPv6 Best Effort，SRv6 BE）模式和分段路由 IPv6 策略（SRv6 Policy）模式，两种模式都可以用来承载传统业务，如 L3VPN、EVPN L3VPN 等。

SRv6 Policy 利用 Segment Routing 的源路由机制，通过在头节点封装一个有序的指令列表来指导报文穿越网络。SRv6 Policy 由 Headend（头节点）、Color（颜色）、Endpoint（目的节点）三元组标识，具备至少一条候选路径（Candidate Path）和一个或多个 Segment List 用于指定业务传输路径，同时可基于业务需求，按需更新 Segment List，在满足业务 SLA、连接、可靠性等需求的情况下，实现路径可编程，满足业务端到端需求，提升网络质量。其和 SDN 结合，更好地契合业务驱动网络的大方向，也是 SRv6 主推的工作模式。

SRv6 Policy 的工作流程如图 5-22 所示。

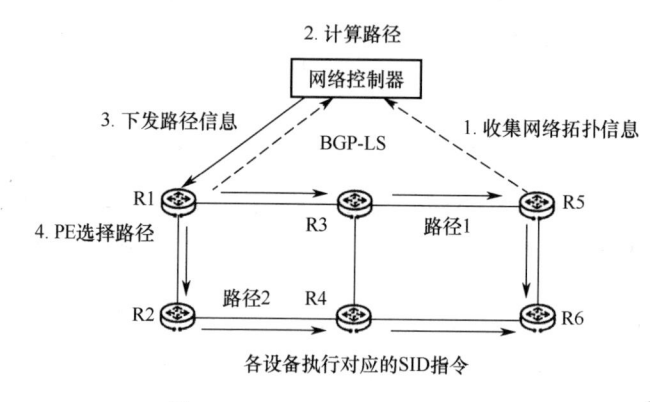

图 5-22　SRv6 Policy 的工作流程

各个网络路由器通过 BGP-LS 将网络拓扑信息上报至网络控制器，网络拓扑信息包括节点链路信息、链路的开销/带宽/时延等 TE 属性。

网络控制器对收集到的拓扑信息进行处理，按照业务需求计算符合 SLA 要求的路径。

网络控制器将路径信息下发给网络头节点，头节点生成 SRv6 Policy，包括头端地址、目的地址、Color 等关键信息。

网络的头节点为业务选择合适的 SRv6 Policy（路径）指导转发。目前引流方式主要有 BSID 引流、Color 引流、DSCP 引流。以 BSID 引流为例，它用于标识整个候选路径，提供隧道连接、流量引导等功能，可以理解为业务调动网络功能，选择业务路径的接口，这种方式常用于隧道拼接、跨域路径拼接等场景，可以显著地降低不同网络域之间的耦合程度。

SRv6 Policy 在算力网络中为实现多云互联提供了强大的技术手段，SR 性能测量（Performance Measurement）可实时测量每条链路的时延，按需下一跳（On-Demand Next-hop，ODN）按需自动生成 SRv6 Policy 低时延路径，自动引流将云互联业务引导至适当的路径,结合 SDN 控制器还可实现灵活的跨域端到端动态带宽调整功能。SRv6 BE 工作流程如图 5-23 所示。

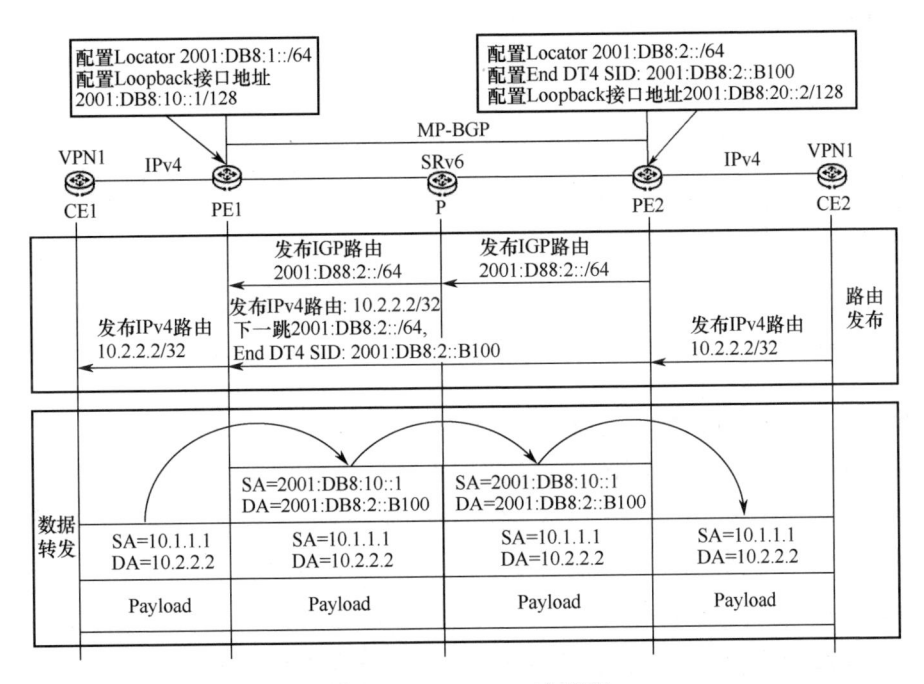

图 5-23　SRv6 BE 工作流程

在路由发布阶段:PE2 通过 IGP 发布 SRv6 SID,PE1 安装相关路由。PE2 通过 BGP 发布携带 SRv6 VPN SID 属性的私网路由,PE1 接收到 EVPN 路由后,将其交叉到对应的 VPN 实例 IPv4 路由表,然后转换成普通 IPv4 路由,由 CE1 进行发布。

在数据转发阶段:CE1 向 PE1 发送 IPv4 报文,PE1 查找对应的 VPN 实例路由表。然后直接使用 SRv6 VPN SID 作为目的地址封装成 IPv6 报文,按最短路径转发 PE2,PE2 查找本地 SID 表,匹配到 End DT4 SID 对应的转发动作,去除 IPv6 报文头,根据 SID 匹配 VPN 实例,查找 VPN 实例 IPv4 路由表并进行转发。

SRv6 BE 与 SRv6 Policy 的主要差异在于 SRv6 BE 报文封装不含有 SRH 信息,所以自然也不具备流量工程能力。

SRv6 BE 仅使用一个业务 SID 来指引报文转发到生成该 SID 的父节点，并由该节点执行业务 SID 的指令。SRv6 BE 只需要在网络的头尾节点部署，中间节点仅支持 IPv6 转发即可，这种方式对于部署普通 VPN 具有独特的优势。

2）SRv6 基础协议简述

目前运营商网络最常用的 IGP 是中间系统到中间系统（Intermediate System to Intermediate System，IS-IS）协议和开放最短路径优先（Open Shortest Path First，OSPF）协议，通过扩展 IS-IS 协议和 OSPFv3 协议携带 SRv6 信息，可以实现 SRv6 控制平面的功能，不必再维护 RSVP-TE、LDP 等控制平面协议。从这个角度讲，SRv6 简化了网络控制平面。

为了支持 SRv6，IS-IS 协议需要发布两类 SRv6 信息：Locator 信息与 SID 信息。Locator 信息用于帮助网络中的其他节点定位到发布 SID 的节点；SID 信息用于完整描述 SID 的功能，如 SID 绑定的 Function 信息。在 SRv6 网络中，IS-IS 协议通过两个 TLV 来发布 Locator 的路由信息：SRv6 Locator TLV 和 IPv6 Prefix Reachability TLV。IS-IS 协议的另一个功能就是将 SRv6 SID 信息和 SID 对应的 SRv6 Endpoint 节点行为信息通过 IS-IS 协议的各类 SID Sub-TLV 扩散出去，用于路径/业务编程单元对网络进行编程。

与 IS-IS 扩展类似，OSPFv3 SRv6 扩展也是发布上述两个信息。为发布 Locator 的路由信息，OSPFv3 协议需要发布两种 LSA（链路状态通告）：SRv6 Locator LSA 和 Prefix LSA。OSPFv3 协议的另一个功能是将 SRv6 SID 信息和 SID 对应的 SRv6 Endpoint 节点行为信息通过 OSPFv3 协议的 SID Sub-TLV 扩散出去，用于路径/业务编程单元对网络进行编程。

3）SRv6 VPN 和 EVPN 技术概述

在 SRv6 之前，VPN 一般承载于 MPLS 网络中，即 MPLS VPN，其中 VPN 实例通过 MPLS 标签即 VPN 标签标识。在 SRv6 网络技术中，VPN 实例由 SRv6 SID 标识，以实现不同业务数据隔离。

SRv6 VPN 的协议扩展是基于边界网关协议（Border Gateway Protocol，BGP）

来实现的，其通过 BGP 来发布相应 SRv6 SID 标识的 VPN 下的 IPv4、IPv6、MAC 等可达信息。其中，为了携带业务相关的 SRv6 SID，IETF 扩展了两个 BGP Prefix-SID 属性 TLV，BGP Prefix-SID 属性是专门为 SR 定义的 BGP 路径属性，这个属性是可选和可传递的，类型号为 40，其 Value 字段为实现各种业务功能的一个或多个 TLV。

基于 EVPN 控制平面的 SRv6 解决方案是当下 SRv6 部署的最典型应用之一。与传统 L2VPN 相比，EVPN 通过 BGP 通告 MAC 地址，使 L2VPN 的 MAC 地址学习和发布过程从数据平面转移到控制平面，与 L3VPN 的 BGP/MPLS IP VPN 机制相似。为了支持基于 SRv6 的 EVPN，在发布 Type-1、Type-2、Type-3 和 Type-5 路由的同时，还需要通告其中一个或多个 SRv6 Service SID，每种路由类型的 SRv6 Service SID 被编码在 BGP Prefix-SID 属性的 SRv6 L2/L3 Service TLV 字段中。通告 SRv6 Service SID 的目的在于将 EVPN 实例与 SRv6 Service SID 绑定，从而使得 EVPN 流量通过 SRv6 数据平面转发。

5.2.3 基于 SRv6 的服务功能链技术

1. 服务功能链技术概述

端到端的业务实现往往需要各种服务功能（Service Function，SF），包括防火墙、网页应用防火墙等安全服务功能和 IP 网络地址转换、负载均衡等网络服务功能，以及对应某些特定服务需求的功能等。一组有序的服务功能的定义、实例化及对流量的引导被称为服务功能链（Service Function Chain，SFC）。

图 5-24 中有多个 SFC，其路径分别为①→②→⑥→⑧、①→②→③→⑦→⑨ 和①→⑦→⑧→④→⑦，其中每个节点代表了至少一个 SF，1 个 SF 可以被多个 SFC 使用，也可以在给定的 SFC 中使用一次或多次。SFC 可以从服务功能图的起始点（如图 5-24 中的①）开始，也可以从图中的任何后续节点开始，因此 SF 可能成为图中的分支节点，选择将流量引导到一个或多个分支。

目前的 SF 部署位置相对静态，与网络拓扑和物理资源强耦合，大大降低了运营商引入新业务和动态创建服务链的可能性。SFC 架构的提出解决了现有业务部署的拓扑独立性和配置复杂性问题。

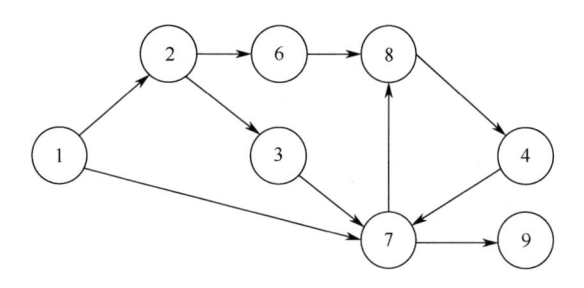

图 5-24　服务功能链（SFC）示意图

2. 服务功能链的系统组成

SFC 系统的主要组成元素包括服务功能（SF）、服务功能路径（Service Function Path，SFP）、服务功能转发器（Service Function Forwarder，SFF）、服务功能链代理（SFC Proxy），具体功能定义如下。

1）服务功能（SF）

SF 是负责对接收到的数据包进行特定处理的功能模块，可以作用于网络协议栈的各层级（例如网络层、应用层等）。作为一个逻辑组件，SF 可以通过虚拟网元实现，也可以嵌入物理网元中；一个或多个 SF 可以嵌入同一个物理网元中，也可以嵌入不同的独立物理网元中；同一管理域中可以只有一个 SF，也可以存在多个 SF；某个增值业务的交付可以只涉及一个 SF，也可以包括多个 SF。这里的 SF 可以是安全功能模块和网络功能模块，也可以是应用功能模块。

SFC 可以按照对 SF 封装的识别能力，分为 SFC Aware 和 SFC Unaware 两种模式。在 SRv6 协议体系下，SFC Aware 是指 SF 支持接收并处理通过 SRv6 扩展报文头封装的 SFC 信息；SFC Unaware 是指转发给 SF 的数据报文中不包含 SFC 封装信息。

2）服务功能路径（SFP）

SFP 是分配一组有序 SF 的路径约束规范，它决定了流量经过 SF 的顺序。

3）服务功能转发器（SFF）

SFF 负责根据 SFC 封装报文中携带的信息，将流量转发到一个或多个 SF，同时处理从 SF 返回的流量。此外，SFF 还负责将流量发送到分类器和其他 SFF 及终止服务功能路径等。

4）服务功能链代理（SFC Proxy）

SFC Proxy 工作在 SFC Unaware 模式下，为 SF 提供代理能力，支持在报文中移除和插入 SFC 封装信息。

3. 服务功能链实现技术分析

SRv6 并非 SFC 的唯一实现方案，基于策略的路由（Policy Based Routing，PBR）和网络服务报文头（Network Service Header，NSH）是目前应用较多的 SFC 实现方案。

PBR 实现方案的优点是使用方便，无须对现有设备进行任何修改，可通过策略路由配置，将流量强制重定向到 SF。但是，PBR 方案存在配置复杂、可扩展性差、对硬件资源开销大、租户间的隔离实现困难等问题。

NSH 实现方案需要在 SFF 上维护每个 SFC 的转发状态，所以在业务部署时需要在多个网络节点上进行配置，控制平面复杂度相对较高。

NSH 实现方案的优点是业界支持程度高，IETF 标准方案成熟，存在独立的服务平台，易于维护和管理等。但是，NSH 方案需要修改设备的数据平面，相比 PBR 改动较大，并且 SFF 需要维护大量的 NSH 转发表项，可扩展性也较差，另外，NSH 网络封装选项过多，实现工作量过大，导致 NSH 在商业落地时，多家设备厂商还需要协商 NSH 的承载协议，互通成本大。诸如此类的缺点，导致了许多运营商和 OTT 厂商在部署 SFC 时，还是选择了 PBR 实现方案。

目前，随着全网 IPv6 的部署，以及 SRv6 的逐渐普及，基于 SRv6 的 SFC 实现方案相比于 PBR 和 NSH 展现出明显的优势。在 SRv6 方案中，通过网络节点和服务节点的统一编排，可以灵活地在网络路径中插入和移除 SF，而且 SFF 只需维护极少量的转发表项,可扩展性好,能够充分利用 SRv6 的网络编程能力。另外,对于暂不支持 SRv6 的网络,也可以通过部署支持 SRv6 的 SFF 转发节点的方案来进行过渡,不影响端到端的 SFC 实现。

4. 基于 SRv6 的服务功能链的安全服务应用实践

传统企业的核心业务部署在企业 DC,分支企业通过组网专线访问总部核心业务,并通过企业总部统一的互联网出口访问互联网,所有的安全防护均在总部部署。随着核心系统上云,分支企业经过总部访问的模式不再具有经济效益,分支企业存在直接访问云侧服务的需求。运营商通过集中类安全资源池和近源类安全资源池同时部署的方案,满足用户的安全访问需要。

安全资源池的"集中+近源"部署策略使得用户流量的引导更加复杂,在基于 SRv6 的专线服务方案中,广东联通采用了基于 SRv6 的 SFC 方案。SRv6 支持在头节点显式编程数据报文的转发路径,天然支持 SFC,而且 SRv6 不需要在网络中间节点维护逐流的转发状态,使得 SRv6 的业务部署比 NSH 要简单很多,另外,基于 SRv6 的 SFC,只需在头节点下发 SFC 的策略即可,不需要对 SFC 中所有的网络节点进行配置,这也使得 SFC 的部署难度有所降低,尤其是控制平面部署难度降低。

在此方案中,如图 5-25 所示,广东联通重点打造了云网服务编排系统,并通过南向接口实现与网络管控系统和云管控系统的互通。网络管控系统负责端到端的网络路径决策,云管控系统负责云内服务资源的管理与调度。云网服务编排系统根据上层应用的服务请求,与网络管控系统和云管控系统相互协作,共同负责网络中服务节点的编排、管理与调度,其基于网络连接,将广泛分布的云资源进行整合,实现云网协同。

5.2.4 基于 IPv6 的随流检测技术

1. 概述

随着业务和技术的不断发展,IP 网络的性能检测需求也在不断增加。VR、高清视频、在线游戏等新型业务场景的兴起,对业务实时检测并快速调优的需求十分迫切。另外,企业云化也成为必然趋势,云化架构对于带宽、连接稳定性、可靠性等都提出了较高要求。

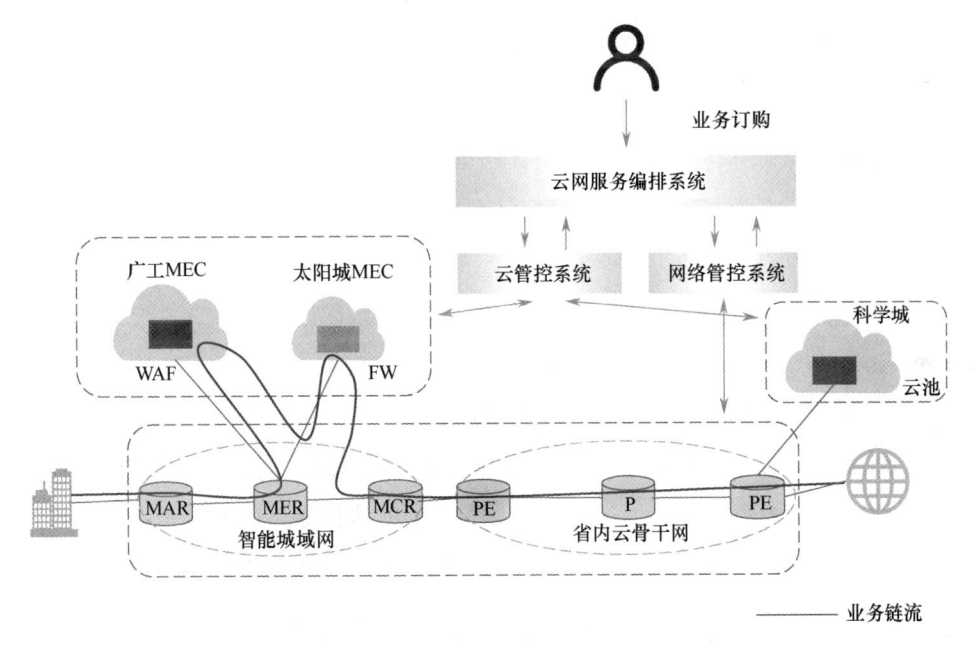

图 5-25 广东联通 SFC 总体架构示意图

传统的网络性能检测方法很难满足网络及业务提出的高可靠、端到端等多方面要求,如 Ping、Traceroute、双向主动测量协议(Two-Way Active Measurement Protocol,TWAMP)等属于间接测量的方式,即通过模拟业务报文进行性能检测。这种方式存在准确性不高的问题,还会增加网络负载。而 IP 流性能测量(IP Flow Performance Measurement,IP FPM)和带内操作、管理和维护(In-band Operation Administration and Maintenance,IOAM)则带来了带内检测技术的发展。带内检测是指对真实业务报文进行特征标记或在真实业务报文中嵌入检测信息,但是 IP FPM 基于 IPv4 固定报文头,存在扩展性和部署的问题,IOAM 采用的是护照数据处理模式,会增加数据平面的转发负担。

在这种背景下,基于 IPv6 的随流检测(in-situ Flow Information Telemetry,iFIT)协议应运而生。iFIT 是一种带内检测技术,通过在网络真实业务报文中插入 iFIT

报文头实现随流检测。一方面，相比于通过间接模拟业务数据报文并周期性上报的带外检测技术，iFIT 可以实时地反映网络的时延、丢包、抖动等性能指标，主动感知业务故障；另一方面，与现有的带内检测技术相比，iFIT 在业务部署的复杂度、转发平面效率及协议的可扩展性等多个方面都有更好的表现。

2. iFIT 基本原理

iFIT 技术直接将 OAM 指令放在 IPv6 扩展报文头里，根据"染色比特"经历的时延、误码等来获得链路性能数据，测量结果嵌入报文头的指定字段，处理节点根据报文头中的 OAM 指令信息，获取业务性能数据并上报。

iFIT 可应用于 MPLS、SR-MPLS、SRv6 网络，本节以基于 SRv6 的 iFIT 场景（iFIT over SRv6）为例说明其实现原理。在这一场景中，iFIT 报文头封装在 SRH 中，主要包括：用于标识 iFIT 报文头开端并定义 iFIT 报文头整体长度的流指令标识（Flow Instruction Indicator，FII），用于唯一地标识一条业务流的流指令头（Flow Instruction Header，FIH），以及用于定义扩展功能的流指令扩展头（Flow Instruction Extension Header，FIEH）。基于 SRv6 的 iFIT 报文头如图 5-26 所示。

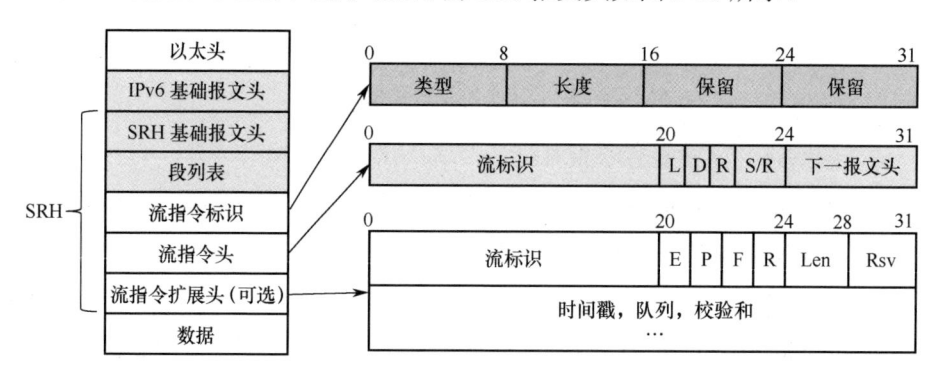

图 5-26 基于 SRv6 的 iFIT 报文头

其中，FIH 中的 L 和 D 字段分别可以提供对报文进行基于交替染色的丢包和时延统计的能力。染色就是对报文进行特征标记，iFIT 通过将丢包染色位 L 和时延染色位 D 置 0 或置 1 来实现对特征字段的标记。通过对真实业务报文的直接染色，辅以部署 IEEE 1588v2 等时间同步协议，iFIT 可以主动感知网络的细微变化，真实反映网络的丢包和时延情况。

另外，FIEH 中的 E 字段可以定义 iFIT 的端到端（E2E）和逐跳（Trace）两种统计模式，两者的区别在于是否要对业务流途经的所有节点均开启 iFIT。

端到端统计模式适用于需要对业务进行端到端整体质量监控的检测场景，该模式可测量流量在进入网络的设备（流量入口）和离开网络的设备（流量出口）之间是否存在丢包及时延。如图 5-27 所示，iFIT 可用于直接测量流量从 Ingress（入口）到达 Egress（出口）时，是否存在丢包和时延并计算得到丢包率和时延值。

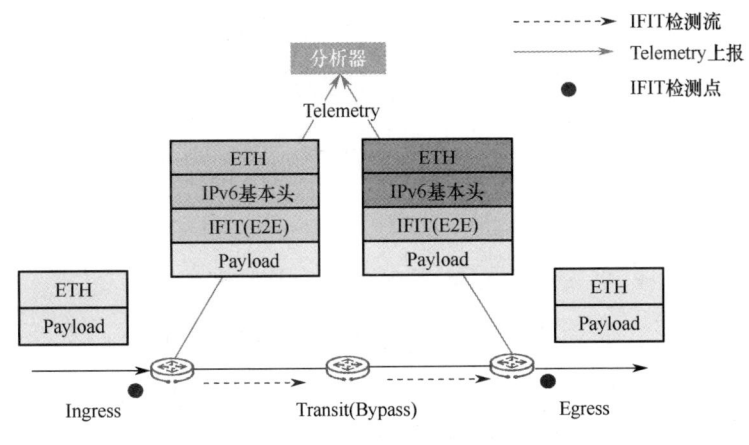

图 5-27　端到端统计模式

逐跳统计模式则适用于需要对低质量业务进行逐跳定界或对重要的（VIP）业务进行按需逐跳监控的检测场景，在发现端到端之间存在丢包或者时延后，可以将端到端之间的网络划分为多个更小的测量区段，测量每两个网元之间是否存在丢包和时延，进一步确定影响网络性能的网元位置。如图 5-28 所示，流量从 Ingress 到达 Egress，iFIT 可同时测量任意两个测量点之间是否存在丢包和时延，并通过计算得到丢包率和时延值。

在实际应用中，一般将端到端模式、逐跳模式组合使用，当端到端的检测数据达到阈值时会自动触发逐跳检测，在这种情况下，可以真实还原业务流转发路径，并对故障点进行快速定界和定位。

在智能运维系统中，iFIT 通常采用遥测（Telemetry）技术实时上送检测数据至控制系统进行处理分析。Telemetry 是一种远程地从物理设备或虚拟设备上高速采集数据的技术，设备通过推模式（Push Mode）周期性地主动向采集器上送设备的接口流量统计、CPU 或内存数据等信息，相对传统拉模式（Pull Mode）的一问一答式交互，提供了更实时、更高速的数据采集功能。Telemetry 通过订阅不同的采样路径灵活采集数据，可以支撑 iFIT 管理更多设备，以及获取更高精度的检测数据，为网络问题的快速定位、网络质量的优化调整提供重要的大数据基础。

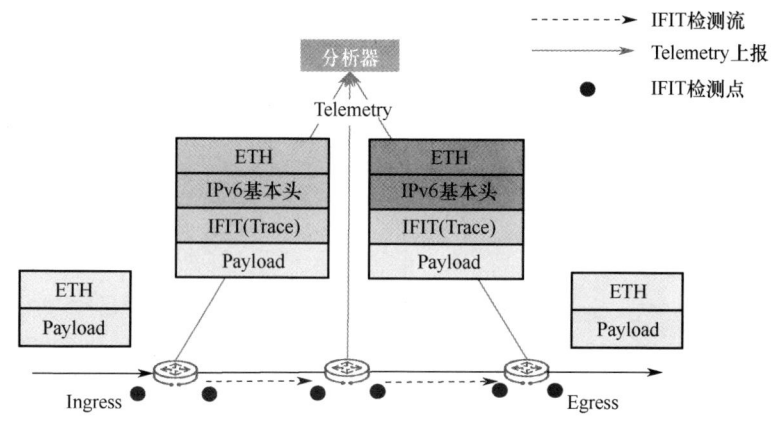

图 5-28　逐跳（Trace）统计模式

iFIT 基于遥测（Telemetry）实现数据上报原理如图 5-29 所示。用户或者运维人员通过分析器或网络控制器订阅设备的数据源，设备根据配置要求采集检测数据并封装在 Telemetry 报文中上报，其中包括流 ID、流方向、错误信息及时间戳等信息。分析器接收并存储统计数据，再将分析结果可视化。

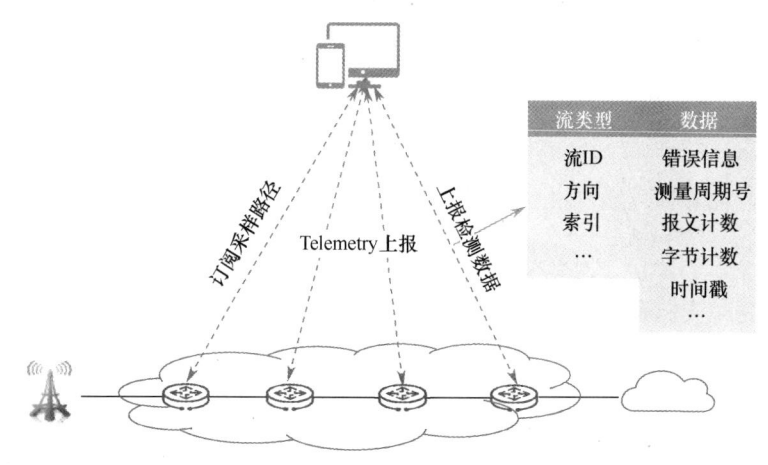

图 5-29　基于遥测（Telemetry）实现数据上报原理

3. iFIT 应用场景及案例

语音和视频业务对于运营商网络性能的要求不断提高，对于网络丢包、时延和抖动非常敏感，因此对移动承载网的有效监控显得尤为重要；同时，业务上云已成为企业用户服务部署的首选方式，智能云网、广域一张网等方案不断涌现，在云网场景下的跨域智能运维显得迫在眉睫。iFIT 可以很好地满足上述场景的需求。

中国联通在某省已成功完成 iFIT 部署验证，实现 SLA 监控及故障点发现，实现主动预测性的智能运维，构建自智、闭环的业务网络，有效提升业务体验。

部署验证示意图如图 5-30 所示，先基于五元组信息进行端到端的性能检测，当基站性能指标超过设定阈值时触发逐跳的性能检测，控制系统逐跳检测数据并进行汇总分析，可面向用户和网络运维进行实时展示，同时实现路径还原和故障定位，为进一步的业务保障及优化奠定基础。

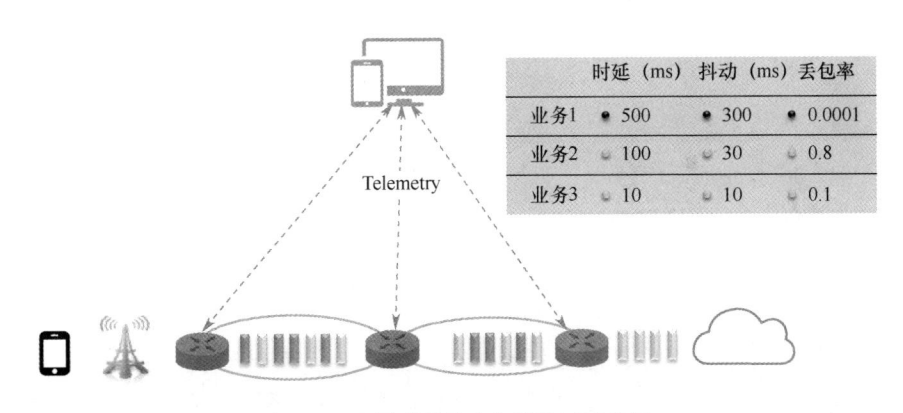

	时延（ms）	抖动（ms）	丢包率
业务1	● 500	● 300	● 0.0001
业务2	100	30	0.8
业务3	10	10	0.1

图 5-30 中国联通某省部署验证示意图

iFIT 技术除了在移动承载网络，对高清视频等对链路连通性和性能指标要求较高的业务实现保障，也可对智能云网专线业务进行分析，适用于组网专线、上云专线及云网互联等场景。在这一场景中，先基于端到端统计模式进行 iFIT 性能检测，若专线内性能指标超过阈值则触发逐跳统计，由控制系统将逐跳检测数据进行汇总分析，实现业务状态实时展示、路径还原及故障定位。

5.2.5 网络切片技术

在东数西算过程中,不同的用户数据对安全性、隔离性有不同的要求。网络切片是一种满足东数西算过程中不同用户数据的 SLA 需求的重要技术。

1. 技术背景

5G 和云时代的到来,使得网络和应用互相驱动发展,涌现出越来越多的差异较大的业务需求。

一方面,5G 时代如移动通信、智能家居、智慧城市、智慧交通、智能农业、环境监测等业务,需要网络支持海量设备的连接和不同规格大小报文的频发;远程医疗、智能电网、自动驾驶、工业自动化等需要网络提供极低的时延保障和可靠性保障;超高清视频、增强现实对网络带宽提出较高的要求。上述应用需要完全不同的网络特性,因此难以用一套网络来实现。

另一方面,数字化、智能化的浪潮变革了生产、管理和营销模式,升级了传统生产力,催生了海量的场景和应用。行业数字化转型和产业智能化升级促使网络产业向着超宽管道、泛在连接、场景化需求的方向发展。从业务上看,5G 特性将带动 VR、AR、云游戏等大带宽、低时延业务走向商业化,同时奠定 Cloud+X 发展基础。从流量上看,未来移动数据流量将会再次剧增。爱立信预测,2025 年全球移动数据流量较 2019 年将增加 5 倍,其中 45% 将会由 5G 网络承载。网络带宽的扩大与业务类型的不断拓展将增加网络中的视频流量,预计 2025 年占比增至 76%。

面对上述不断涌现的多样化、差异化的新业务需求,现有的 IP 网络面临着巨大的挑战。

超低时延的挑战。IP 网络在建设时,一般分为接入层、汇聚层、骨干层,所有用户都同时用到最大带宽的可能性极低,会有一定的并发度,因此网络在建设时规划了一定的收敛比,如常见的接入汇聚收敛比为 4∶1。这种方法可以提供网络资源的复用能力,极大地降低建设成本。但是也因为收敛比的存在,网络中若出现高速率、多接口的流入，低速率、单接口的流出，就容易造成网络拥堵，引起一系列丢包、抖动、大时延的问题。

安全隔离挑战。不同行业对网络的安全性、稳定性甚至隐私性有明确的需求。传统的 IP 网络是尽力而为的网络，容易出现业务对资源的抢占。因此，为了保障这类核心业务的用户体验，运营商一般建设专用的网络来承载这类业务，以实现与公共业务的安全隔离。但显而易见，这种方式下建设、运维、业务拓展的成本都是极高的。

对业务灵活、智能化管理的挑战。新业务的出现对网络服务的动态性、实时性、灵活连接等方面都有一定的要求。传统的 IP 网络偏向静态的业务规划，并使用基于分钟级的网络利用率监控。一旦网络有突发情况，则网络中的业务相互影响，无法保障 SLA 需求，也无法动态地调整和规划。另外，5G 网元的云化、UPF 下沉、边缘计算的广泛部署，让网络连接变动更加复杂，并要求网络能够按需连接。这些都要求网络具有灵活的连接能力、智能化细致的业务管理能力。

网络切片就是为了应对各垂直行业对网络的差异化需求而提出的解决方案。网络切片示意图如图 5-31 所示。网络切片是指在一个通用的共享网络基础设施上，按需提供多个逻辑网络，即网络切片，每个切片网络都可以灵活定义自己的逻辑拓扑。网络切片是一整套的解决方案，包括无线接入网、IP 承载网络和移动核心网部分。

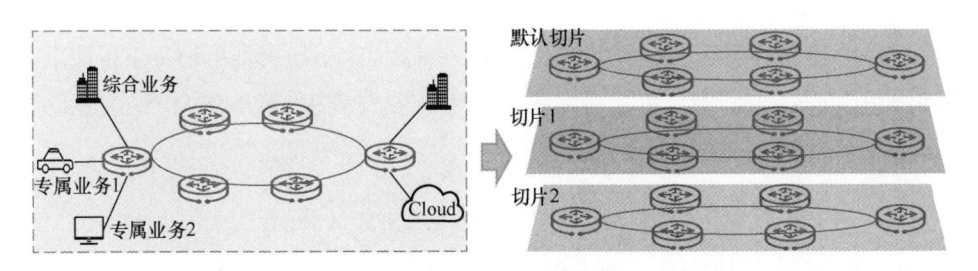

图 5-31 网络切片示意图

在东数西算场景中，运营商通过网络切片技术可以抽象出多个逻辑网络，提供资源隔离、差异化 SLA 等能力，服务于不同的业务，从而提高运营商的网络价值。

2. 网络切片总体架构

为了实现对网络切片的管理，5G 网络中新增了网络切片的管理功能，包括通信服务管理功能（Communication Service Management Function，CSMF）、网络切片管理功能 （Network Slice Management Function，NSMF）和网络切片子网管理功能 （Network Slice Subnet Management Function，NSSMF）。CCSA 行业标准中给出网络切片管理整体架构，如图 5-32 所示。

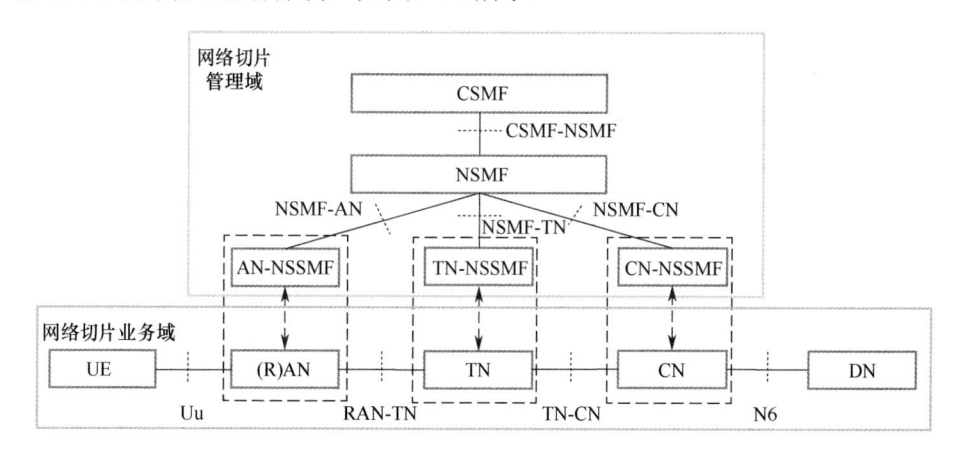

图 5-32 网络切片管理整体架构

网络切片管理的具体功能如下。

（1）CSMF：通信服务管理功能，完成用户通信服务的订购和处理，将通信服务需求转换为对 NSMF 的网络切片需求。

（2）NSMF：网络切片管理功能，接收从 CSMF 下发的网络切片部署需求，将网络切片的 SLA 需求分解为网络切片子网的 SLA 需求，向 NSSMF 下发网络切片子网部署需求。

（3）NSSMF：网络切片子网管理功能，按照专业领域分为无线网（AN）NSSMF、承载网（TN）NSSMF 和核心网（CN）NSSMF。各子域 NSSMF 接收从 NSMF 下发的网络切片子网部署需求，将网络切片子网的 SLA 需求转换为网元业务参数下发给网元。对承载网子域来说，将网络切片子网的需求通过 TN-NSSMF 下发给承载网元，并将参数配置结果及其他与切片子网相关的信息按需上报给 NSMF。

3．IP 承载网切片能力

IP 承载网基于不同隔离/调度能力组合，提供一种或多种切片的能力，包括数据面切片能力、控制面切片能力和管理面切片能力。下面分别介绍三种能力。

（1）数据面切片能力。主要是基于物理设备的硬隔离，即对特定业务采用专有设备进行切片承载；基于物理端口的硬隔离，即不同切片采用不同的物理端口，实现切片业务硬隔离；基于灵活的以太网（Flex Ethernet，FlexE）的硬隔离，即在物理端口采用 FlexE 技术，实现切片业务硬隔离；基于 VPN 的软隔离，即采用独立 VPN（包括 L2VPN/L3VPN）承载，实现业务间逻辑隔离；基于 QoS 的调度，即在数据面的网络切片之间或网络切片内部，采用不同的 QoS 优先级对业务进行差异化调度，实现业务承载性能的差异化。

（2）控制面切片能力。基于 IGP 进程的隔离，即不同切片在不同的 IGP 进程中部署，实现切片业务隔离；基于隧道的隔离，即采用分段路由策略（Segment Routing Policy，SR Policy）等技术，对不同业务选择不同路径，实现业务差异化承载；基于逻辑拓扑的隔离，即对不同业务选择不同的逻辑拓扑，实现业务差异化承载。

（3）管理面切片能力。通过分权分域方式，提供管理权限切片。

4．基于 IPv6 技术的承载网切片技术

基于 IPv6 技术的承载网切片总体架构如图 5-33 所示，基于 IPv6 技术的承载网切片总体架构从功能上大致分为三层。

（1）端到端的切片管理：负责端到端的切片管理，支持用户通信服务的订购和处理，可将通信服务需求转换为对切片控制层的网络切片需求。

（2）控制层：负责网络切片规划、网络切片动态调整、网络切片监控等。

（3）设备层：设备层又可分为控制面、数据面和转发面，分别负责分布式网络切片控制协议、SRv6/IPv6 扩展支持网络切片及 FlexE 技术、信道化子接口隔离技术的实现。

```
                    端到端的切片管理
                           ↕ YANG
控           网络切片业务模型                        管
制                                                 理
层    网络切片规划  网络切片动态调整  网络切片监控      面

       NETCONF/YANG/Telemetry ↕ BGP-LS/BGP SRv6 Policy

      分布式网络切片控制协议（SRv6 Slice ID）      控制面
设
备        SRv6/IPv6 扩展支持网络切片             数据面
层      软隔离          细粒度资源隔离
       TE   Qos    信道化子接口  FlexE   DIP      转发面
```

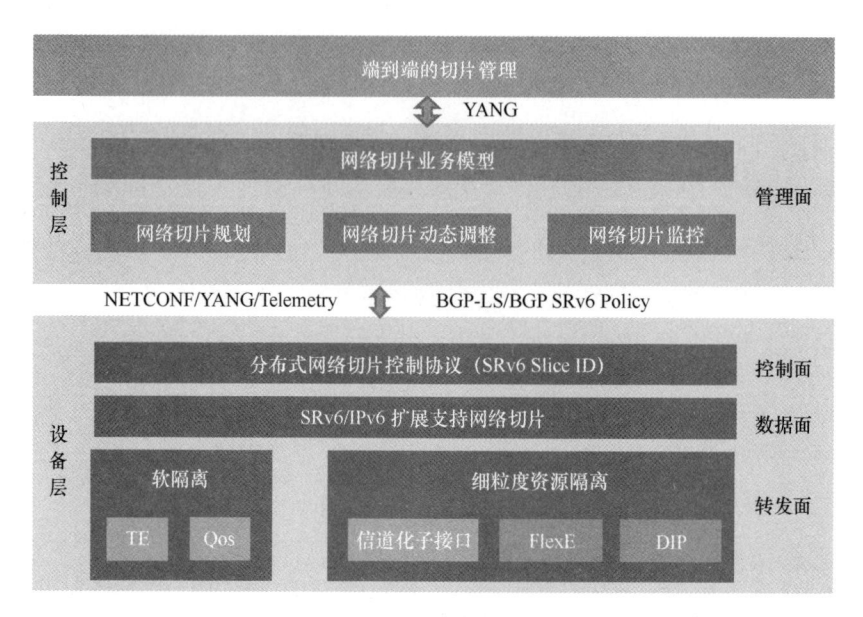

图 5-33　基于 IPv6 技术的承载网切片总体架构

传统的方法中，当切片数量很大时，每个信道化子接口均需要部署 IGP，可能会达到 K 级别。为简化部署，引入切片 ID（Slice ID）技术，在以太网子接口或者 Flex-E Client 上部署 IGP，在信道化子接口上仅配置 Slice ID，其他属性如 IPv6 地址/链路开销（Cost）等共享物理接口，无须再规划和部署。

基于 Slice ID 的网络切片，在数据平面使用目的地址和 Slice ID 指导网络切片报文转发，其中，目的地址用于对报文的转发路径寻址，Slice ID 用于选择报文对应的转发资源或子接口。在设备层需要生成两张转发表，一张是路由表，用于选路（确定三层的出接口），另一张是 Slice ID 的映射表，用于确定切片在三层接口下的预留资源。

如图 5-34 所示，在 A、B、C 三个网元设备上分别创建 3 个切片实例，使用独立 Slice ID 标识物理端口下为每个切片分配的资源接口。所有网络切片共用相同的 IPv6 地址和控制平面协议会话。

基于 Slice ID 的转发过程如下：

（1）当业务数据进入承载网时，Ingress 节点基于虚拟路由转发（Virtual Routing

Forwarding，VRF）部署的切片策略，封装 Slice ID 和 SRv6 BE 或者 Policy 隧道。

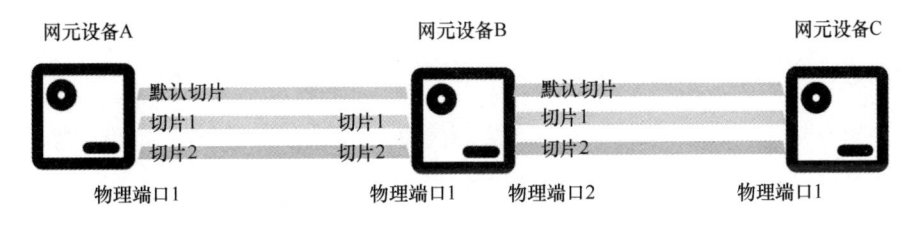

图 5-34　基于 IPv6 技术的网络切片示意图

（2）Ingress 节点根据隧道中的 SID 查找路由，获取路由的出接口和下一跳地址，在出接口对应的网络切片接口组中查找与报文中 Slice ID 相同的切片接口，将数据报文从该接口转发出去。

（3）中间节点转发流程相同，直到出口节点，当命中 VPN-SID 时，弹掉隧道和 Slice ID 扩展头入私网进行路由转发。

（4）跨域场景转发流程和上述流程一样，因为跨域外部边界网关协议（External Border Gateway Protocol，EBGP）不感知 Slice ID，只需要转发面根据 Slice ID 到网络切片的链路转发。

5.2.6　应用感知技术

结合东数西算战略，网络为计算提供服务，价值在于释放算力，运营商依托自身网络优势，针对数字化时代的业务新需求，通过智能网络调度构建算力服务新模式。

应用感知的 IPv6 网络（Application-aware IPv6 Networking，APN6）利用 IPv6 报文自带的可编程空间，将应用信息（标识和/或网络性能需求）带入网络，使能网络感知应用及其需求，进而提供精细的网络服务和精准的网络运维服务。算力网络是一种应用敏感型网络，每个应用的算力需求都是不一样的。结合 APN，算力网络可以有效感知每个应用的算力及网络需求，从而实现精细的全网资源统一调度。这个调度可以是弹性的，即可以实时监控和动态调整。从云网协同到算网一体发展，网络需要为算力提供差异化的服务，通过应用感知网络 ID（Application-aware Networking Identification，APN ID）精细标识关键的应用或用户，引导其进入相应的 SRv6 Policy 隧道、网络切片、DetNet（确定性网络）路径，或者 SFC（服务功能链）路径等，实现应用分流和灵活选路[4]。

应用感知的 IPv6 网络技术有三个方面的要素。首先是网络能够提供更加丰富的服务，通过 IPv6 报文的扩展，支持 SRv6 Policy、网络切片、确定性网络、业务链及无状态组播 BIERv6 等，这样网络有了精细化的差异化服务，具备了重要的基础。其次是准确的网络测量，保证满足业务 SLA 需求的前提是能够实现准确的测量，通过基于 IPv6 的随流检测技术，就能够进行更加准确的网络测量，更好地提供服务。最后就是开放的应用信息携带，需要携带一个细粒度的应用信息和标识，更好地将应用映射到丰富的网络服务上，这也就是 APN 技术所承担的重要使命。

APN 实际上是一个业务和网络协同的技术框架，该框架由应用端侧/云侧设备、网络边缘设备、网络策略执行设备（头节点、中间节点、尾节点）、控制器组成，如图 5-35 所示，关键节点相互配合，实现了 APN ID 的生成和封装，根据 APN ID 执行相应的网络策略。

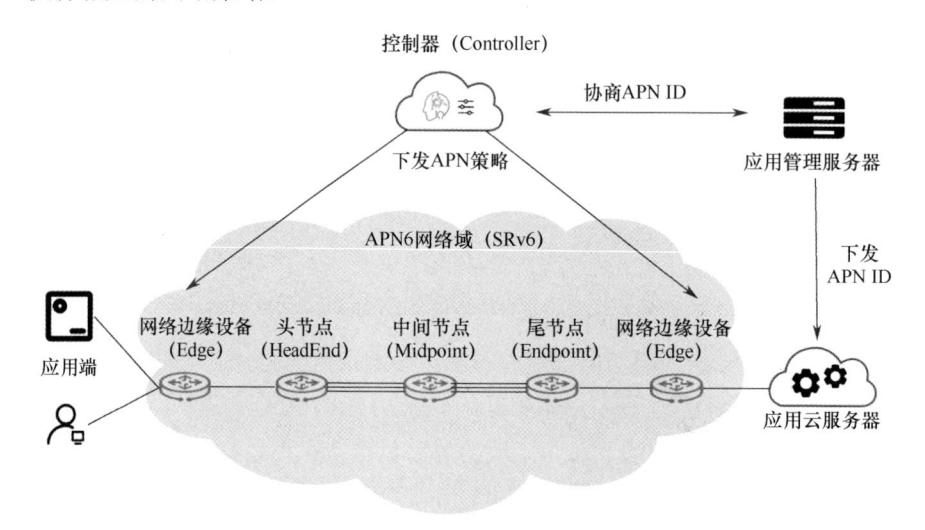

图 5-35　APN 的网络架构图

应用端侧/云侧设备通过应用感知的程序，感知应用的特征信息，生成封装了应用特征信息的数据报文，进入 APN 网络域；如果应用端侧/云侧设备不具备应用感知能力，即无法发出封装了应用特征信息的数据报文，则由网络边缘设备从五元组信息、业务信息（例如双 VLAN 标签的映射）中解析出应用特征信息，并封装进数据报文，再转发至网络策略执行设备。

网络策略执行设备中的头节点负责维护入方向的流量与网络服务路径的匹配关系，即从网络边缘设备接收到数据报文后，根据报文中携带的 APN 应用信息，将流量引入满足需求的路径，也可以将应用信息复制并封装到外侧 IPv6 扩展头中，在 SRv6 网络中进一步提供感知应用服务；中间节点根据头节点匹配的网络服务路径，为应用提供网络转发服务，还可以根据报文中携带的 APN 应用信息提供其他的网络增值服务，如感知应用的 SFC、感知应用的 iFIT 等；网络服务路径将在尾节点处终结，在尾节点 APN 应用信息可以与路径隧道封装一起被解除，在报文进入路径之前就已经存在的 APN 应用信息，也可以随 IPv6 数据报文继续传输。

控制器可以统一规划和维护 APN ID 及其与应用、网络服务策略之间的映射关系，并且下发到网络边缘设备和网络策略执行设备。

在 APN 网络域内，APN 的数据平面，用于标识应用流量；APN 的管理平面，用于流量和策略的匹配和映射；APN 的控制平面，用于实施应用策略。三大平面相互配合，对各个基于 APN ID 的应用流量实施差异化的网络策略。

IETF 文稿 draft-li-apn-framework 定义了 APN 报文所携带的应用信息（APN Attribute），包括应用标识信息（APN ID）和应用需求参数信息（APN Parameters）。APN ID 提供便于网络区分不同应用流和某个/类应用的不同用户（组）等信息，可以包括 APP Group ID、User Group ID 等信息；APN Parameters 携带的信息可选，可以包括带宽、时延、抖动、丢包率等网络性能参数。

APN6 通过扩展 IPv6 数据平面，携带 APN Attribute。在 IETF 文稿 draft-li-apnipv6-encap 中描述了可以携带 APN Attribute 的具体位置，如 HBH 通过 Option Type 标识出 APN6 选项类型；目的选项报文头（DOH）通过 Option Type 标识出 APN6 选项类型；段路由头（SRH）通过段路由头 TLV（SRH TLV）、段

标识参数字段、段路由头 TAG 字段（SRH TAG Field）等字段，来携带 APN Attribute。

APN 的标准在 IETF 中仍然处于讨论阶段，包含 APN 的扩展、APN 的 YANG 模型等内容，后续也会根据实际研究的推进进行进一步完善。

文稿 draft-peng-apn-yang 定义了 APN 的 YANG 模型，包括 APN ID 分段配置的模板、依据选定的模板对 APN ID 的赋值、APN ID 与策略之间映射关系的配置等。其中，APN ID 分段配置的模板规定了 APN ID 每一个分段（如 APP Group ID、User Group ID）的长度。

IETF 文稿 draft-peng-apn-bgp-flowspec 描述了 BGP FlowSpec 机制针对 APN 的扩展定义，定义了 APN ID 这个新的 FlowSpec Component，将其与传统五元组各个元素并列，用于流过滤。

现在的算力网络相对于原来的云网、云计算服务，由通用化向个性化发展，由此对网络提出了个性化的要求。通过 IPv6 的扩展和 APN 技术体系，能够将应用和网络更加紧密地结合在一起，从而更好地满足个性化的要求。APN 技术体系的演进分为三个阶段，第一个阶段通过承载网来感知应用提供服务，实现感知应用的承载网络；第二个阶段需要应用端侧提供应用信息并传递给网络、传递给云，就是感知应用的互联网，也就是说要实现端、管、云的跨多域信息传递；第三个阶段就是网络跟计算结合在一起，网络要感知算力，即感知应用的算力网络，相当于把应用的负载传递给网络，让网络提供更好的服务。

5.2.7 算力感知技术

1. 算力感知技术概述

计算是人类认识世界和改造世界的重要方式。无论是集成电路时代的设备计算，还是信息化时代全球互联互通的移动计算，计算已经渗透到各行各业及人类生活的方方面面。同时，计算的模式也在发生着翻天覆地的变化，从以互联网为中心的云计算，到业务可就近闭环、实现敏捷智能的边缘计算，再到未来"云-边"计算与端侧计算的联动，计算的模式正在向着"云-边-端"多级架构发展，以满足智能社会多样化的算力需求。

针对算网融合趋势所提出的新型网络架构——算力网络，需要在网络对算力感知的基础上，研究未来网络如何实现全网算力资源的统一管理，如何建立计算和网络的协同管理与调度架构，实现算力资源的灵活、安全接入，按需调度与分配，以及高效运维和运营，通过将计算任务调度至最优节点，保障业务的算力需求，实现全网资源的高效协同。

算力感知是算力网络实现计算与网络深度融合的基础，在算力网络的新型网络架构下，以无所不在的网络连接和高度分布式计算节点作为基础设施，通过服务的自动化部署、业务的最优路由和负载均衡，构建可以感知全网算力的全新算力网络基础设施，保证网络能够按需、实时调度不同位置的算力资源，提高网络和计算资源的利用率，进一步提升用户体验，从而实现网络无所不达、算力无处不在、智能无所不及的愿景。

2. 算力感知技术原理

算力感知技术包含两个层面的含义，一是网络如何知道算力资源的分布，这包括网络设备对算力资源的感知，以及网络设备之间的算力资源信息的交互；二是网络如何利用对算力资源分布情况的掌握，将用户的需求调度到其所需要的服务所在的算力资源中。

算力信息交互，是指在算力网络中将算力资源（包括 CPU、GPU、内存等）信息化，并通过网络完成信息交互，从而达到全网算力信息共享的目的。

要实现算力信息的交互，需要以网络协议为基础，将算力资源度量值加载到协议报文中进行转发，并基于信息交互完成全网的算力信息同步。在 TCP/IP 的体系架构中，只要算力资源 IP 可达，就可以认为这些算力资源是可以使用的，所以承载算力信息的通信协议可以位于网络层之上（包括网络层）的任意层，它们以网络层协议为基础，将算力信息基于 IP 报文进行转发。

信息交互可以通过分布式和集中式两种方案来实现。

在分布式方案中，网络设备负责算力资源信息的收集，网络设备之间通过协议来完成算力资源信息的交互。计算优先网络（Compute First Networking，CFN）是分布式算力资源信息交互技术的代表，它的设计初衷是解决应用在多接入边缘计算（Multi-Access Edge Computing，MEC）节点上部署复杂、MEC使用效率低、资源复用率不高等问题。CFN根据算力和网络的状态确定最优路径，在位于不同地理位置的多个边缘站点中找出最优点，从而为特定的边缘计算请求服务。分布式信息交互方案如图5-36所示，简化的流程包括：① 网络设备进行算力资源信息搜集；② 网络设备之间完成算力资源信息交互；③ 网络设备在本地完成算力路由计算。

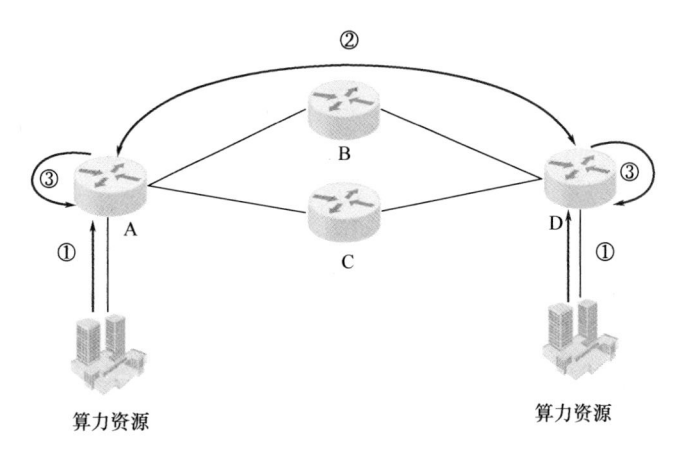

图5-36　分布式信息交互方案

在集中式方案中，网络设备仍然负责算力资源信息的收集，与分布式方案不同的是，网络设备之间不进行算力资源信息的交互，由集中式的算力网络控制器来完成算力资源信息的交互，并基于全局的算力资源信息完成路由计算，将计算完成的相应流表信息下发给网络设备指导转发。集中式信息交互方案如图5-37所示，其步骤如下：

① 路由器A和D完成本地算力资源信息的收集，收集过程可以采用本地算力资源节点将算力资源信息注册给路由器的方式，也可以采用路由器周期性地进行信息采集的方式。

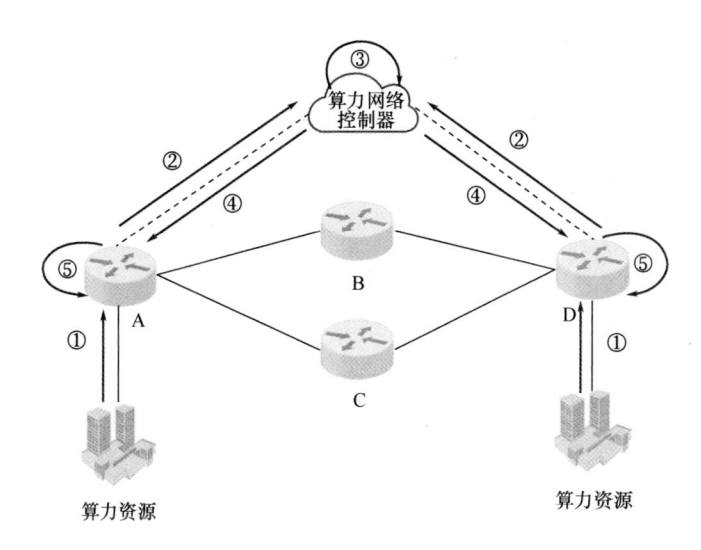

图 5-37 集中式信息交互方案

② 路由器 A 和 D 将算力资源信息承载在路由协议中，发布给算力网络控制器。

③ 算力网络控制器根据完整的算力资源信息，进行网络拓扑计算，再生成服务信息流表。

④ 算力网络控制器将服务信息流表下发给路由器 A 和 D。

⑤ 路由器 A 和 D 根据接收到的算力网络控制器发送的信息，在本地生成服务信息流表用于指导业务报文的转发。

动态任播技术架构提出了一种基于任播的服务和访问模型，解决了现有网络层边缘计算服务部署的问题，包括如何感知服务的算力资源信息，如何对静态边缘设备进行选择，以及如何解决孤立网络和计算的度量状态刷新缓慢等问题。

动态任播技术假设有多个等价的服务实例运行在不同的边缘站点上，全局提供一个由动态任播服务 ID（Dyncast Service ID）表示的服务。网络根据服务实例状态和网络状态，对客户端的服务需求进行转发决策。动态任播有两种典型模式：分布式和集中式。

分布式模式：不同服务实例的资源和状态从连接服务的边缘站点的动态任播路由器（Dyncast Router，D-Router）传播到有客户端的 D-Router，D-Router

具有网络拓扑和状态信息。靠近用户侧的入口 D-Router 接收客户端的服务请求，根据服务实例的状态和网络状态独立决定访问哪个服务实例，并保持实例的亲和性。

集中式模式：不同服务实例的资源和状态从连接服务所在边缘站点的 D-Router 上报给网络控制器。同时，网络控制器采集网络拓扑和状态信息，并根据服务实例的状态和网络状态，为每个靠近用户侧的入口 D-Router 做出路由决策，并下发到所有入口 D-Router。当入口 D-Router 收到客户端的服务请求时，根据网络控制器的决策访问服务实例，并保持实例的亲和性。

5.3 算力基础设施关键技术

东数西算工程的发展，推动数据中心从业务中心向算力中心演进，算力中心承载着应用及异构数据。随着新技术的诞生，信息技术已经从 PC 互联网时代发展到移动互联网时代，并步入内生智能的万物智联时代，万物智联时代产生了海量多样化数据，结构化数据可用通用算力上数据库中结构化二维表实现，但文本、图片、音视频等非结构化数据的采集、传输、处理需要大量的多样性算力。万物智联时代也产生了海量多样化应用场景，包括以消耗 CPU 为主的企业应用、数据库，以消耗 GPU 为主的图像渲染、语音识别，以消耗 NPU 为主的机器学习，以消耗 ASIC 为主的物联网采集器等。

承载算力的数据中心已经从资源中心经过业务中心发展到现在的算力中心。资源中心表现为虚拟化基础设施，特点为数据大、集中，以虚拟化调度的计算、存储池资源为中心。业务中心表现为云化数据中心，特点为提供敏捷的微服务应用，以应用服务为中心。算力中心表现为多云分布式融合，特点为多云算力低时延、无损调度，以异构算力为中心。异构加速了多样性算力的形成，而多样性算力发展的关键技术包括算力芯片技术、存储技术、网卡技术、服务器整机技术等。

5.3.1 算力芯片技术

目前算力芯片的使用从串行计算，经过同构并行计算，逐步发展到异构并行计算。串行计算不将一个计算任务拆解为多个计算子任务，而是以一种单核的芯片进行计算任务的处理，串行计算时代下的算力芯片如单核的 x86、ARM、MIPS 芯片。并行计算目前根据实现方式演进为时间和空间两种并行方式。时间方式通过流水线技术实现，将一条指令分解为多个子指令，每个子指令被不同功能的电路单元执行。空间方式将一个计算任务拆解为多个子任务，每个子任务的计算占用来自同一个处理资源的子模块，当前的虚拟化技术就是空间并行计算的一种实践。并行计算目前从同构并行计算演进到异构并行计算，同构并行计算时代下的算力芯片如虚拟化集群中的 CPU 芯片，异构并行计算时代下的算力芯片如虚拟化集群或者单台主机上的 CPU 和 GPU、NPU、DPU 等芯片的各种组合形式。

芯片结构示意图如图 5-38 所示。算力芯片的不同源自硬件结构本身的不同。以 CPU、GPU、NPU 为例，CPU 这类通用计算芯片中大部分晶体管用于构建缓存单元和控制单元，计算核心从几个到几十个，适合复杂逻辑运算。CPU 目前的演进路线为精简指令集和复杂指令集两种，精简指令集的主流架构为 ARM、MIPS 架构，复杂指令集的主流架构为 x86 架构。GPU 和 NPU 等智能计算芯片中大部分晶体管用于构建计算单元，计算核心从几千个到上万个，适合逻辑简单、计算密集、高并发的任务，比如图像、语音、文字的识别转换。NPU 相对于 GPU 在存储和计算方面做了一体化的优化，解决了神经网络运算在存储和计算交互中效率低的问题。

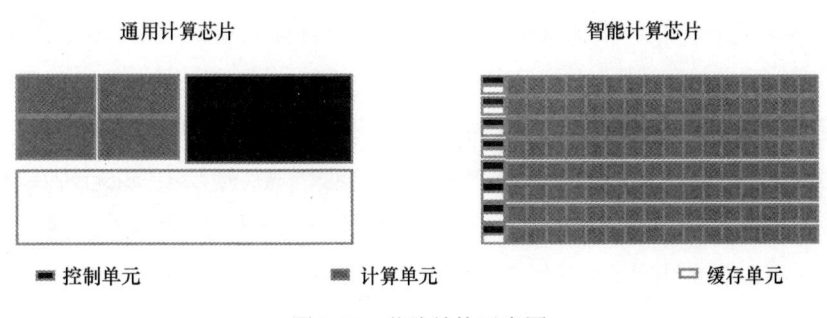

图 5-38　芯片结构示意图

从中长期来看，对于冷数据的储算，需要在西部建立大规模低算力要求的存储型算力集群和高算力要求的计算型算力集群。对于东部热数据，需要建立小规模低算力要求的存储型算力集群和实时场景的高算力要求的计算型算力集群。对于东部与西部之间的网络，需要通过嵌入网络的算力或者在网的算力，按需扩大网络容量，减少拥塞，达到降低传输时延的目的。

5.3.2 存储技术

在东数西算背景下，需要对海量数据进行存储，存储类型会影响数据的读取效率及成本，因此要在不同的场景使用不同的存储技术。目前存储体系从逻辑上分为五层，从底层到顶层分别为（物理）存储层、接口协议层、文件卷层、文件系统层、（存储）应用层，如图 5-39 所示。

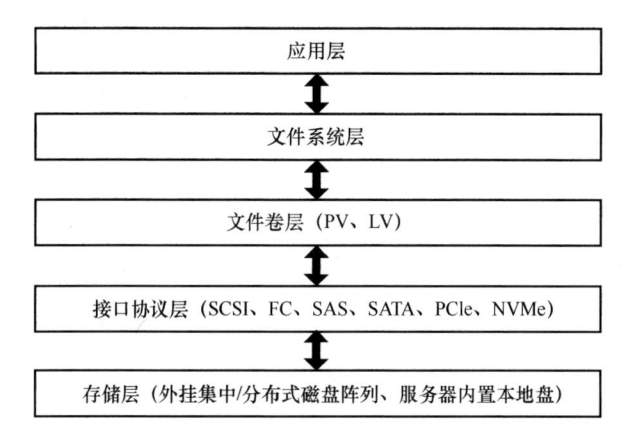

```
┌─────────────────────────────────────────────┐
│                  应用层                      │
└─────────────────────────────────────────────┘
                      ↕
┌─────────────────────────────────────────────┐
│                 文件系统层                   │
└─────────────────────────────────────────────┘
                      ↕
┌─────────────────────────────────────────────┐
│           文件卷层（PV、LV）                 │
└─────────────────────────────────────────────┘
                      ↕
┌─────────────────────────────────────────────┐
│   接口协议层（SCSI、FC、SAS、SATA、PCIe、NVMe）│
└─────────────────────────────────────────────┘
                      ↕
┌─────────────────────────────────────────────┐
│  存储层（外挂集中/分布式磁盘阵列、服务器内置本地盘）│
└─────────────────────────────────────────────┘
```

图 5-39　存储体系逻辑图

存储层主要分为外挂存储和内置存储，外挂存储满足了本地存储无法满足的容量扩增的需求，在特殊技术下其可靠性、输入/输出（I/O）速率可超过内置存储。内置存储为服务器本机携带的硬盘，因为接口协议的区别，按 I/O 速率从小到大排序，依次为 SATA 硬盘、SAS 硬盘、SSD 硬盘。外挂存储因为连接方式和接口协议的不同，可以分为直连存储和网络存储，直连存储一般采用 SCSI 专用线缆连接，网络存储根据是否采用专用光纤通道分为网络接入存储和存储区域网络两种。接口协议层主要为 SCSI、FC、SAS、SATA、PCIe、NVMe。文件卷层通过将物理存储纳管为物理卷、逻辑卷来让文件系统使用。应用层的应用可以直接使用文件系统中的存储空间，也可以通过 Ceph、Swift、HDFS、GFS、GPFS 等分布式存储技术将存储的使用方式再次修改完善，并结合分布式技术优化海量数据的存储、读取、计算等。

海量非频繁读写的文件，业界一般采用存储型服务器部署 HDFS 分布式文件系统进行数据存储，并结合 Spark、Flume、Flink 等流式组件达到对存储中的数据进行读取和预处理的目的，在东数西算非准实时大数据场景中可以考虑应用。

5.3.3 网卡技术

网络适配器即网络接口卡（Network Interface Card，NIC）是一种用于连接外部网络，实现计算机处理器与外部网络通信的硬件设备。在计算机模块化设计和集成方案中，模块化的网络适配器通常采用 PCIE 接口与 CPU 连接，并以 PCIE 卡的结构形式集成在计算机中，因此网络适配器也简称网卡。

网卡的发展历程大致可以分成标准网卡、智能网卡和 DPU 三个阶段。

1．标准网卡

早期的网卡仅实现数据链路层和物理层的功能，但随着链路带宽的增加，现代网卡硬件中普遍卸载了部分传输层、路由层的处理逻辑（如校验和计算、传输层分片重组等），来减轻 CPU 的处理负担。

这个阶段的网卡对网络协议的处理能力较差，通常只协助完成层 2、层 3 等网络协议中的极少量功能，基本不参与用户业务的处理，其功能相对标准化、统一，这种网卡通常称为标准网卡（标卡）或者普通网卡。

目前标准网卡在计算机、服务器/数据中心中仍然普遍使用。根据业务场景需求，有 1 Gbit/s、10 Gbit/s、25 Gbit/s 等不同规格的产品，并随着服务器处理能力的提升，40 Gbit/s、100 Gbit/s 甚至更高带宽的网卡也在逐渐普及中。

2．智能网卡

对于业务增长、100 Gbit/s 级带宽/微秒级延时的高性能网络，仅通过标准网卡实现网络报文的收发和简单处理，即使运用 DPDK、eBPF/XDP 等多种软件加速技术，复杂的网络协议解析和数据处理也占用了大量 CPU 资源。在此背景下，智能网卡技术得到了广泛应用。

智能网卡同时具备高性能及可编程的能力，既能处理高速的网络数据流，又能对网卡进行编程实现定制化的处理逻辑，可以支持将更多的网络协议处理功能卸载到网卡中，以进一步减轻 CPU 处理网络协议和数据的压力。同时，智能网卡的可编程能力也提供了按需更新网络协议处理功能的灵活性，对不断变化的业务场景也有一定的适应能力。智能网卡在标准网卡基础上能力得到增强，被认为是网卡 2.0 阶段的标志。

典型的智能网卡有两种实现方式，一种采用现场可编程门阵列（FPGA）实现，另一种采用专用的网络处理器（Network Processor，NP）实现。这两种实现方式各有优缺点，在性能方面，通过直接烧写硬件逻辑的基于 FPGA 的智能网卡性能更高；而 NP 则采用多核的方式来加快整个网卡的处理速率，但其每个核的处理性能与通用 CPU 的性能相比并无特别优势，对于单一网络流的处理性能较低；在可编程性方面，基于 FPGA 的智能网卡的可编程性相对较低，开发难度也较大。而 NP 则具备较高的可编程性，有几乎和通用 CPU 相当的表达能力，可实现灵活的处理逻辑。

随着云计算的发展，智能网卡在数据中心逐渐应用于 OVS 转发加速、RDMA、远程数据存取等虚拟化、存储、网络各方面。

3. DPU

在智能网卡的基础上，业内又提出了数据处理器（DPU）的概念。DPU 是一种以数据为中心的可编程处理器，相对于智能网卡，通过集成高性能 CPU、增强可编程硬件等方案实现更灵活的编程，可以围绕数据处理提供计算管理、网络、存储、安全等基础设施层服务功能，能够有效降低云计算场景中 CPU 在虚拟化层中的资源损耗，在 CPU、GPU 等高性能异构计算场景中可以缩短数据的绕行路径，有望将过去的以 CPU 为中心的计算架构改进为以数据为中心的计算架构，具有很大的应用潜力。目前，DPU 已经得到了业界的广泛认可，成为数字化产业中的热门方向。

任何业务的开展都离不开数据，而数据及其计算结果等都需要网络来传递。网卡是连接算力和网络的桥梁，其性能直接制约着数据传递的效率，在未来的数据中心建设中至关重要。标准网卡技术成熟，已经成为可直接集成使用的标准化部件；智能网卡因其灵活性给标准化工作带来一些困难，但是在一些特定场景中已经相对成熟；而 DPU 作为一种新型网卡方案，其产业还处于培植发展阶段，但其数据处理能力与算网协同等理念可以很好地融合，随着其技术成熟，将在算网建设中发挥重要作用。

5.3.4 服务器整机技术

随着算力需求的多样化，服务器整体也在不同的使用场景中往多元化方向发展。服务器整机按照云化使用方式分为计算型服务器、存储型服务器，其中计算型服务器按照算力使用场景及算力精度分为通算服务器、智算服务器、超算服务器；按照服务器部署位置分为数据中心服务器、边缘计算服务器。从整机的服务体系上看，目前服务器整机往服务器解耦开源和超融合服务器两个技术方向发展。

服务器解耦开源主要解决目前各类定制化主板功能复杂、模块定义不清晰、管理接口不统一、封闭硬件工程技术使服务器整机性能遇到瓶颈的问题。目前解耦开源主要往统一兼容性标准、开放主板、开放 BMC 固件方向发展，以达到融合创新的目标。在主板方面，通过物理形态和分区标准化、高速接口标准化、部件软件模板化来达到开放的目的。在 BMC 方面，主要通过框架功能和基础功能的源码及二进制文件开放来达到解耦开源的目的。

超融合服务器演进路线中，服务器整机将计算资源、存储资源、网络资源这 3 类云计算关键资源及虚拟化、备份、数据压缩、缓存加速、数据查重删除等关键技术进行封装。在计算层面，既可以单台超融合服务器独立成为云化资源池，也可以通过网络聚合将 CPU 主频相同的超融合服务器以横向扩展的方式互连形成统一的云化资源池。在存储层面，通过部署存储虚拟化层的方式，来完成将服务器本身自带存储虚拟化为分布式存储，并对接虚拟化平台，对虚拟机应用提供逻辑存储卷。在网络层面，采用以太网交换机或者光纤交换机进行互连，来支撑云化资源池中计算与存储的扩展。其因具备完备功能的独立性及计算的高效性，正逐步被引入边缘计算。

依据东数西算的需求特性，超融合服务器和服务器解耦开源是相辅相成的，超融合服务器满足了算力、存储、网络资源需求量少，但是效率要求高的场景的需求。服务器解耦开源技术路线则加速了东数西算与算力网络中算力技术瓶颈的突破。同时服务器整机也在降低数据中心整体PUE的国家规划中演进，为达到"双碳"目标而发展。

5.4 算力标识与度量关键技术

互联网的高速发展使得万物智能化和数据化，由此产生海量、分散的数据处理场景和需求，仅通过在数据中心内部或者终端侧的高效算力处理已无法满足业务需求，因此需要分布在云、边、端的多级算力高效协同。同时，为满足AR/VR、远程驾驶等新业务的大带宽、低时延，以及计算动态化、轻量化的需求，网络和计算融合发展已经成为新趋势。此外，随着5G/6G、云计算、边缘计算、芯片工艺制程等新技术发展，算网一体化逐步走向成熟。在东数西算工程的推动下，算力网络逐步具备提供"算力+网络"的一体化服务能力。

算力网络一体化服务能力包括提供算网数智等多要素融合的一体化服务和端到端的一致性质量保障，使用户可以随时随地地享受算力服务。随着东数西算国家战略的推进和算力网络的进一步发展，算力网络需要重构现有计算及网络形态，形成国家新型基础设施。

在促进新型网络技术发展的过程中，算力网络一体化关键技术（见图5-40）应运而生，包括算力度量和建模、算力统一标识、算网一体化感知、算力路由和寻址、在网计算、算力并网、算网协同管理等若干方面。它可实现算力和网络在协议和形态上的深度融合、一体共生。此外，以算网一体为核心特征的算力网络也是 6G 网络的关键技术，对内实现计算内生，对外提供计算服务。6G 网络中的算力网络通过实时准确的算力发现、灵活动态的服务调度、体验一致的用户服务，实现计算和网络资源的智能调度和优化利用。

```
┌─────────────────┐
│  算网一体化感知  │
└─────────────────┘
         ↑
┌─────────────────┐
│  算力路由和寻址  │
└─────────────────┘
         ↑
┌─────────────────┐
│   算力统一标识   │
└─────────────────┘
         ↑
┌─────────────────┐
│  算力度量和建模  │
└─────────────────┘
         ↑
┌──────────────────────────────────┐
│ 算网协同管理、在网计算、算力并网  │
└──────────────────────────────────┘
```

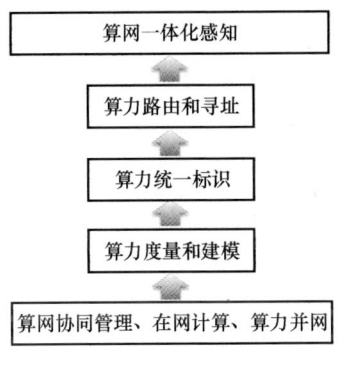

图 5-40　算力网络一体化关键技术

5.4.1　算力度量和建模

在算力网络场景下，各个算力节点处理各种业务需要消耗算力资源，节点的计算、内存、存储、网络资源随着业务处理而动态变化，因此需要对节点算力资源进行动态评估。算力网络调度平台需要周期性获取各个算力节点动态的算力度量和评价结果，从而为不同业务需求分配算力资源，将业务分配到合适的算力节点进行计算处理，完成业务需求到算力资源的映射。算力网络中算力度量需求如图 5-41 所示。

为了对算力网络中的动态算力进行定期度量并将度量结果提供给算力网络调度平台，需要利用算力节点的动态算力综合性能计算方法，对多维指标进行处理，进而得到动态算力综合评价指标。算力资源抽象描述的度量体系如图 5-42 所示。

算力度量是指对算力资源和算力需求进行统一的抽象描述，并结合网络性能指标形成算网能力模板，为算力路由、算力管理和算力计费等提供标准统一的度量规则。算力度量体系可包括对异构硬件芯片算力的度量、对算力节点能力的度量和对算网业务需求的度量几个方面。

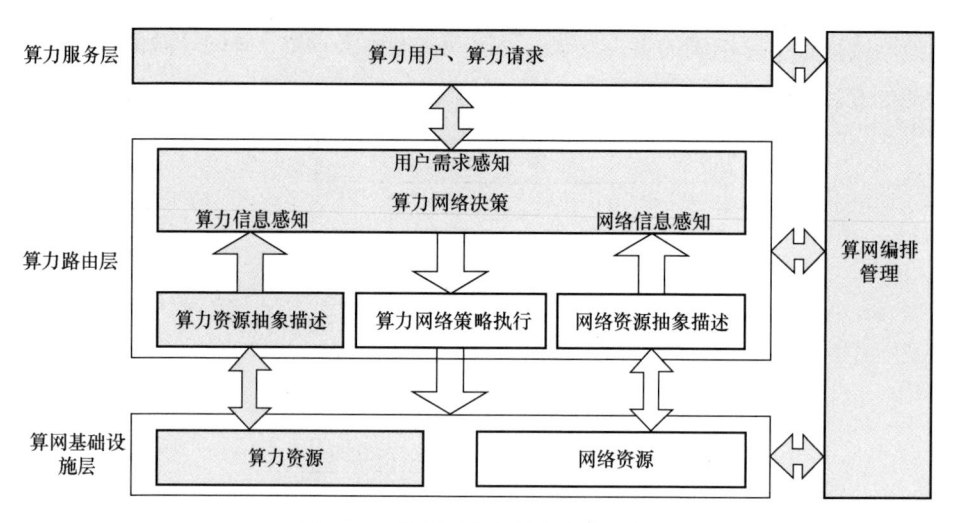

图 5-41 算力网络中算力度量需求

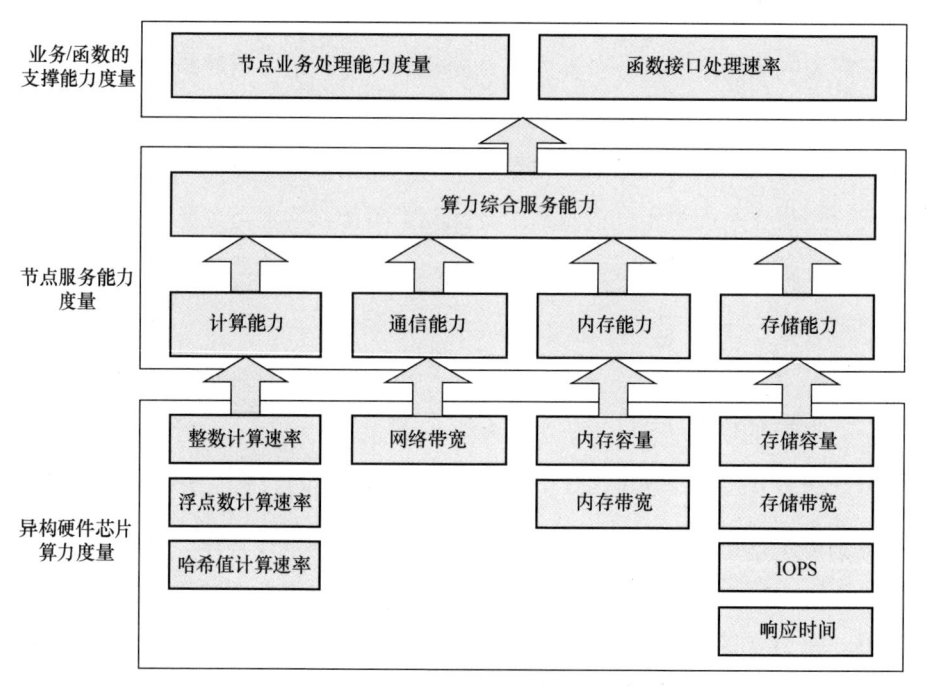

图 5-42 算力资源抽象描述的度量体系

5.4.2 算力统一标识

算力网络的构建打破了原有的围绕数据中心内部算力资源实现共享的围墙，构建了以新型网络连接为基础的异构算力接入的分布式计算形态。

当前算力网络架构中的算力由不同的硬件架构组成，包括 CPU、GPU、FPGA 和 AISC 等；其中 CPU 主要有 x86 和 ARM 两种。不同类型的算力适用于不同的应用场景，如人工智能的算力主要是 GPU、ASIC、FPGA、TPU 等；高性能计算场景的算力一般是 x86 CPU 和中高端 GPU 等；边缘计算主要集中在视频和图像识别、语音识别等场景，其算力主要是 GPU、ASIC、FPGA 等加速处理芯片。异构算力技术的发展能够满足不同应用场景的需求，将异构算力进行协同，能够最大化地实现异构算力的效力。

将底层算力作为资源进行有效管理，首先需要建立异构算力的统一标识体系。异构算力的统一标识体系的建立是将底层异构算力作为资源服务进一步开放和共享的基础。通过建立异构算力统一标识和网络标识的映射关系，可以进一步在网络中实现算力资源调度，并且为算力交易提供底层的技术基础[5]。

异构算力的统一标识是在算力网络连接范围内异构芯片的统一标识。算力标识是全局统一、可验证的，用于标识算力资源、函数、功能和应用等不同维度的算力。用户通过算力标识指示所需服务，网络通过解析算力标识获取目标算力服务、算力需求等信息，为算力调度等提供依据。

5.4.3 在网计算

传统的网络架构主要完成分组的高速转发，使计算任务和计算结果在计算节点间高速传输。在数据中心网络中，大规模分布式计算和存储的需求日渐强烈，网络传输日渐成为数据中心中分布式集群规模增大和能效提升的瓶颈。同时，当前数据总量快速增长，但单个芯片的算力增速不足，两者之间的矛盾日益明显。

因此，为了解决端侧算力不足的问题，希望通过在网计算，将部分计算任务从主机侧迁移至网络侧，在交换机、路由器、智能网卡、DPU 处理卡等网络设备上完成计算加速，在完成数据转发的同时实现高效的数据处理，提升系统整体计算效率，提升网络吞吐量，降低网络时延，减小总体能耗。

互联网研究专门工作组（IRTF）成立了在网计算研究组（COINRG）。在网计算是指，网络设备的功能不再是简单的转发，而是"转发 + 计算"；计算服务也不再处于网络边缘，而是嵌入网络设备。该工作组主要针对可编程网络设备内生功能的场景、潜在有益点展开研究。其中，内生功能包括在网计算、在网存储、在网管理和在网控制等，它是计算、网络更深层次的融合。

近年来，基于远程直接内存访问（Remote Direct Memory Access，RDMA）协议的方案实现了数据中心网络的大带宽、低时延和无损，使得存储和计算资源池化，一定程度上解决了数据中心网络传输的瓶颈问题。在此基础上，具有较强算力的新型异构网络设备，如可编程交换机、智能网卡和 DPU 处理卡等网络设备可以协同完成诸如分布式机器学习结果聚合等轻量级计算任务，从而减少数据中心网络内部的网络流量。此外，由于计算任务在网络中完成，不必再送往端侧进行处理，可以降低计算任务和计算结果的传输跳数，从而大幅降低整体任务处理时延。

为实现在网计算技术，需要结合上层应用和底层硬件进行一体化设计，对底层硬件进行抽象，同时将应用相关的部分功能下放到网络设备，实现数据转发和数据处理的并行操作。

在网计算应重点从以下两个方面进行推进：

面向近中期，提升网络设备的可编程能力。利用可编程交换机、FPGA 智能网卡、DPU 等异构可编程硬件在分布式计算、AI 计算及网络安全检测等特定应用场景的局部卸载和加速方法，将数据聚合、流量统计及过滤的相关计算操作卸载至网络设备，提升系统计算效率。

面向远期，推动构建在网计算体系架构。将底层网络设备进行统一抽象和管理，同时不断完善上层软件框架，将计算任务实时发送到具备空闲计算能力的网络设备，实现更加高效的数据处理，同时大幅提升网络资源利用率，推动在网计算技术从局部应用技术变成全局泛在的技术。

5.4.4 存内计算

存内计算作为一种新型算力,有望解决传统冯·诺依曼架构下的"存储墙"和"功耗墙"问题。其核心是将存储与计算完全融合,有效突破冯·诺依曼架构瓶颈,并结合后摩尔时代先进封装、新型存储器件等技术,实现计算能效的提升。

如图 5-43 所示,根据逻辑单元与存储单元的关系,计算架构可以分为传统架构、近存储计算架构和存内计算架构 3 类。存内计算试图直接在存储单元内部进行运算,实现了逻辑单元和存储单元的有机整合,故存内计算也称为计算存储一体化。

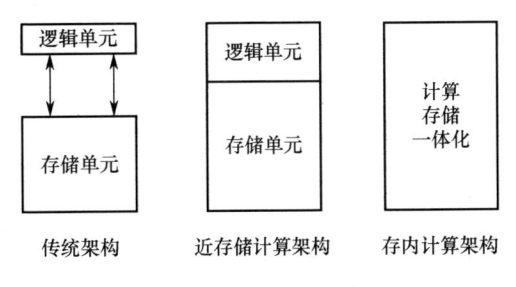

图 5-43 计算架构分类

存内计算虽然可以突破传统冯·诺依曼架构的瓶颈,但是仍受到几个关键问题的制约。

(1)硬件资源的复用问题。在存内计算架构中,存储单元和逻辑单元的关系发生改变,主要存在 3 种模式:存储单元分散在逻辑单元内、逻辑单元分散在存储单元内或二者有机融合。这些都将导致逻辑单元可调用的存储信息规模的下降,从而降低了逻辑单元的复用能力,增加片上开销。由于存在硬件资源复用的问题,层数的增加对存内计算架构的影响远大于对传统架构的影响,从而限制了存内计算的应用。

(2)存算一体化单元的设计问题。存内运算对存算一体化单元的性能要求十分苛刻。在开销上,存算一体化单元的硬件开销应该控制在一定范围内,至少要明显低于分立的存储单元和逻辑单元的开销总和。在可靠性上，存算一体化单元应该同时满足存储和计算两者的可靠性需求，如存储单元的循环特性、保持特性、一致性等，以及逻辑单元的响应速度、功耗等。然而，当前的半导体技术主要还是围绕存储、逻辑模块分别进行针对性优化。在器件工艺和电路设计上，同时兼顾二者的协同优化仍是挑战。

存内计算技术突破了传统冯·诺依曼架构的限制，优化了存储单元和逻辑单元的结构，缓解了数据搬运问题，从而显著降低了能耗。伴随着技术的发展，存内计算面临着硬件资源复用、单元设计、模拟运算优化等一系列实际技术问题。面向未来，基于非挥发存储器件的存内计算芯片将是物联网场景下终端推理加速的主要方案之一。

5.4.5 并行计算

并行计算这一概念是相对于串行计算而言的。并行计算（Parallel Computing）是指同时利用多种计算资源解决计算问题的过程。并行计算将一个大任务分割成多个子任务，每个子任务占用一定的处理资源。并行计算中不同子任务占用的不同的处理资源来源于同一块大的处理资源。换言之，就是将一块大的处理资源分为几块小的处理资源，将一个大任务分割成多个子任务，用这些小的处理资源来单独处理这些子任务。并行计算中各个子任务之间是相互关联的，每个子任务都是必要的，其结果相互影响。

为执行并行计算，计算资源应包括一台配有多处理机（并行处理）的计算机、一个与网络相连的计算机专有编号，或者两者结合使用。并行计算的主要目的是快速解决大型且复杂的计算问题。简单地说，并行计算是一种计算体系结构，其中多个处理器同时执行从一个较大的复杂问题中分解出来的多个、较小的计算任务。近年来，并行计算已成为计算机体系结构的主要范例，主要以多核处理器的形式出现。

根据并行计算的定义，并行计算需要具备以下三个基本条件：

（1）并行机。并行机至少包含两台处理机，这些处理机通过网络相互连接，相互通信。

（2）应用问题必须具有并行度。应用可以分解为多个子任务，这些子任务可以并行地执行。将一个应用分解为多个子任务的过程，称为并行算法的设计。

（3）并行编程。在并行机提供的并行编程环境上，具体实现并行算法，编制并行程序，并运行该程序，从而达到并行求解应用问题的目的。

并行计算与云计算、分布式计算有本质区别。

（1）并行计算与云计算的区别：云计算（Cloud Computing）是分布式计算的一种，云计算早期就是简单的分布式计算，负责任务分发，并进行计算结果的合并。现阶段所说的云服务已经不单单是一种分布式计算，而是分布式计算、效用计算、负载均衡、并行计算、网络存储、热备份冗杂和虚拟化等计算机技术混合演进并跃升的结果。通俗而言，云计算是一种计算产品，而并行计算是一种计算类型。

（2）并行计算与分布式计算的区别：并行计算与分布式计算的主要区别在于，并行计算允许多个处理器同时执行任务，而分布式计算则为多个计算机分配单个任务，以实现一个共同的目标。在一个计算机中，一个处理器执行一个任务又执行另一个任务，并不是一种有效的方法。并行计算为该问题提供了解决方案，因为它允许多个处理器同时执行任务。此外，分布式计算允许多台计算机相互通信并实现目标，所有这些计算机都通过网络传递消息来相互通信和协作。

5.5 算网业务协同与编排关键技术

5.5.1 异构计算关键技术

目前，去中心化云计算在东数西算中的重要性进一步凸显，主要体现为分布式云与云边协同支撑技术。分布式云连续两年（2020—2021年）被列入Gartner战略技术趋势，也是随处运营（Anywhere Operations）趋势的关键推动力。随着分布式云的发展，在东数西算场景中可通过云边协同，提供全局化的弹性算力资源，为边缘侧提供有针对性的算力。构建端到端的云边协同架构有助于东数西算实现一体化全覆盖的算力体系，推动全域数据高速互联、应用整合调度分发。云边协同以高效无损网络为基础，需要对网络架构进行优化和调整。同时，分布式云未来也可能带来将数据中心的过剩算力交易回云供应商的模式。在分布式云的场景下，对分布式数据库提出了跨域的需求，分布式数据库的设计应基于数据库的通用框架，融入模块化组件，以提升灵活性、高可用性及可扩展性，并且应具备跨域场景下的故障归一、快速检测、快速恢复能力。随着分布式云在东数西算中的应用，文件存储系统产生了新的发展要求，如提供多级负载均衡策略、提供 Tbit/s 级系统吞吐、提供分级数据管理及协同能力、提供高效文件索引，针对跨域数据共享的场景，文件存储系统应具备跨域纠删、数据全域可访问、冷热数据自动分层，以及通过跨域复制能力实现数据在东西向高效协同等能力。

泛在异构新型算力布局是东数西算发展的必然趋势，应推动算力多元化发展，提升算力及算效。各地的算力规划应以建设多元化、集约化的算力供给梯度为目标，引入 GPU、DPU、ASIC、FPGA 等异构智能算力，完善智能异构算力布局，发展软硬融合一体化计算架构，提供高效算力服务，突破异构算力适配、异构算力网络调度等关键技术，支撑多样化异构算力在行业中的应用。随着东数西算工程的推进，未来还需优化东西部异构算力资源的协同及调度机制，通过算力标识技术使异构算力的统一标识和网络标识形成映射关系，实现对异构算力资源的统筹调度，并进行东西部各类算力资源的配比优化等研究，实现异构算力、定制化算力资源的能力协同与算效提升。

具备可扩展、定制化、可集成等特点的多云管理平台满足东数西算及不同行业、场景对多云的需求。随着物联网、数字孪生、人工智能等新兴技术的发展和数字化转型的不断深入，多云、混合云条件下存在用云、管云效能低下的问题。由于工作负载部署在多云，当前条件下大多数企业对于云的健康状况、管理成本、安全性及运营治理难以做到统一，核心流程自动化实现存在难度。因此，多云跨云的数据中心统一管理必将是东数西算面临的需求。借助 AI、IoT、ICT、云、边、端等技术可建设一体化、智能化的综合业务多云管理服务平台，实现多数据中心/

多云之间的泛在连接、监控和管理。

具备自主可控的全栈云产品是当前发展的迫切需求。在建设层面，在东数西算的新型云数据中心建设中，应增大自研服务器、存储器、CPU/GPU、专用芯片、操作系统的占比。在技术研究层面，开展云计算调度与虚拟化操作系统核心技术的自主可控研究，并研究自主可控的分布式数据库、云数据库等算力交易应用场景下的数据库技术。另外，云计算领域的自主可控还需加大对开源社区和技术标准体系的持续性资金和人才投入。

东数西算场景下对云计算算力的精度、能耗、速度、端边部署方式及数据传输带宽等均提出了不同程度的要求，多级异构算力精细化评估、度量是当前阶段在算力规划建设过程中不可缺少的重要环节。

智能计算、超算与通用算力联动的算力结构为构建全国一体化大数据中心体系提供全面的算力。目前大部分数据中心的算力供给依然以通用型的 x86 为主，基于无损网络、并行计算、应用、数据等技术的超大算力规模的智算中心与超算中心正在飞速发展。

绿色低碳是算力基础设施建设、运营的主旋律，算力服务的性能和集群运营效果的进一步优化面临能耗痛点。为落实国家"双碳"战略，应从技术、建设和运营等角度推动算力基础设施绿色节能发展。从技术角度，更先进的冷却技术（液冷）、系统设计、计算策略等都将使碳排放降低；从建设角度，供配电系统（高压直流）、制冷系统、IT 设备、预制化等将会向节能高效的方向发展；从运营角度，智能运维、余热回收、可再生能源将得到广泛应用。

5.5.2 可编程服务关键技术

"连接+算力"构建了未来新型基础设施的底座，东数西算推动了算网融合的进一步发展，平衡了算网资源的时空分布。通过算网一体化的可编程的服务平台，用户可根据实际应用场景自定义网络路由，使业务调度更加灵活和智能。算网一体化的可编程的服务平台应具有泛在算力接入与度量标识、算网服务感知与编排调度、算网能力开放等功能。

1. 泛在算力接入与度量标识

算力网络整合零散的、异构化的、分布式算力资源，由算力网络可编程服务平台提供统一的算力标识，解决算力标识解析、算力服务调度、计算能力匹配、算力统筹规划等问题，"算力标识+网络标识"作为未来算网融合实现的重要方式，将推动计算和网络的深度融合。

在算力网络中，算力资源不断发展变化，多种资源并存：底层硬件层从统一的 x86 发展到 ARM、GPU、NPU、TPU 等异构算力；云算力包括 IaaS、PaaS、SaaS 多种类型；云基础设施从虚拟化发展到云原生；通过算力标签可实现多种算力资源的统一管理，算力网络可编程服务平台构建统一的算力标识体系实现算力服务抽象，与网络标识协同提供算力服务化解决方案，通过建立算力资源接入数据标准模型，实现多厂商云资源池统一接入和算力纳管，满足应用无差异调用算力服务的需求。算力网络可编程服务平台通过建立对于多方算力资源的度量和认证准入机制，打造安全可信的在网计算环境；建立算力认证互认机制和算力溯源机制，促进算力服务的多方协同发展，提高算力资源利用效率，优化算力资源需求结构。

2. 算力网络服务感知与调度

在整个可编程服务平台中，引入智能算力网关作为算力接入和服务感知的组件，平台通过对算力网关的控制并基于 SRv6 技术实现应用和网络统一编排及可编程调度功能，构建面向云网算一体的算力网络管理编排架构和算力网络可编程调度体系。算力网络可编程服务平台利用 SRv6 技术实现算力网络可编程，通过对 Network SID、Service SID、Binding SID 三种 SID 进行统一编排，提供承载网络的可编程服务能力、云服务能力及跨域可编程服务能力。算网一体化的编排使网络将算力服务连接并提供给用户，保证服务质量，加快业务创新和定制。

3. 算力网络能力开放

算力网络能力开放是算网融合的重要一环，算力网络可以开放的能力既包括丰富的网络能力及网络功能，又包括算力调度能力、运维管理能力、安全服务能力及海量算力服务。通过平台的能力开放功能，可以满足海量算力服务、多种算网功能、泛在算网资源的能力开放需求。算力网络可编程调度平台通过其构建的能力开放体系向包括算力及网络服务消费方、运营商自有业务需求方、第三方算网服务提供商等各方提供基于各类算力网络（云、边、端、网络内生）的能力，输出各类功能原子，并能够将功能原子转化为业务的编排能力、管理能力、维护能力、AI 能力。

5.5.3 算力纳管与算网编排技术

随着各种智能类的新型算力业务的发展，云网融合编排系统需进一步演化为算力网络编排系统，支持泛在算力与多样性算力服务的管理和编排。早期的云网融合编排系统存在着无法自动、灵活、实时根据用户需求选择和调度算力资源的问题，也缺少基于人工智能技术的智能化编排与调度系统。因此在算力网络时代，需要针对多样化、定制化的算网融合服务需求，实现算力的统一纳管、灵活编排。

1. 算力纳管

算力纳管则通过丰富的接入手段、统一的抽象模型，对底层基础设施算力及网络资源的信息进行管理。面向异构算力的统一纳管技术，主要为 CPU、NPU、GPU 等异构性算力建立统一的算力管理体系，包括算力统一注册认证、运营管理等。在算力注册和算力认证方面，基于算力统一标识，建立算力和标识的索引及厂商归属关系，为算力接入厂商分配认证鉴权证书私钥，并且通过第三方认证机制为接入厂商提供合法的认证证书。通过算力的统一运营、统一管理，对接入时间、运行情况及接入地点等算力的上架、算力运行及算力增加等全生命周期的信息进行维护和管理。实现算力纳管的主流技术是采用云计算与云原生来实现"云、边、端"的异构算力统一纳管的。引入 EdgeFaaS、Knative 等无服务器计算技术是未来算力纳管技术的研究方向。

2. 算网编排

算网编排的目标是实现算力资源和网络资源的联合优化方案。算网编排系统针对业务的服务级别协议（Service Level Agreement，SLA）需求，基于基础设施给出算力资源和网络资源的分配方案，其中包含算力资源相关的位置、类型、数量等信息，也包含从应用接入点到算力节点的端到端网络路径相关的网络节点、链路、带宽资源等信息。这些信息既需要满足业务的需求，又需要在已有的算网资源中分配最优的资源，使得所分配算网资源的成本最低。算网编排系统北向接收业务需求，南向对接算网管控系统，完成算网业务需求和算网资源的联合优化方案的计算和下发。

首先，在算网编排的过程中确定算网性能与资源的关系模型及算网资源的融合视图和算网业务 SLA 需求，并将算网业务 SLA 需求解析为算网资源和性能需求。业务 SLA 是算网客户和算网运营商达成的关于算网提供的服务质量的保证，是算网大脑进行算网资源编排的重要依据。在算网体系中，一般由算网客户在算网运营交易中心填写业务 SLA 需求，然后由算网运营交易中心发送给算网编排系统。

其次，基于算网需求的确定，评估算力网络中承载业务的有效节点。算网节点评估是算网编排流程中对算网资源的初步筛选。算网节点评估既可以评估整个算网基础设施中的所有算网节点，又可以评估某一类算网节点。算网节点评估范围越大，算网编排流程中算网路径评估收敛得越快。

再次，评估算网中有效算网节点与业务接入点之间的算网路径。算网路径是指从业务接入点到算力节点的逐跳算网节点的组合，以及相邻算网节点之间的链路。算网路径性能是指从业务接入点到算力节点的端到端性能，因此算网节点和算网链路都会对算网路径性能产生影响。从算网路径评估的角度来看，可以针对时延、丢包率和带宽性能指标做近似评估。

最后，结合多要素最优策略算法确定算网编排评估方案，选择能满足业务 SLA 需求的有效算网路径，并下发至算网管控系统中实现方案部署。在编排方案计算过程中，可以借助人工智能等技术手段实现编排方案的精准输出。

5.6 发挥算网协同优势，构建算力精品网

5.6.1 算网一体化总体架构

我国电信运营商全面承接国家东数西算工程，在国家算力枢纽节点及重点区域推进新型数据中心规划建设。截至 2022 年底，中国联通数据中心机柜总规模达到 35 万架，基本形成了"5+4+31+X"云网边一体化的新型数据中心发展格局，为千行百业数字化转型提供技术先进、智能敏捷、绿色低碳、安全可靠的算力基础设施底座，支撑不同场景、不同层次多样的数字化需求，全面助力国家数字经济高质量发展。我国电信运营商坚持做优做广多层级敏捷智能算力，聚力打造算力丰富、运力充沛、算网一体的算力精品网。目前，中国联通算力精品网已覆盖国家 8 大枢纽节点、31 个省份的算力中心，联通云实现 200 多个城市"一市一池"，部署边缘计算节点超 400 个。联通云主要聚焦政务、医疗、工业等领域，已沉淀超 10 万个客户上云实践案例，助力千行百业数字化转型，已服务 100 多个省市两级政务云。基于联通云集约化、安全可靠的特性，在有关机构的评估中，全国政务云平台能力得分第一，为数字政府夯实算力底座。联通云智慧城市基座在全国成功落地超过 1100 个智慧城市，为数字社会创新算力体验。此外，联通云服务支撑了 10 余家国资总部级央企上云，成为更懂国资央企的安全数智云。

CUBE-Net 3.0 顶层架构设计是中国联通算网一体战略的具体体现，该架构立足 5G，放眼 6G，在 SDN、NFV 和云化转型的基础上，融入云原生、边缘计算、人工智能、区块链、内生安全、确定性服务等新技术元素，并强化不同技术和产业要素的深度融合。CUBE-Net 3.0 网络架构包含五个组成部分，分别为面向用户的网络（Customer-oriented Network，UoN）、面向数据中心的网络（DC-oriented Network，DoN）、面向算网一体的承载网络（Computing-oriented Network，CoN）、面向品质连接的全光网络（All Optical Network，AON）、面向运营和服务的智能管控平面（AI-driven Control Platform，ACP），如图 5-44 所示。

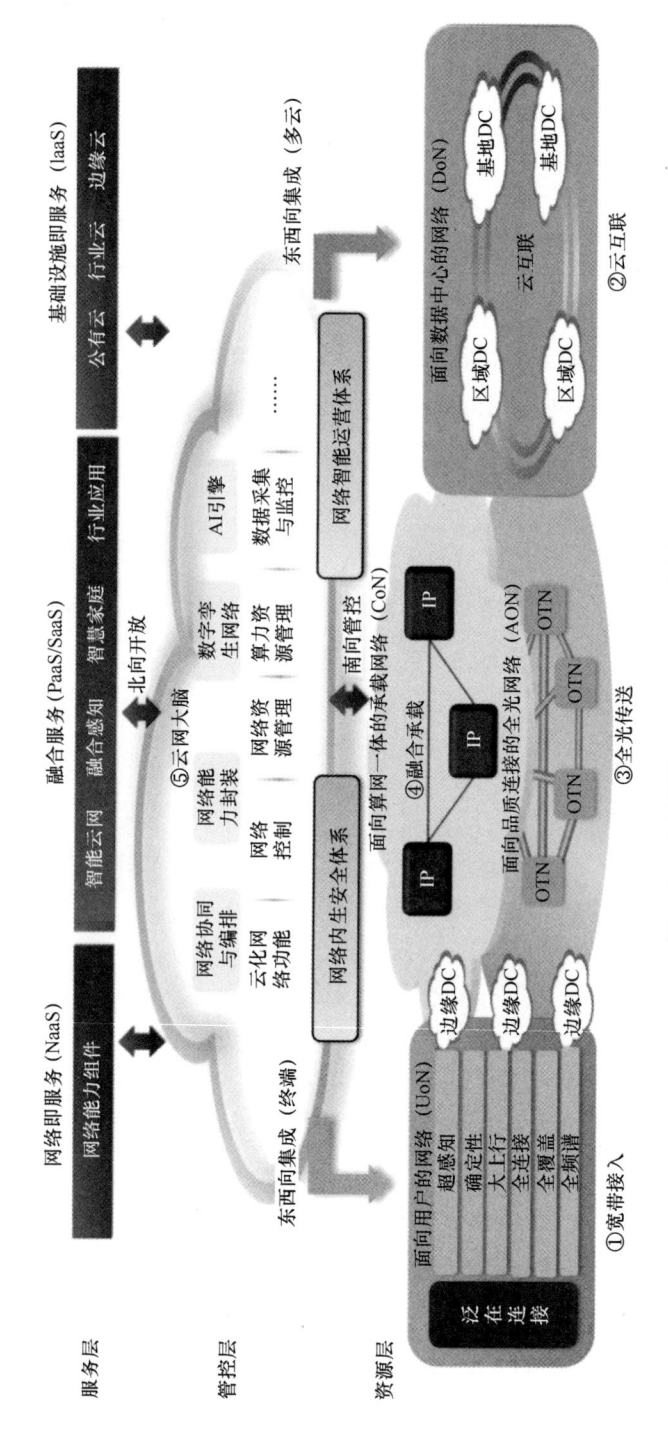

图 5-44 中国联通 CUBE-Net 3.0 网络架构

基于该架构的 CUBE-Net 3.0 网络可以提供多种新服务，包括：

（1）网络连接作为一种可配置的基础服务，即网络即服务（Networking as a Service，NaaS），按需提供给用户及商业合作伙伴。

（2）网络内生的算力作为一种可配置的基础服务，即算力即服务，提供给用户及商业合作伙伴。

（3）网络中的连接、语音、消息、算力、数据、安全等各类原子服务能力，通过智能管控系统进行编排和协同，作为用户可选的平台型融合服务（PaaS/SaaS），提供给用户及商业合作伙伴。

5.6.2　构建用户、算力双中心的精品公众互联网

中国联通 China 169 骨干网是为公众互联网用户提供互联网业务的骨干承载网。面向算力发展需求，构建用户、算力双中心的精品公众互联网，提供面向公众客户的算网服务。根据算力网络总体架构，中国联通将利用 SDN 优势，推进网络向用户、算力双中心架构演进，布局网络算力核心点，疏通用户访问算力资源的南北向流量，实现国家枢纽节点与互联网业务重点区域的一跳可达，实现用户核心区域重点链路的持续优化，保持行业领先；增强网络服务差异化，持续优化用户访问算力中心的极致体验。

1. 优化 IDC 布局，强化基础资源优势

加快全国数据中心建设。聚焦京津冀、长三角、珠三角（粤港澳大湾区）、川渝陕、鲁豫五大热点区域，同步推进 31 个省会城市、经济发达城市的省级数据中心及边缘数据中心建设。

全面优化云资源配置，利用中国联通集团战略级 IDC 资源及各省份 IDC 资源，打造区别于国内云商、国际云商的差异化资源，提升布局与性能方面的优势。

2. 一跳入多云，使能智能连接，基于意图进行路径导航

SRv6 一跳入多云可实现不同网络之间的跨域连接，支持企业站点一点接入，

灵活访问任意云资源池。在 SRv6 的基础上，借助 SRv6 Policy，根据不同的 SLA 要求（如带宽、时延等）进行选路，对不同的云上应用提供差异化的 SLA 保障，采用新型的 EVPN 技术统一租户二层和三层业务。

在云侧，服务提供商边缘（Provider Edge，PE）设备随云部署，通过云网协同平台将 PE 设备和云进行预连接，节省云和网连接的资源规划、资源部署时间；在网络侧，PE 设备实现多网泛在接入，通过 PE 设备广覆盖，汇聚不同网络、不同接入方式的云专线，实现一点入网，入网即入云，多云可达；PE 设备之间可以通过 SRv6 BSID 技术提供 SLA 可保证的入云业务路径预部署能力，根据业务的意图，即带宽、时延等要求，在云专网预先部署符合质量要求的业务路径，并通过 SRv6 BSID 封装为网络服务，进而通过标准接口被网络控制器灵活调用，为应用提供所需的连接。

3. 全力打造云网服务平台，形成卓越的客户体验平台

打造智慧云网平台，对外统一客户入口，提供服务目录，对内实现网络的智能化，包括拓扑服务、连接服务等。整个云网服务平台包括意图驱动的业务层、模型驱动的逻辑层、资源灵活的适配层，支持云网一体化自动开通、CPE 硬装即开通、分钟级实现云网自动开通、全流程可视，利用云网一体的敏捷性、灵活性和快速响应能力不断提升客户体验。

云网服务平台通过将网络能力服务化，将网络的能力和数据开放，实现自动化部署和智能化运维；支撑业务系统实时、按需、动态地部署网络业务，从静态配置演进为动态开通，从单点部署演进为整体部署。提供网络服务化能力，首先需要对网络能力进行抽象，以服务的形式对外提供，可以包括网络拓扑服务、业务连接服务、切片服务、SLA 可视等多种服务；SRv6 技术的出现，大幅降低了业务连接和业务部署的复杂程度，使得网络服务化具备了必要的条件；另外，网络服务需要能够灵活定义、敏捷编程，可以根据业务场景对网络的各项原子能力进行组装，对运维活动进行灵活编排，实现流程自动化；网络服务能力需要自闭环，实现服务状态实时感知，出现异常时可自动分析，并自动恢复。

5.6.3 构建算网一体的多云生态精品产业互联网

中国联通产业互联网（CUII）是为企业客户及云商提供专线业务服务及云间连接服务的综合承载网络，旨在打造赋能多云生态的精品产业互联网，提供面向政企客户的算网服务；打造面向边缘算力和融合承载的智能城域网，提供边缘算网服务。同时，按需建设 CUII 算力承载 PE 节点，优化传输路径，利用 SRTE/SRv6、SDN 等技术构建最短时延算力互访平面，疏通算力源区域间东西流量，实现区域间数据中心端到端互访质量最优。

1. 推出智能切片产品，支持即开即享的租户级尊享切片服务

智能切片提供定制化专网服务、全天候管家式体验。任何地点，任何确定性 SLA 保障下，切片内业务带宽、时延等指标不受背景和时间影响。切片带宽灵活多样，动态可调整，支持自助式即开即享的租户级切片服务，业务驱动切片创建，分钟级业务开通，实时感知切片状态。网络切片需要在网络设备的转发面上为不同业务预留独立资源，IP 承载网通过在同一个物理接口上划分不同的 FlexE 接口，在 IP 统计复用的基础上为高价值业务提供差异化的时延和带宽保障，在其他业务突发情况下，分片业务仍可以提供确定性的 SLA 保障。云网融合提供了电商化的网络切片即时服务。租户可在云网服务货架上自选业务功能集，云网服务平台基于整个云网系统负载及资源利用率，分钟级实现最优网络切片路径计算及下发，租户实时获取定制化切片服务体验。当网络切片数目增长或部分切片业务负载变化时，通过智能调整切片带宽来满足业务需求。云网服务平台根据用户行为、业务流量模型、流量增长情况，对分片资源进行智能化弹性扩缩容，并且在进行资源调整的同时，业务不受任何影响，充分保证业务的稳定性。

2. 融合 AI 技术的自智维护系统

云网业务的复杂性、连接复杂性和运维复杂性都远远高于之前的任何一种网

络业务。网络与 AI 全面融合，化繁为简，实现基于 AI 的故障感知与自愈，支撑网络预测性维护、主动运维、网络健康度可视，多维度异常识别及 AI 预警。自智维护系统从硬件、资源、关键 KPI 指标、配置部署、安全风险等多个维度实时或周期自动生成网络质量评估报表，全面掌握网络状态；通过网络 KPI 数据态势分析、异常配置识别、资源超限预测等 AI 技术可以挖掘网络隐患，在业务受损前预警并消除隐患。

基于 AI+知识图谱的智能故障诊断可以根据运维故障诊断数据持续迭代输入，提升网络故障根因诊断准确率，支撑精准修复自愈闭环。对于 90%以上常见故障提供精准故障修复功能，实现客户业务故障智能自愈同时保障 SLA 体验。自愈规则可编排，完成运维流程自动闭环。

3. 打造一体智能安全、多层次多维度安全防护体系

网络向用户提供四维一平台的立体化安全解决方案，其中，四维是指管控安全、设备安全、业务安全和组网安全；一平台是指全网态势感知平台。该平台利用大数据技术持续对业务流量和各类网络、安全设备日志进行关联分析，结合 AI 智能推理，及时发现潜在威胁，提供全网安全态势可视化功能；调度全网设备协同处置，实现威胁处置自动闭环，提供全网立体化的安全解决方案，确保云网自身满足安全等级要求，同时可以向用户提供安全产品。

后续，中国联通还将落地大计算发展战略，做强联通云平台与产品功能。坚持自研为根，打造联通云统一技术底座，构建软硬一体的异构融合计算平台、海量统一存储引擎、云网协同编排框架；突出联通 IT 系统大规模、高并发、微服务化的云原生实践经验，积极布局云边协同的泛在算力；聚焦数据上云、国产可控、设备上云、视频上云、边缘云化、混合多云等需求，推动特色场景云产品孵化，构建差异化应用服务，有效支撑各领域数字化转型；联合头部企业客户和科研院所，启动行业公有云共创计划，首批聚焦钢铁、医疗、文旅等七大领域，共建行业公有云，全面助力更广泛的行业客户的数字化转型。

本章参考文献

[1] 李振斌，胡志波，李呈. SRv6 网络编程：开启 IPv6 网络新时代[M]. 北京：人民邮电出版社，2020.

[2] 李振斌，赵锋. "IPv6+"技术标准体系 基于 SRv6 的网络编程技术要求[J]. 电信科学，2020，36（8）：11-21.

[3] 推进 IPv6 规模部署专家委员会. SRv6 技术与产业白皮书[R]. 2019.

[4] 中国联合网络通信有限公司. 中国联通云网融合向算网一体技术演进白皮书[R]. 2021.

[5] 中国联合网络通信有限公司. 中国联通异构算力统一标识与服务白皮书[R]. 2021.

第 6 章
筑牢安全可信的东数西算发展屏障

东数西算工程带来新的安全风险与挑战，对算力、网络、数据、供应链安全都提出了更高的要求。应完善顶层设计、加强核心技术研究，提升供应链安全，构建综合的网络安全防御体系。本章首先对东数西算的安全风险和需求进行全面、整体的分析，然后提出安全保障思路，最后对算力安全技术、网络安全技术、数据安全技术及新兴安全技术进行详细阐述。

6.1 东数西算的安全风险和需求

6.1.1 总体分析

东数西算工程建设了庞大的数据集群，催生了算力服务新业态，也带来了新的安全风险和挑战，对安全提出了更高的要求。《关于加快构建全国一体化大数据中心协同创新体系的指导意见》（发改高技〔2020〕1922 号）明确提出"坚持发展与安全并重"的基本原则，强调"统筹数据中心、云服务、数据流通与治理、数据应用、数据安全等关键环节，协同设计大数据中心体系总体架构和发展路径"，在总体思路中提出"加快提升大数据安全水平，强化对算力和数据资源的安全防护，形成'数盾'体系"，并通过"强化大数据安全防护"部分明确数据安全防护措施，推动核心技术突破及应用，强化大数据安全保障。《全国一体化大数据中心协同创新体系算力枢纽实施方案》（发改高技〔2021〕709 号）提出"安全可靠"

原则，强调"加强对基础网络、数据中心、云平台、数据和应用的一体化安全保障，提高大数据安全可靠水平；加强对个人隐私等敏感信息的保护，确保基础设施和数据的安全"；明确了"确保网络数据安全"的重点任务，要求"完善海量数据汇聚融合的风险识别与防护技术、数据脱敏技术、数据安全合规性评估认证、数据加密保护机制及相关技术监测手段，同步规划、同步建设、同步使用安全技术措施，保障业务稳定和数据安全。加快推进全国互联网数据中心、云平台等数据安全技术监测手段建设，提升敏感数据泄露监测、数据异常流动分析等技术保障能力"。

近年来，我国密集发布了《中华人民共和国网络安全法》《中华人民共和国数据安全法》《中华人民共和国个人信息保护法》《关键信息基础设施安全保护条例》《中华人民共和国密码法》等网络与数据安全的法律法规，为东数西算场景下的安全保护提供了指导意见和法制基础，也在国家层面提出了相应的安全要求。随着东数西算的推进，算力需求更大、数据流通节点和数据量更多、东西部协同联动，对数据安全防护的要求也会更高。在东数西算工程中构建完善的"数盾"体系，是东数西算工程的迫切需求。图 6-1 提出了东数西算总体安全技术框架，包括算力安全、网络安全、数据安全和供应链安全等。

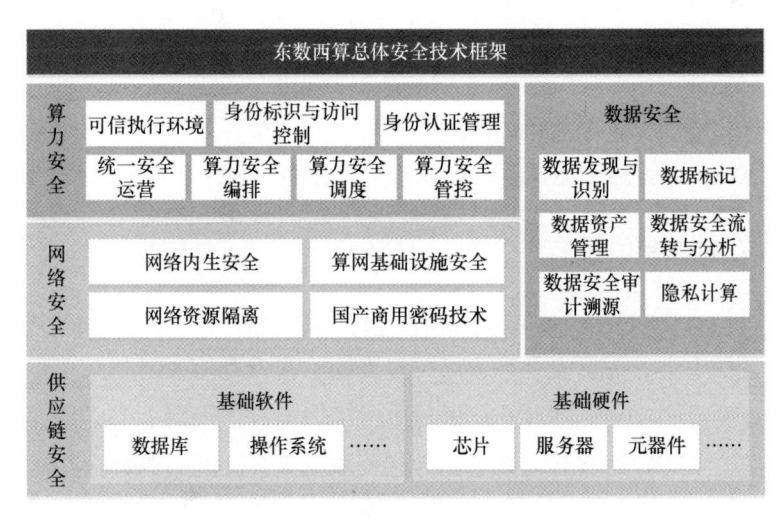

图 6-1 东数西算总体安全技术框架

6.1.2 算力安全

东数西算打通了数据"动脉",织就"全国算力一张网",将推动算力资源、数据资源的开放和共享,实现数据分布式存储、应用多云协同、存算分离等。算力网络涉及多源、泛在算力节点,但是无法保证每个节点的安全可靠,数据分散到多方算力节点进行计算的模式会使算网服务面临网络攻击和数据隐私泄露等严重安全风险;泛在算力节点不可控可能引发身份伪造、恶意数据、算力资源恶意消耗等安全风险;在数据计算过程中,算法可能被恶意篡改、控制或利用,引发人工智能数据计算模型失真,也可能导致算力调度与编排资源被恶意消耗等风险;恶意数据可能导致上层治理风险,比如权责不对等导致的监管困难、内容不可控等。东数西算工程中算力、网络、数据等多要素协同发挥作用,算力资源从申请到使用再到结算清退过程中至少跨越使用方和供给方的边界,一旦有风险,不仅导致算力使用方出现漏洞,也会给算力供给方带来隐患,从而给整个算网资源体系带来风险。如今,算力资源的多方开放共享仍处在探索阶段,如何在多方算力协同的过程中保障多方参与的积极性,实现端到端的安全,需要多方面的努力。

6.1.3 网络安全

随着东数西算工程的推进,西部庞大的算力网络体系需要坚强的网络安全基础支撑。海量数据在跨域流通时,将面临更严峻的网络安全威胁。

1. 网络规划难度大

东数西算工程的全面启动,意味着信息传输过程中物理设施、网络安全、应用安全、数据安全和信息安全等方面可能会面临多重风险。因此,需要合理规划网络和数据中心的安全区域及不同区域之间的访问权限,为上云用数、网络交互提供更好的安全防护。而且,东数西算工程规模巨大,网络拓扑错综复杂,业务平台多种多样,安全技术手段各自为政甚至互相干扰,这极大影响着承载网安全规划的整体布局。

2. 受网络攻击的风险高

全国一体化大数据中心存储着海量数据，其中包含很多个人信息和重要数据，这对于攻击者来说俨然是一座金库，会吸引很多攻击者的关注，引来大量的恶意攻击。东数西算工程中，网络架构复杂、场景业务多样，存在账号管理薄弱、权限控制不力、应用程序接口疏于防护、风险感知能力缺失等问题，给攻击者带来可乘之机。此外，在东数西算工程中部署的大量网元和服务器等设备，协议、操作系统和网元软件等可能存在大量缺陷或可被利用的后门，一方面可能导致蠕虫病毒、木马病毒进入网络并不断复制传播，造成资源侵占、内存损坏及信息泄露等安全事件；另一方面可能被黑客用来发起内外部恶意网络攻击，导致分布式拒绝服务攻击、域名劫持、网络监听、恶意注入非法路由等网络攻击事件。随着网络攻击越来越专业化、国际化、有组织化，且高级可持续威胁攻击居高不下，网络安全未来需要提升内生安全能力，构建网络自主免疫体系。

6.1.4 数据安全

东数西算对数据的传输要求极高，也意味着对数据安全的需求更高。海量数据将面临数据安全难以监管，不同业务类别、安全级别的数据难以进行区别保护，海量数据安全流通和安全溯源难度极大，数据全生命周期各环节均隐藏着诸多风险等多方面的挑战。

1. 数据安全难以监管

东数西算工程推动构建的算力网络体系庞大、结构复杂，存在大量应用场景多变和多市场主体的数据，面临越来越多终端设备与互联网、大数据平台的连接，存在数据泄露、违规传输、流量异常等安全风险，给数据全生命周期安全监管带来挑战。

2. 不同业务类别、安全级别的数据难以进行区别保护

对于不同主体、不同行业、不同业务类别的数据，数据分类分级标准不统一，在数据收集、存储、使用、加工、传输和提供等过程中，为进行安全保护所采取

的技术措施不尽相同,给数据分类分级保护、数据安全服务和风险评估带来挑战,无法有效保护个人信息和重要数据,可能侵害国家、政府、社会、企业、个人等多方主体权益。

3. 海量数据安全流通和安全溯源难度极大

东数西算统筹调度算力资源、存储资源、网络资源、数据资源进行算力综合运算,导致部分数据传输和计算全过程在异地完成,同时,随着数据跨区域长途调度和传输的增加,数据信息开放暴露面不断扩大,传统安全的边界进一步模糊,使东数西算工程面临严峻的信息安全问题。由于数据资产的可复制性和易传播性,数据安全共享及安全流通的难度极大;同时海量数据多路径、跨组织、跨地域的复杂流动,容易造成数据侵权难以追责,数据滥用难以溯源等问题。

4. 数据全生命周期各环节均隐藏着诸多风险

在数据收集与存储阶段,通过西部算力推算出来的数据结果可能具有更高的价值,也更敏感,如何对新产生的加工数据进行处理和存储是东数西算过程中面临的一大难题,相关数据基础设施在断电、战争等极限情况下的容灾能力,不同类型、不同级别数据的泄露风险及加密程度给数据安全保护带来挑战,需要有效阻断内外部攻击者对数据平台的数据节点实施窃取、篡改和损毁行为,也需要有效阻止勒索病毒对数据的非法加密,还需要提高数据节点的容灾恢复能力,始终保持数据的完整性、可用性和一致性。在数据使用与加工阶段,首先面临敏感数据识别与脱敏的安全挑战,是否能够自动发现敏感数据并进行脱敏,关系到能否有效防止敏感信息泄露;其次面临数据节点私建通道以非法对外交换数据的风险,高危操作往往隐藏在可疑流量、可疑连接和非法交互协议中;还面临事前预防、事中阻断、事后溯源的全方位数据安全态势感知能力的挑战,面对以上挑战,需要完善海量数据的识别、防护、脱敏等技术,进一步根据区域、权属等细化数据的访问和使用权限,同时做好数据安全监测。在数据传输与提供阶段,东数西算需要跨越地域和网络,即在物理隔离和逻辑隔离双重隔离的情况下进行数据传输和共享,这将对数据传输的完整性、机密性、可用性带来新的挑战。

6.1.5 供应链安全

供应链安全问题在当前国际地缘政治环境下显得尤为突出，我国在算力和网络技术领域，有大量的关键技术、基础软件、芯片、元器件等是通过进口方式来获取的。一方面，相应国产化产品存在"卡点堵点"的问题，需要加快解决，保证在极限情况下算力和网络设备能够供应；另一方面，进口的基础软件、芯片等存在后门风险，算力网络基础设施有可能通过后门被破坏。下面介绍算力基础设施领域的主要供应链"卡点堵点"。

1. 国产 CPU 在我国覆盖率低

国产 CPU 的功能和性能已经基本能够满足市场要求，针对不同的指令集均有产品，并且很多公司购买或拿到了永久授权，比如，x86 指令集的 CPU，上海兆基和海光信息能够生产；ARM 指令集的 CPU，天津飞腾、华为海思能够自主生产，MIPS 指令集的 CPU，龙芯中科能够生产。x86 的 CPU 是服务器市场的主流，IDC 数据显示[1]，2020 年国内 x86 服务器出货量为 698.1 万颗，绝大部分市场份额被英特尔及 AMD 占据，两家的市场份额合计超过 95%，国产 x86 芯片渗透率不及 5%。

2. 智能算力芯片的算力存在巨大差距

智能算力芯片主要包括 GPU、FPGA、ASIC 等芯片，目前全球 GPU 市场进入了寡头垄断的格局，排名前三的是英伟达、AMD、英特尔。国产 ASIC 芯片的公司包括寒武纪、华为海思、比特大陆等，主要产品是低算力的边缘计算或模型推理芯片，目前正在逐步研发高算力的云端训练芯片。

3. 存储芯片行业壁垒高

全球存储芯片三大厂商是三星、美光、海力士，合肥长鑫是我国唯一拥有 DRAM 自主生产能力的公司。在存储芯片领域，我国公司专利积累少，incoPat 专利数据库提供的资料显示，存储芯片的专利大多集中在美、韩、日三国，我国目前仍处于起步阶段。

4．商用数据库、开源生态等关键技术受制于人

开源的云计算管理平台项目（OpenStack）、容器、云操作系统、云数据库、中间件、分布式计算与存储、数据流通模型等技术仍然由美国厂商掌控，我国商用数据库、开源生态等关键技术受制于人。

6.2 东数西算安全保障思路

东数西算对安全建设提出新的要求，应以系统工程的方法开展东数西算算力、网络与数据安全体系的规划设计、建设和运行工作，构建综合的网络安全防御体系。

6.2.1 完善顶层设计，健全标准体系

加强安全的顶层设计，加快出台相应的制度和标准，在建设初期就保障东数西算工程安全与发展同步推进，保障安全防护实现规范化发展。

1．加强东数西算安全产业政策引领

加强国家算力枢纽节点在安全保障等方面的探索实践，研究在东数西算场景下，大规模数据传输汇聚、开放共享，大范围多方融合应用的端到端安全机制，可以通过国家级重大专项、试点示范项目等，研究、探索东数西算工程的安全保障机制；推动数据中心、云服务、数据流通与治理、数据应用和数据安全的一体设计，严格落实同步规划、同步建设、同步运行，强化数据和安全一体化建设，筑牢东数西算安全根基；推动重点行业建立完善长效的安全保护机制，加强主管机构对网络和数据安全的监管，坚决打击违反《中华人民共和国网络安全法》《中华人民共和国数据安全法》《中华人民共和国个人信息保护法》等的犯罪活动，加大违法行为曝光力度，提升企业安全防护意识和对攻击者的威慑力，有效减少安全事件的发生。

2．建立健全统一安全制度和标准，为东数西算的安全发展提供制度基础

东数西算将构建一个以数据要素为资源的大市场，在数据流动规范性、安全性、

可管控性等方面，亟须建立一套统一完善的数据标识、数据分类分级、数据分级管控的标准规范，实现统一的数据定义和数据分类分级保护，加强重要数据和个人信息保护；建立数据边界界定规则、数据确权标准，明确整体数据安全权责划分界限，实现数据流转过程中的安全主体责任划分；建立健全数据备案、数据安全风险评估、检测认证等安全管理机制，构建贯穿基础网络、数据中心、云平台、数据、应用等的一体协同的安全保障体系；建立健全覆盖数据收集、存储、传输、提供等数据全生命周期的安全技术标准，实现对东数西算数据流转的安全保护技术的指引，形成完善的数据安全制度标准体系，保护数据的全生命周期安全。

6.2.2 加强技术研究，促进新型安全技术产品落地

东数西算工程对网络与数据安全提出了前所未有的挑战，网络与数据安全关键问题的解决，依赖核心技术的突破，需要加强关键技术的研发，促进新型安全技术产品落地。

1. 加快研究完善海量数据汇聚融合的安全保护技术和风险监测机制

目前我国数据安全保护技术整体处于发展阶段，针对东数西算场景下大规模数据汇聚融合和流通的数据安全保障技术和机制还存在缺口，需要加快研究完善海量数据汇聚融合的风险识别与防护技术、数据脱敏技术、数据安全合规性评估认证机制、数据加密保护机制及相关技术监测手段，以保障东数西算工程的业务稳定和数据安全。

2. 推动数据安全流通技术研究和在大规模数据场景下的落地应用

随着东数西算大规模数据跨域交互场景的发展，在一定程度上打破了数据孤岛，实现了全国数据资源流通"一盘棋"，但数据的开放、流通、共享、应用对数据安全与隐私保护提出了更高的要求。需要加快试验隐私计算、可信执行环境、区块链、数据沙箱等技术模式，合理规划布局数据资源的安全交互区，打造集约化数据共享交易平台，实现数据要素跨行业、跨区域流通，以数据融合促进不同产业协同发展，同时保障东数西算工程中大规模数据的流通安全。

3. 加强国产密码自主研发和创新应用研究

密码技术是保障数据安全的核心技术，密码技术国产化也是数据安全的关键技术方向。在东数西算工程中，应加大商用密码的自主产品研发、创新技术、创新应用研究，推进国产商用密码应用，推进国产商用密码产业高质量发展，提高关键基础设施数据的安全防护能力。运用国产密码技术，通过匿名、加密等技术途径，推进国产密码和大数据技术的融合发展，进一步保障东数西算工程中关键信息基础设施数据的安全可靠。

4. 加强网络内生安全技术研发和产业化应用

在网络层构建高水平的网络安全体系，可高效防护基于网络对算力系统、应用和数据的攻击。网络内生安全是当前网络安全技术发展的方向，目标是构建自感知、自免疫、按需分配的网络内生安全体系。当前 IP 网、传输网的内生安全机制还处于技术研究与探索阶段，内生安全的路线、架构等还存在分歧，未来还需要产业界共同努力，尽快实现网络内生安全技术的产业化。

5. 加强安全能力整合

加强综合技术研发，加强安全能力整合与应用，实现对基础网络、数据中心、云平台、数据和应用的一体化安全保障，提高大数据安全可靠水平，强化对算力和数据资源的安全防护，提升应对高级威胁攻击的能力。

6.2.3 提升供应链的安全性，健全信息共享机制

1. 提升供应链的安全性

产业链安全是东数西算工程安全体系的重要关注点。在算网资源层还有不少关键技术依赖外部技术或产品，比如网络设备中的高速光模块所需光电芯片、大容量交换芯片等，算力设备的 CPU、GPU、FPGA 等关键芯片，算力服务需要的操作系统等关键软件或开源社区等。需要产业链上下游合作，围绕服务器芯片、云操作系统、云数据库、中间件、分布式计算与存储系统、数据流通模

型、通信网络关键光电芯片等环节，加强对关键技术产品的研发支持，形成集软件、硬件、应用和服务于一体的自主可控产业生态，提升产业链的安全保障能力。

基础软件的稳定性、安全性是东数西算的另一个重要关注点。应促进基础软件厂家不断对软件架构、技术进行完善，增强基础软件的稳定性和安全性。

国产服务器和通用计算芯片、国产操作系统及各种应用软件已经有了长足的发展，在性能方面已经能够满足使用要求；在智能计算芯片和存储芯片的某些领域也有了国产化能力。应结合东数西算工程，从政策引导、产业推动、市场需求等方面逐渐提高国产芯片的使用率，建设国产核心软件生态，推动基础软件从"可用"过渡到"安全好用"。

2．建立健全信息共享联动防御机制

加强关键信息基础设施的网络安全态势感知。数字世界的安全建设与现实世界不同，一次安全事件可能产生深远的影响，尤其是数据中心、云平台等重要信息基础设施，亡羊补牢可能为时已晚，未雨绸缪、防患未然才是重中之重，需要建立网络安全的多源感知系统，加强对政府部门、关键行业及重点领域的动态感知，对重大风险提前识别、预先施策。

健全网络和信息安全的信息共享和联动防御机制。强化跨领域网络安全信息共享和工作协同，明确政府主管部门、安全设备厂商、安全服务企业各方的职责与义务，加强对东数西算关键信息基础设施安全和数据安全的态势感知与通报预警，加强信息共享联动、系统协同联动、跨部门跨领域联动相结合的联动防御机制，提升对东数西算网络安全防御的联动效率。

建立动态化的网络安全攻防应急演练机制。搭建东数西算场景下的攻防演练平台，强化网络安全预警和应急预案的部署，持续提升针对东数西算复杂场景的网络安全防护能力，积极应对复杂网络环境下的网络攻击。

6.3 东数西算安全技术研究

6.3.1 算力安全技术

1. 可信执行环境

可信执行环境（Trusted Execution Environment，TEE）是基于硬件进行安全计算，并可以保障数据在运行时安全的一种技术。TEE 的核心思想是构建一个独立于操作系统而存在的可信的、隔离的机密空间，把数据计算限制在安全环境内。这种方式通过可信硬件保障数据安全，在 CPU 芯片等硬件内部建立隔离的安全环境供计算执行，使外部攻击者无法从 TEE 中窃取数据。基于 TEE 目前形成安全虚拟机、安全容器等算力单元，可提供机密计算能力。与其他加密计算技术相比，基于硬件的 TEE 技术具有很高的实现效率，相较于多方安全计算等技术上百倍的加密计算损耗，TEE 技术仅有 2～4 倍损耗，运算效率高，在安全性与可用性之间实现了较好的平衡。

目前也有一批企业进入国产化的 TEE 技术研发领域。TEE 技术作为一种新兴的系统安全与隐私保护技术，将为东数西算下的计算场景，提供强有力的安全保障。

2. 身份标识与访问控制

针对访问主体实施身份识别和访问控制是确保算力网络数据安全的有效举措，通常情况下访问主体有终端（包括个人消费终端与行业物联网终端）、用户（个人用户或者企业用户），应当分别对其设置身份标识，在访问环节实施身份认证。"零信任"理念能够更好地实施身份标识与认证。"零信任"的关键在于系统不会对访问主体产生任何信任，对通过授权认证以前的访问主体都必须实施验证，这样能够有效保障访问主体身份可信、设备可信及应用可信。对于算力网络而言，"零信任"突出体现在身份管理、异常溯源及全链路追踪等方面，借助身份认证系统来对算力网络内部用户、基础设施及访问主体实施全面身份化的管理。终端授权验证以前不会对 TCP 端口开放，从而更好地隐藏网络，当用户与终端通过验证之后，才能对终端赋予相应的权限，非授权用户或者没有通过验证的，终端对其不可见，从而保障算力网络系统内部数据安全。现阶段在"零信任"原则的基础上进一步衍生出云化安全框架，能够促进网络与安全技术的深度结合，把安全管控技术与计算能力整合起来为用户提供更加强大的安全保护[2]。

3. 身份认证管理

在算力网络体系中，需要解决软、硬件系统加入算力网络的可信任问题及算力网络使用者的权限管理问题，一般通过传统的鉴权管理方案解决。鉴权管理系统对算力网络的管理权限和算力资源的使用权限进行合理的管理，以确保算力网络的安全运行及算力资源的合法使用[3]。

4. 统一安全运营

从网络架构的角度看，网络虚拟化、网络切片及异构接入均会带来新的潜在安全问题。弹性、虚拟化的网络使安全边界变得模糊，安全策略难以随网络调整而实时、动态迁移，虚拟机容易受到归属于同一主机的其他虚拟机的攻击，而传统的基于物理安全边界的防护机制在云计算的环境中难以得到有效的应用。对如此大规模且边界模糊的网络采取针对性的安全方案，给安全系统提出了巨大的挑战。针对此情况，建议使网络中的软硬件系统既作为安全方案的受益者，也作为方案样本的提供者参与整个安全体系的建设，这可以通过云安全平台的共享方案实现。云安全平台通过构建分布式平台的方式同步算力网络的安全解决方案，其核心思想是构建一个分布式管理和学习平台，以大规模用户协同的方式防护网络中的病毒。云安全平台体现了一种网格思想，每个加入系统的设备或应用既是服务的对象，也是完成分布式管理功能的一个信息点。

5. 算力安全编排

面对高复杂度的算网环境，以及按需定制、灵活高效的需求特性，在编排管理层需提供一体编排服务能力。编排服务层实现对算力用户、计算任务、网络资源、算力资源、安全资源的一体感知、一体编排、算力解构、泛在调度，同时与

AI、大数据等技术深度融合，探索算网自智、数字孪生、意图网络等新技术方案，不断增强算力网络自动化、智能化能力，满足客户灵活、动态、多样的业务需求，并提供智能闭环的保障能力。在此过程中，编排服务层收集并处理大量算力网络敏感数据，数据的集中增加了安全风险，编排服务层的安全保障成为新的安全挑战。编排服务层的安全保障方案需要考虑以下 3 个因素：一是需要授权和监控编排管理行为，防止非法用户越权调度算力网络资源，造成算力资源的滥用；二是编排管理所使用的算力用户信息、计算任务数据、算力网络架构信息、算力资源分布等关键数据，对其访问和使用需进行监控和防护，防止数据被泄露、篡改或恶意使用；三是智能编排算法需提升抗攻击能力，防止算法被恶意数据污染，造成编排管理故障。

6. 算力安全调度

算力网络是融合计算、存储、传送资源的智能化新型网络，全面引入云原生技术，实现业务逻辑和底层资源的完全解耦。算力网络编排层需要考虑计算任务在编排调度过程中可能受到的安全威胁，通过标识安全等级等方法对算力用户、计算任务、算力资源等信息进行安全标识，动态安全分配算力资源，实现算力的安全调度。智能安全调度基于安全标识实现，首先需要解析计算任务的安全需求，为计算任务动态适配具有相应安全能力的算力节点；其次根据计算任务的安全需求，为算力节点弹性编排、动态部署安全能力，增强算力节点的安全防护能力。对用户及算力任务和资源的安全标识是算力安全调度的基础。算力用户的安全标识包括用户身份等级、匹配的算力阈值、信用等级等；计算任务的安全标识可包括任务的业务类别、需要的算力值、任务对安全的需求程度等；算力资源的安全标识可包括算力节点的安全防护等级、安全能力部署情况等。

7. 算力安全管控

为解决算力网络中的算力滥用问题，需要算力网络具备对算力的安全管控能力。算力滥用是指恶意攻击者利用强大算力发起网络攻击或密码破解。安全管控可以提供原生安全服务及体系化安全运营管理能力，实现安全的融合分析与管理，实现云安全同云平台的深度融合、安全原子能力的标准化输出、安全数据的智能分析、复杂云环境的适配。通过解析计算任务类型，结合算力用户的算力阈值，对计算任务进行安全评估，限制超出算力阈值的算力用量，或拒绝该算力请求，同时降低算力用户的信用；还可以对算力用户的操作进行审计，监控并记录账号活动，包括控制台、云上产品、服务的访问和使用行为。

6.3.2 网络安全技术

1. 网络内生安全

网络内生安全是当前网络安全技术发展的方向，当前 IP 网、传输网的内生安全机制还处于技术研究与探索阶段。

（1）华为认为，应该从网络架构和协议本身出发构建基因级别的网络内生安全体系。通过对身份真实性需求、隐私保护与可审计性需求、机密性与完整性需求及可用性需求进行分析，提出了 4 种应用于该架构的内生安全核心技术，即动态可审计的隐私 ID、去中心化的 ID 内生密钥、基于最小信任模型的真实性验证、跨域联合审计与多级攻击阻断。

（2）中兴认为，内生安全是基于网络构建且能够在运行中不断自主成长的网络安全能力，该能力能够随网络的变化而自主变化，随系统业务的提升而能够自主提升，最终持续保障网络及业务和数据的安全。通过设备的可信组件、网元监控组件及基于端到端安全态势感知的威胁识别、策略闭环能力，实现网络自身的威胁检测、处置闭环。中兴提出，5G 内生安全体系通过传统边界防护、网元级内生防护和网络级内生防护实现。

2. 算网基础设施安全

1）云计算安全

云计算安全就是基于云计算商业模式的安全软件、硬件、用户、机构安全云平台的总称。它通过对网络软件的行为进行监测，获取互联网中恶意程序的最新信息，并发送到服务端进行自动分析和处理，再把恶意程序的解决方案分发到每一个客户端。云计算主要面临外部攻击、虚拟化、不合规、开源架构等安全风险。

为应对上述安全风险，可重点从云计算环境安全、边界安全、物理安全和虚拟化安全等方面进行安全防护。

云计算环境安全，需要考虑容器安全、中间件安全、镜像和快照保护、底层容灾等安全技术。容器安全是流程、工具和其他相关资源的整体应用，目的是为任何基于容器的系统或工作负载提供强大的信息安全（具体包括镜像安全和数据库、框架、代码、服务中运行的所有容器、监控系统等的安全）保障；中间件安全需要考虑在平台软件与应用软件之间提供通用安全服务的组件安全；镜像和快照保护是通过客户的镜像和快照采用高效手段进行加密，防止恶意篡改，保证镜像和快照不丢失、不损毁；而底层容灾需要考虑异地备份、物理容灾等方案。

边界安全，可以通过流量访问控制、会话状态访问控制、应用识别、入侵防御、数字证书等技术来实现。在物理安全和虚拟化安全方面，可以通过部署 WAF 等安全设备来实现物理安全，通过划分不同的安全域，实现跨域安全隔离和访问控制。

2）多接入边缘计算安全

多接入边缘计算（Multi-access Edge Computing，MEC）能够就近完成本地业务的处理，其至少包含以下两方面的优点：一是实现移动终端对业务的就近访问，实现访问时延更低、速度更快；二是安全性更高，移动终端访问 MEC 上的应用的时候，终端与应用之间的交互数据不会泄露到大网上去，从而保证了数据的安全性。边缘计算环境本身的实时性、复杂性、动态性及终端的资源受限等特性，导致系统安全和隐私问题愈发突出。边缘安全是边缘计算的重要保障。边缘计算环境中潜在的攻击窗口可划分为三个层面，分别是边缘接入（云-边接入、边-端接入）、边缘服务器（硬件、软件、数据）及边缘管理（账号、管理/服务接口、管理人员）。

边缘接入的安全隐患在于不安全的通信协议和恶意的边缘节点。边缘节点的通信分为南、北向的，南向的对接端侧异构设备，北向的对接云上消息通道。南向的与端侧设备的通信，目前还有不少终端采用没有安全性保障的通信协议，比如移动热点、蓝牙等。北向的与云端的通信，大部分使用消息中间件或者网络虚拟化技术，通过未经加密的传输层数据通道来转发数据。这些通信协议缺少加密、认证等措施，易于被窃听和篡改。恶意边缘节点是指攻击者将自己的边缘节点伪装成合法的边缘节点，诱导终端用户连接到该边缘节点，从而隐秘地收集用户数据。由于边缘计算具有分布式部署、多元异构和低延迟等特性，而且参与实体众多、信任关系复杂，从而导致很难判断一个边缘节点是否由恶意边缘节点伪装。此外，边缘节点通常被放置在用户附近，如综合业务接入点、室内基带处理单元集中点、园区通信设备间等，这使得边缘节点的安全防护变得非常困难，物理攻击很有可能发生。从运营商的角度，恶意用户部署伪基站，造成用户流量被非法监听，严重损害用户个人隐私，甚至造成财产及人身安全威胁。在工控场景下，由于传统设备运行的系统与软件比较老旧，恶意用户很容易通过系统漏洞入侵和控制部分边缘节点，造成生产上的损失。使用边缘计算的海量设备通常使用简单的处理器和操作系统，无法支持复杂的安全防御方案，这些海量设备恰好为攻击者提供了大量潜在的"肉鸡"（可以被黑客远程控制的机器）。当攻击者攻破了这些设备的安全防御系统，就可以随意操纵并利用它们，"肉鸡"通常被用于分布式拒绝服务攻击，即利用"肉鸡"在同一时间发送大量的数据到目标服务器上，使目标服务器的资源被消耗，无法解析正常请求。

边缘服务器的安全隐患包括边缘节点数据易被损毁、隐私数据保护不足、不安全的系统与组件、易发起分布式拒绝服务攻击、硬件安全支持不足等。

边缘管理的隐患包括身份、凭证和访问管理不足、账号信息易被劫持、难监管的恶意管理员等。

边缘安全涉及跨越云计算和边缘计算的安全防护体系，其目标是增强边缘基础设施、网络、应用、数据识别和抵抗各种安全威胁的能力，为边缘计算的发展构建安全可信环境，加速并保障边缘计算产业发展。

3）终端计算安全

终端主要面临的威胁包括空口安全威胁、数据非法读取和访问安全威胁、恶意应用安全威胁、无线接口安全威胁及终端物理安全威胁，可以从硬件安全、系统安全、应用安全、数据安全等方面开展安全防护工作。在硬件安全方面，重点从接口安全、芯片安全方面对终端进行安全防护；在系统安全方面，着重考虑系统权限限制、安全启动认证、系统安全更新机制、系统配置安全、服务配置安全，从而打造安全可靠的系统；在应用安全和数据安全方面，重点考虑终端上应用的可靠性、数据访问控制安全、数据流转安全及日志安全等。打造高安全的终端，才能为用户提供安全可靠的端侧计算[4]。

4）基于 IPv6 的段路由安全

基于 IPv6 的段路由（Segment Routing IPv6，SRv6）基于源路由的理念而设计，SRv6 通过在 IPv6 报文中插入一个段路由头（Segment Routing Header，SRH），在 SRH 中压入一个显式的 IPv6 地址栈，并由中间节点不断地进行更新目的地址和偏移地址栈的操作来完成逐跳转发。SRv6 网络存在的安全隐患包括窃听、报文篡改、仿冒、回放攻击、分布式拒绝服务攻击、恶意报文攻击等。攻击者通过伪装成通信源发送攻击报文，或在报文传输过程中通过非法截获、篡改、仿冒 SRv6 报文实现拒绝服务攻击、恶意报文攻击或其他安全攻击。此外，SRv6 作为一种源路由技术，同样存在源路由机制的安全问题。比如，源路由机制允许接入节点指定转发路径，给攻击者提供了定点攻击的手段。由此可知，保障 SRv6 网络安全，首先要确保通信源的可靠性，其次要确保报文在传输过程中不被篡改或不以其他方式被非法使用。

在 SRv6 网络中，可以采用互联网安全协议（Internet Protocol Security，IPSec）对原始报文进行封装、加密来验证 IP 报文的通信源，由此确保报文在传输过程中不被攻击篡改。针对 SRv6 的源路由特性，可以事先设定好可信安全域和可信网络边界；可信安全域内的信息不应发布到可信网络之外，来自可信安全域外的报文需判断通信源是否可信、是否被篡改过，还要防止数据包携带的转发路径信息泄露，避免攻击者发现网络。可以通过部署访问控制列表（Access Control Lists，ACL）对来自可信安全域外的报文进行过滤；还可以采用密钥相关的基于哈希函数的消息认证码（Hash-based Message Authentication Code，HMAC）机制对 SRv6 扩展头验证通信源身份，防止数据被篡改。

5）SD-WAN 安全

软件定义广域网（Software Defined Wide Area Network，SD-WAN），是将软件定义网络（Software Defined Network，SDN）技术应用到广域网场景中所形成的一

种服务，这种服务用于连接广阔地理范围的企业网络、数据中心、互联网应用及云服务。虚拟 IT 网络和物理通信网络融合形成 SD-WAN，它与 SRv6 的融合组网能够实现端到端的网络可编程，利用对应用的感知能力为客户提供差异化的网络服务，利用随流检测进行 SLA 闭环控制，从而可靠保障了网络的质量。传统的企业广域网（Wide Area Network，WAN）通过专线互联，网络架构相对比较封闭，在一定程度上保证了安全性。SD-WAN 方案出现后，业务流量可能在公网上传输，由于网络环境更加复杂，所以存在数据泄露、非法入侵、非法接入、业务侵害等安全风险。SD-WAN 安全措施包括组件自身安全和组件间通信安全。

6）确定性网络安全

确定性服务质量（Quality of Service，QoS）可以提供准时、准确的数据传输服务质量。五种典型的确定性服务质量包括：低时延、低抖动、低丢包率、高带宽、高可靠。确定性网络是提供确定性服务质量的网络技术，是在以太网的基础上为多种业务提供端到端确定性服务质量保障的一种技术。为了保障确定性网络资源的请求与控制安全性，应该对连接的设备进行认证和授权，以确保参数的管理配置被限制在授权的设备上。确定性网络的控制分为集中式控制和分布式控制。对于集中式控制，流量工程网络的抽象和控制被用于安全保障的实现。对于分布式控制，其安全性通过部署的协议的安全属性来实现。确定性网络为高价值场景提供服务质量保障的同时，也面临延迟攻击等新型安全风险。攻击者可以通过篡改包头、包注入等手段侵占时延敏感业务的网络资源、计算资源或转发路径，进而破坏网络服务质量的确定性，造成攻击。确定性网络的安全保障需从避免延迟攻击入手，可采取链路冗余、包头防篡改、节点验证、数据包加密、动态性能监测等手段防止时延敏感业务的网络资源被侵占。

3. 网络资源隔离

算力网络系统涉及的业务场景较为丰富，应当结合差异化的业务给广大用户提供差异化的防护措施，可以依托虚拟局域网、虚拟专用网络等技术，根据具体的安全保障需要采取更加科学的隔离防护措施。虚拟网络隔离技术基于虚拟化技术，使用虚拟化网络组件，例如虚拟交换机、虚拟路由和虚拟防火墙等，实现虚拟化网络之间、虚拟化网络和物理网络之间的安全隔离。算力网络可以结合具体业务的安全需要，采用切片三级系统化安全隔离方案，包括切片间隔离、切片网络和用户隔离及切片内网隔离。目前还有一种微隔离（Micro Segmentation，MSG）技术，这是一种细粒度更小的网络隔离技术，能够应对传统环境、虚拟化环境、混合云环境、容器环境下对东西向流量隔离的需求，主要用于阻止攻击者进入企业数据中心网络内部后的横向平移。依托以上隔离技术能够让算力网络具备更加灵活的数据安全管控方式，促进算力网络运行效率的提高。

4. 国产商用密码技术

随着网络空间技术的发展和安全需求的不断变化，密码的作用和地位也发生了巨大变化。在局域网时代，密码的作用主要体现在局域网内的存储加密、网络通信的传输加密。在信息互联网时代，密码的作用除传统加密外，主要体现在身份认证、权限管理、访问控制等方面。在数字经济时代，密码的作用发展为支持实现数据确权、跨部门跨应用的数据交换共享、数据的互操作和流程协同。因此，在研究和部署密码工作时要跳出密码看密码，不仅要研究网络空间安全问题，还要研究数字经济安全问题，让密码始终保持"温度""宽度""深度"，始终紧贴国家重大战略需求。当下，算力已经成为数字经济发展的核心能力之一。加快推进算力建设，将有效激发数据要素创新活力，加快数字产业化和产业数字化进程。东数西算工程为数字经济的发展开拓新空间、增添新动能。密码技术是算力网络系统数据安全的重要保障，是确保算力网络内部数据可信互联和有效互动的基本前提，也是提升算力网络运行稳定性与安全性的重要支撑，在推进算力网络建设过程中必须用好密码技术来提高安全管理水平，做到密码泛在化与安全服务化。通过密码技术能够提供认证、鉴权、传输及存储等全方位的密码服务，依靠密码对算力网络数据实施签名验签，提升数据的完整性，避免出现数据泄露现象[3]。

数据作为重要的生产要素，是国家东数西算工程的重要基础资源。保障数据安全是东数西算工程建设的重点，密码作为保障数据安全的重要技术手段，应充分发挥密码技术的机密性、完整性、不可否认性及抗抵赖特征。建立和完善基于密码的东数西算数据安全保障体系，对提升我国东数西算工程安全能力具有重要的意义。

商用密码用于保护不涉及国家秘密的信息。在党中央、国务院的高度重视和正确领导下，特别是《中华人民共和国密码法》的颁布施行，推动商用密码依法管理水平大幅提升、科技创新取得丰硕成果、产业生态持续壮大繁荣、应用保障领域全面拓宽，在维护国家安全、促进经济社会发展、保护人民群众利益中发挥了重要作用，基础和通用密码技术及新兴密码技术应用不断创新。密码芯片在制造工艺、综合性能、存储容量、接口类型、安全性等方面取得长足进步；密码模块与整机产品种类不断丰富，性能不断提升；密码分析及安全防护技术不断增强；可信计算技术体系不断完善，已在关键信息基础设施和重要信息系统中得到规模化应用。在新兴领域，基于高性能云密码产品的多种密码服务研究，轻量级算法、物联网安全、冷链物流、工业控制等领域的密码应用研究，数字货币、区块链密码技术研究等均取得重要进展。

在标准方面，截至2022年8月，国家标准委已发布商用密码国家标准43项，国家密码管理局已发布商用密码行业标准129项，覆盖商用密码技术、产品、服务、应用、检测和管理等多个领域，形成了较为完备的商用密码标准体系；同时积极推动我国密码标准成为国际标准，促进商用密码中国标准与国外标准之间的转化运用。近年来，商用密码国际标准化活动取得重大突破。自2015年5月起，我国陆续向ISO提出了将SM2、SM3、SM4和SM9算法纳入国际标准提案。2017年，SM2和SM9数字签名算法正式成为ISO/IEC国际标准；2018年，SM3算法正式成为ISO/IEC国际标准；2020年4月，ZUC算法正式成为ISO/IEC国际标准，2021年2月，SM9标识加密算法正式成为ISO/IEC国际标准。2021年6月25日，我国SM4分组密码算法由国际标准化组织ISO/IEC正式发布，成为ISO/IEC国际标准。2021年10月，ISO/IEC JTC1/SC27会议宣布，我国SM9密钥交换协议作为国际标准ISO/IEC 11770-3：2021《信息技术 密钥管理 第3部分：使用非对称技术的机制》的一部分，由国际标准化组织ISO/IEC正式发布，标志着我国自主研制的椭圆曲线公钥密码算法（SM2）、密码杂凑算法（SM3）、分组密码算法（SM4）、祖冲之序列密码算法（ZUC）、标识密码算法（SM9）均已成为国际标准，对于促进我国商用密码产业发展、提升我国商用密码的国际影响力具有重要意义。基于我国商用密码蓬勃的发展态势，结合东数西算工程自主可控的安全需求，加大加快加深商用密码在东数西算工程中的应用，充分发挥我国现有的商用密码体系的优势，对进一步筑牢东数西算工程安全防线具有重要的现实意义和价值。

在东数西算工程中，商用密码应用应贯穿始终，织密织牢商用密码在东数西算工程中应用的"大网"，按需供给工程中每个关键环节，做好东数西算工程密码应用安全第一盾。

（1）利用商用密码向算力网络提供包括认证、鉴权、传输、存储在内的全时、全域、全维的密码服务。

（2）将算力网络密码技术与身份认证、授权访问、传输数据、存储数据等深度融合，采用商用密码对数据信息进行签名验签与摘要计算，保证数据信息的完整性与机密性，规划整合密码使用策略、密码服务接口和服务流程，构建适合东数西算工程的商用密码应用体系。依靠商用密码对算力网络数据实施签名验签，提升数据的完整性，避免出现数据泄露现象；使用 SM4 算法对关键数据、敏感数据进行加密存储，使用 SM3 算法实现数据完整性保护，使用 SM2 算法实现密钥分发、签名验签等。

（3）在满足自身安全需求的条件下，利用丰富的计算资源和连接调度资源[5]，算力网络沉淀形成的密码计算能力，可构建面向算力网络的对外开放能力，通过密码安全能力封装和安全服务提供给用户，满足不同用户差异化的网络和数据安全保护需求，充分利用商用密码在网络建设、数据安全方面的重要特性，推动商用密码在东数西算工程中的融合应用，为东数西算数字经济发展绘就商用密码应用新版图、开拓新空间，也为中国经济高质量发展"密"出高安全，"算"出新明天。

运营商作为东数西算工程的主要参与者，一方面依托运营商自身的网络能力及算力优势，不断提升商用密码应用创新能力，提高商用密码应用面向国家、政府、企业的服务标准化、规范化水平，持续为东数西算工程注入发展动能；另一方面，运营商积极推动商用密码应用生态合作，实现商用密码产品生态互联互通，提升东数西算工程自主可控能力，做强做优做大东数西算生态链，助力东数西算工程实现高质量发展。在东数西算工程的推动下，商用密码在其中的应用也必将迎来发展的重要机遇，在网络强国、数字中国、智慧社会的建设中发挥更大的作用。

6.3.3 数据安全技术

1．数据资产发现与识别

在网络中可通过各种技术发现网络协议、应用接口、网页等网元中包含的各种数据源。通过数据内容识别技术，可对数据资源信息、构成等进行资产属性挖掘和标记，并进行数据分类分级和敏感数据识别，为数据资产保护提供支持。

2．数据标记

数据标记技术通过在网络层对数据流转节点、数据操作、数据流向等信息进行编码标记，构建跨系统跨节点的数据流转标记和预授权能力，实现数据出网可管控、数据流转可感知。引入数据标记技术，能够及时发现数据安全威胁，做好对数据的管控。

3．数据资产管理

数据资产管理是指对数据资产进行盘点梳理、标识备案、分类分级、实时监控等功能，是数据资产安全防护与安全监测的基础。数据资产是最具价值的无形资产，科学管理和合理应用数据资产已成为企业正确决策、增强核心竞争力的关键。算力网络需要对数据资产进行整合沉淀，使这些数据资产能够被有效利用。通过对数据资产进行管理、分享，提升算力网络下的数据资产管理与使用效率，确保数据资产在使用过程中的安全性。

4．数据安全流转与分析

对应用场景不同、安全级别不同的数据，在收集、存储、使用、加工、传输等过程中的安全保护所需的管理强度及技术措施不尽相同。在东数西算工程的推进中，为了保障数据的安全流转，不仅要采取防火墙、数据加密、数据脱敏等常态化数据安全防护手段，还要建立统一的大数据分析体系，建立全域连接，获取全维数据，构建安全大数据智能计算分析中心，从而全面分析数据安全情况。

采用用户实体分析技术，以用户和实体为对象，结合规则及机器学习模型，对用户行为进行分析和异常检测，尽可能快地感知内部用户的可疑和非法行为。对数据流动进行动态监测，通过流量中应用层协议解析及有效负载识别，结合用户实体行为分析（User and Entity Behavior Analytics，UEBA）、机器学习、规则匹配等技术，创建异常行为基线、绘制接口画像，开展接口脆弱性、数据暴露面、恶意机器行为、点滴式攻击窃取数据等数据风险场景的监测。根据不同的应用场景对用户进行信息保护，通过深度结合个人信息保护合规要求和业务流程，构建多日志关联的用户个人信息操作行为识别和风险模型。

数据流转过程中需对数据做好标识，对数据流转节点、数据操作、数据流向等信息进行记录。在算力网络中引入数据标识和流转监测技术，及时发现数据流转安全威胁，做到对数据流转的安全可控。通过技术手段强化网络安全监测，为实时监测数据流转提供支撑。可以采取自动化的安全监测方案，通过流量、日志、配置文件等对数据共享平台及系统进行全面监测和分析，提升算力网络整体安全态势感知和安全决策等能力。

5. 数据审计溯源

对数据的审计溯源是指针对目标数据的源头数据及其演变全阶段加以追溯、确认、描述、分析及最后保存的能力。在算力网络中可以基于数据审计溯源，对关键数据（如重要系统数据、配置参数、业务数据和用户数据等）的访问行为进行记录和审计，并追溯指定数据的各处理环节。借助区块链的智能合约、多方共识等技术在算力网络中实现对行为的审计溯源，能够提升算力网络数据处理环节的公信力。

6. 隐私计算

隐私计算需要处理大规模数据，这就需要强大的算力作为支撑，算力决定了能否将很多分散的、有隐私保护需求的数据真正使用起来。隐私计算底层技术的持续创新与计算能力的不断提升,是技术发展的必经之路。而算力也成为隐私计算市场供需两端的重要需求。

目前隐私计算主要的技术路径包括多方安全计算、联邦学习、机密计算、差分隐私、同态加密、零知识证明等。

(1)多方安全计算是一种基于软件实现的隐私计算技术,用于解决一组互不信任的参与方之间保护隐私的协同计算问题,能为数据需求方提供不泄露原始数据前提下的多方协同计算能力,可以控制数据的用途、用量,实现数据合理利用。

(2)联邦学习是一种基于软件实现的隐私计算技术,在保证本地数据不出库的情况下,通过对中间加密数据的流通与处理来解决多方联合机器学习训练的问题,能够通过加密机制下的参数交换方式,让各参与方在不披露各自数据的前提下,建立一个虚拟的共有模型。联邦学习可以结合秘密分享、同态加密、差分隐私等密码学技术,加强对数据隐私的端到端闭环保护。

(3)从已商用场景分析,多方安全计算、联邦学习与机密计算商用进展较快,零知识证明主要应用于区块链场景中。在多方算力节点参与计算的场景下,为保障数据安全引入隐私计算技术。

隐私计算消除了数据壁垒,为数据要素市场化、全国数据资源流通"一盘棋"局面提供有效技术支持,因而也将成为东数西算工程实施"软"建设的重点。

国家发展改革委官网发布的《全国一体化大数据中心协同创新体系:总体框架与战略价值》提到,在数据资源方面,支持围绕政企数据平台化对接和跨地区、跨行业数据资源融合计算需求,通过多方安全计算、联邦学习、隐私计算、数据沙箱等技术手段构建数据资源可信流通环境,推动实现数据"可用不可见""可用不可拥"的新型合作机制,打造以"政-政"数据共享、"政-企"数据开放、"企-企"数据流通等为代表的数据供应链,实现全国数据资源流通"一盘棋"局面。

隐私计算技术作为保护数据流通安全的关键性创新技术,在东数西算工程未来的数据要素流通中具有重要意义。未来，通过隐私计算技术，在不共享明文数据、保障数据安全和用户隐私的前提下，可以实现多方数据协同，对东数西算场景下的重要数据的流通共享，起到了关键作用；基于隐私计算进行业务模式的创新，能够让之前因数据泄露风险不能进行的业务变为可能；通过隐私计算技术联通数据孤岛，对不能公开的重要数据进行关联分析，进行动态安全风险识别，赋能多方数据合作，可以有效打击数据黑产，挖掘数据泄露事件，为东数西算工程中的数据安全保驾护航。

6.3.4 新兴安全技术

1. 产业互联一体化创新安全解决方案研究

随着东数西算的推进，云网融合、云间互联、多云交换等技术方向逐步成为行业共识。云服务商需要面向制造、能源、金融、医疗等不同行业提供场景化智能应用，不断探索突破云网物理边界，统一云网资源和安全服务能力，进而为产业数字化赋能；同时需要实现数据资源跨地区、跨部门、跨产业的流通，提出应用解决方案，加快研究隐私计算、联邦学习、多方安全计算等数据隐私安全解决方案。

云计算正在不断改变数据被使用、存储和共享的方式，随着越来越多的数据进入云端，尤其是进入混合云，原有的物理安全边界被打破。同时在端侧，随着海量物联网设备接入将导致更多的潜在威胁。为应对新的安全威胁，2019年国家发布了新的信息技术等级保护标准，重点解决云计算、物联网、移动互联和工控领域信息系统的等级保护问题，未来的云网融合解决方案不仅要确保云和网的自身安全，还要向用户提供云网场景下的安全服务，从网络到业务提供立体化的安全保障。

2. 结合区块链技术，探索可信算力网络方案

区块链是一种将数据区块按时间顺序组合，并以密码学方式保证不可篡改和不可伪造的分布式数据库。区块链的实质是分布式数据存储、点对点传输、共识

机制、加密算法等多种技术的集成，可有效防止传统交易模式中数据在系统内流转过程中的造假行为，从而构建可信交易环境，打造可信社会。区块链在不引入第三方中介机构的前提下，可以提供去中心化、不可篡改、安全可靠等保证，因此，区块链技术在数字金融、物联网、智能制造、供应链管理、数字资产交易等多个领域有广泛应用。在算力网络中，用户需要频繁地通过算力网络使用相关的算力服务和资源，因此，如何在用户和算力资源提供商之间进行可信的算力交易是算力网络研究的一项重要课题。通常用户使用算力资源需要向算力资源提供商支付一定的费用；其中就涉及服务交易和结算的问题，采用区块链技术，将算力服务交易和结算的逻辑规则部署在区块链的智能合约层，可实现高效的算力服务交易和结算。另外，由于计算资源的泛在特性，计算资源不仅可以由云计算、边缘计算节点来提供，还可以由终端设备来提供（如家庭网关设备、智能移动终端等），通过区块链的分布式可信机制，将提供计算资源的各异构节点或设备统一纳入分布式泛在计算资源的感知和管理中，构建基于区块链的泛在计算资源可信管理机制，以保证计算资源的可信接入和可信服务，进而保证各算力资源提供方的利益及用户的业务安全。

3. 基于量子通信与云等技术，构建网、算、云等信息基础设施安全内生可信能力[6]

基于量子通信的高等级安全保护能力，通过构建技术创新的行业高可用融合云，向下兼容技术创新芯片及服务器等，促进硬件生态繁荣；以安全可靠的技术创新云建设为抓手，构建从底层硬件到上层应用的全栈式算力环境；从虚拟化软件、量子安全服务平台到云管平台，再到操作系统、数据库、中间件等，实现软件层面的技术创新，构建自主可控的"云-网-端"量子安全云平台。

在网络端，以量子通信网络为基础，协同运营商流量网络，通过量子中间件网络提取量子安全能力，打造量子安全接入网，共同建设算力网络基础设施。

在云平台，基于量子通信的高等级安全保护能力，实现对云平台计算资源、存储资源、网络资源、虚拟化量子的安全增强，构建量子安全云。以量子安全云为基础资源平台，加载量子中间件系统、量子安全态势感知系统、网络空间仿真系统、工控安全系统、信息安全测评平台、信息安全运维和客户服务系统等构建量子信息安全托管平台，为政企客户提供量子信息安全托管服务。

在算力应用层，基于量子信息安全托管平台，为政企客户提供量子安全云、量子安全态势感知、量子信息安全存储/传输、量子安全云桌面、量子网盘等量子安全应用产品；同时提供信息安全测试/评估、网络空间仿真、信息安全运维/客户服务、工业风险评估/渗透测试等安全检测服务，实现风险识别、安全防御、安全检测、安全响应与安全恢复一体化安全服务，提升信息安全防护能力。

本章参考文献

[1] 孙业亮，刘蒙，张永嘉. 国产算力时代，服务器及 CPU 投资正当时 [R]. 2022.
[2] 杨光,郑长岭,姚洁,等. 加快推进算力网络建设与数据安全技术研究[J]. 互联网周刊,2022,7（13）：18-19.
[3] 何涛，杨振东，曹畅，等. 算力网络发展中的若干关键技术问题分析[J]. 电信科学，2022，38(06)：62-70.
[4] 邱勤，徐天妮，于乐，等.算力网络安全架构和数据安全治理技术[J]. 信息安全研究，2022，8(04)：340-349.
[5] 陈洲. 中国电信加码东数西算光缆建设 关联产业有望迎发展新机遇[N/OL]. 通信信息报，2022-05-18 [2023-02-14].
[6] 温石峰. 中兴通信量子安全云解决方案[EB/OL]. （2021-12-31）[2023-02-14]. 通信世界网站.

第 7 章
构建绿色低碳的东数西算基础设施

东数西算战略强调绿色发展,推动更多数据中心向可再生能源更丰富的西部转移。东数西算工程涉及国家级的资源调配,且产业链条长、覆盖门类广、投资规模大、带动效应强。本章从节能增效、绿色低碳的角度,对东数西算基础设施的发展思路、创新技术及运营模式进行详细阐述。

7.1 提升整体效能,推动节能降碳

数据中心能耗主要由两部分组成,分别是 IT 设备能耗和基础设施能耗。IT 设备主要由服务器、存储设备和网络设备构成,为企业和用户提供服务,是数据中心的核心设备。基础设施主要由供电系统和空调系统构成,是确保 IT 设备稳定运行的关键设施。

PUE 是当前数据中心行业普遍认可的能效评估指标,在数值上等于数据中心能耗与 IT 设备能耗之比,PUE 越接近 1,表明 IT 设备能耗在数据中心能耗中占比越高,电能利用率越高。因此,数据中心能效优化的基本目标是提升 PUE 指标,在不影响业务数据处理指标的基础上,尽量降低供电系统和空调系统的电能消耗。

以数字技术为核心驱动的第四次工业革命正在给人类生产生活带来深刻变革,数据中心作为各行各业信息系统运行的物理载体,其规模呈现持续高速增长趋势,且需 7×24 h 不间断运行,总体用电量较高。根据绿色和平组织发布的《中

国数字基建的脱碳之路：数据中心与 5G 减碳潜力与挑战（2020—2035）》报告估算，2020 年全球数据中心的能耗约为 2990 亿千瓦·时，达到全球总用电量的 1%，预计到 2030 年将增长 2 倍以上，达到 9740 亿千瓦·时[1]。

我国目前是全球数据中心第二大聚集地，CDCC（开放数据中心委员会）对我国数据中心 2019—2030 年的用电量和碳排放进行了分析和预测。2021 年，全国数据中心能耗为 937 亿千瓦·时，二氧化碳排放量约为 7830 万吨[2]。随着数字经济的高速发展，到 2030 年我国数据中心的能耗预计达到 1800 亿千瓦·时，碳排放达到 15000 万吨，约占全国碳排放总量的 1.5%，在当前发展模式下，数据中心行业难以在 2030 年前实现碳达峰目标。因此，数据中心必须进行绿色转型，才能实现可持续发展。

工业和信息化部高度重视对数据中心节能降碳工作的引导，并提出了明确的量化发展目标。《"十四五"信息通信行业发展规划》提出，到 2025 年，新建大型和超大型数据中心 PUE<1.3[3]。《新型数据中心发展三年行动计划（2021—2023 年）》指出，到 2023 年底新建大型及以上数据中心绿色低碳等级达到 4A 级以上[4]。

现阶段数据中心要实现上述"节能降碳"发展目标仍面临不小的挑战。当前，随着数据中心投资项目节能审查、数据中心节能监察等事前、事中监管机制的建立，我国数据中心节能水平持续提升，但仍有部分存量中小数据中心 PUE 在 2 以上，老旧数据中心在 IT 设备、供电系统、制冷系统等方面都尚未实现能源效率最大化。

7.2 基础设施技术发展思路

7.2.1 供电系统技术研究方向

1. 总体研究方向

工业和信息化部印发的《新型数据中心发展三年行动计划（2021—2023 年）》提出了明确的 PUE 指标要求：京津冀、长三角、粤港澳大湾区、成渝新建数据中心的 PUE<1.25，内蒙古、贵州、甘肃、宁夏新建数据中心的 PUE<1.2[5]。从目前

的各地区数据中心调研结果来看，现有数据中心的 PUE 与这个指标要求存在不小的差距。

东数西算工程的战略目标，除了降低数据中心的 PUE，还要充分利用西部可再生能源为数据中心供电，实现更加有效的清洁能源就地消纳。通过东数西算工程，可以增加数据中心产业对西部光伏发电、风电等绿色能源的使用，如果能将"绿电"使用比例提升至 80%，到 2025 年使用绿电而减少的碳排放量，相当于 1.6 个北京市的总碳排放量[6]。

面向东数西算工程，建设绿色新型数据中心，对基础设施中的供电系统需要关注以下几个方面的技术：① 提升系统整体能效和设备可靠性；② 提升供电系统消纳分布式可再生能源的能力，并能够与新能源微电网互动，实现分布式储能、削峰填谷、错峰供电等多项新功能。

2. 供电系统预制化

传统数据中心供电系统建设采用攒机模式，即变压器、低压柜、不间断电源（Uninterruptible Power Supply，UPS）、配电柜等各种设备分散采购，设备运到现场后再由施工单位进行系统安装与集成调试，整个系统建设周期长达 6~12 个月，现场施工量大，质量不易控制；而且建成的系统占地面积大，系统供电链路长，造成一定的线损。这种建设模式不符合数据中心标准化建设、快速部署、绿色低碳的发展趋势。

一体化电力模块技术将供电链路的主要设备进行优化整合，缩短供电链路，提升效率，减少占地面积，降低成本，采用工厂预制化提升质量，构建敏捷交付能力，快速适应业务变化，能够支撑数据中心实现精益运营。

3. 后备电池向锂电演进

电池从本质上来说，是各种类型金属和不同化学物质的组合，使用过程中通过化学反应/能量转换产生能量或转化能量。电池系统的核心指标是能量储存密度及能量转换效率，它利用电、化学等技术将市电或可再生能源等一次能源变换成化学/机械能储存，并在一次能源出现故障时将储存的能量释放出来。

目前在数据中心行业占比最高的电池仍然是传统的阀控式铅酸蓄电池,已难以适应数据中心行业的发展要求。

(1)电池体积和质量较大:机房承重要求高,占用空间较大,安装面积占整个数据中心机房面积的 5%～10%。

(2)环境耐受性差:工作温度范围为 5～30 ℃,高温环境下寿命会加速衰减。

(3)循环寿命短:不适合长期充放电循环的工作方式,不满足数据中心行业的分布式储能需求。

(4)智能性差:铅酸蓄电池属于非智能设备,监测系统功能不全。

(5)环保性能较差:铅酸蓄电池含有汞、铅、镉、镍等重金属及酸、碱等电解质溶液,生产和回收过程中容易对人体及生态环境造成危害。

随着大型和超大型数据中心的发展,数据中心面临能耗密度提升、快速部署、分期建设和智能管控等要求,以锂电池为主导的电化学储能技术,在能量密度、环境适应性、循环寿命等方面都具有明显的优势,可满足以上要求。

(1)能量密度高,占用空间小:锂电池的体积能量密度是铅酸蓄电池的 2 倍以上,质量能量密度是铅酸蓄电池的 3 倍以上。

(2)环境耐受性较强:工作温度范围为-10 ℃～55 ℃,高温下放电能力强。

(3)循环寿命长:锂电池循环寿命是铅酸蓄电池的 10 倍。

(4)环保性能优:锂电池无重金属污染,使用过程中无酸性气体和易燃易爆气体析出。

目前国内已有大约 10%的数据中心采用锂电池作为后备电池。未来随着我国东数西算工程的推进及可再生能源的大力发展,要求后备电池不仅能满足传统的应急备电要求,还要具备能够与分布式可再生能源和电网互动的储能、削峰填谷等多项新功能,安全、绿色、高性能的智慧锂电池将会是未来数据中心后备电池技术的发展方向,支持数据中心走上高效、清洁、集约、循环的绿色发展道路,实现持续健康发展。

4．新能源技术

经过三十多年的发展，截至 2021 年底，我国光伏发电并网装机容量已达 3 亿千瓦，成为世界上装机容量最大的国家，国内已形成了完整的产业链，系统的建设成本在逐步降低。最新的调研显示，当前，大、中型光伏电站的工程单位造价随着组件价格及光伏发电系统投资成本快速下降而有望进一步降低。

数据中心建设方可以充分挖掘机房屋顶、园区空地等资源，自建光伏发电系统，自发自用，降低市电消耗和碳排放。但由于光伏发电系统占地面积特别大，目前主流的单晶硅太阳能组件的单位面积发电量为 140～180 W/m^2，而现有数据中心单机架的平均耗电量已达到 6 kW/架以上，且呈上升趋势，综合考虑其他设施用电后，使用屋顶光伏等手段实现绿电替代仅能满足数据中心整体用电的 1%～3%。因此，数据中心自建分布式光伏发电系统的主要用途为调节白天高峰期间电网均衡，补充高峰时期用电。

集中式光伏发电有望成为未来数据中心绿色电力的重要来源，随着东数西算工程的推进，为实现从源头上降低碳排放，可在国家级算力中心附近建设集中式光伏发电站，这种方式在白天日照充足时可满足数据中心的电力需求，采用储能系统将多余的电力进行存储或者形成绿色碳交易证书，用于抵消夜间电力的消耗，可实现 100%清洁能源供电。

5．绿电绿证

对于选址在发达地区或城市周边的数据中心，附近不具备建设大型光伏发电厂的条件，因此购买绿电（绿证）将成为重要的补充手段，现在整体的可交易绿电标的相对有限，主要采取当地电力成本加成的方式，未来有望进一步完善，并采取市场化的方式定价。

7.2.2 空调系统技术研究方向

数据中心在空调系统方面长期面临设备能耗高，但热量难以及时高效传递的问题，迅猛增长的算力需求带来的数据中心散热难题将是数据中心节能减碳研究的主攻方向。东数西算工程将大型数据中心建设在我国能源充足、温湿度较低的西北和西南地区，推广应用适宜的空调系统方案，充分利用地域优势资源，可有效降低数据中心的用电和散热成本，直接降低数据中心的运行总成本。但东部地区依然是数据中心的主要需求发生地，在能源供应紧张、自然环境不利等现实条件下，东部地区数据中心散热难和能耗高仍将是亟须解决的问题。数据中心的空调系统的节能高效已经成为建设绿色低碳数据中心的行业共识。在空调领域推广新型散热冷却技术已成为我国东数西算工程基础设施绿色低碳发展的必由之路。

传统的数据中心普遍采用风冷散热，存在散热瓶颈。风冷散热通常需要采用空调吹冷气散热，这就限制了单机柜的最大散热量只有 20 kW，一旦单机柜的散热量超过 20 kW，就会达到散热瓶颈。此外，空调散热的能耗占到数据中心能耗的 45%，空调能耗增加会使得整个数据中心的 PUE 大幅增加。

散热冷却技术需解决两个问题：一是设备发热量增加，空调系统制冷能力需要能够动态匹配；二是现有空调系统能效偏低，需发展绿色节能散热冷却技术，助力数据中心向绿色低碳转型。总体来说，绿色数据中心空调系统节能减排需要从降低能耗和高效散热两个方面入手。

为贯彻落实《中共中央 国务院关于完整准确全面贯彻新发展理念做好碳达峰碳中和工作的意见》，国家发展改革委等四部门印发了《贯彻落实碳达峰碳中和目标要求 推动数据中心和 5G 等新型基础设施绿色高质量发展实施方案》，该方案在节能方面专门提出鼓励使用高效环保制冷技术降低能耗，支持数据中心采用新型机房精密空调、液冷、机柜式模块化、余热综合利用等方式建设数据中心，同时推广制冷系统节能技术，优化气流组织，逐步通过智能化手段提高制冷系统与 IT 设备运行状态的动态适配性[7]。从该方案可以看出，国家在数据中心空调领域非常重视技术提升和融合创新，只有高效解决数据中心的散热问题，才能既扩展算力增长空间，又实现绿色可持续发展。

7.2.3 架构类技术研究方向

数据中心的规模越来越大，传统数据中心建造过程冗长、成本颇高，且在投产后的能耗和运营成本非常高,与灵活使用、分期部署、逐步扩容等新的需求趋势产生矛盾。有别于传统模式,模块化数据中心将数据中心划分为一个个具有相同机柜数量、配置了相应的供电容量和制冷容量、可以独立运行提供生产能力的模块。这样数据中心可以匹配相应的客户需求,以模块为单位实现分期建设、模块化复制、灵活扩容等目的。

数据中心模块化设计集成了制冷、配电、机柜、密闭通道、监控、综合布线、消防等系统,采用模块化的部件和统一的接口标准,实现了供电、制冷和管理组件的无缝集成。这种方式将部分数据中心基础设施进行工厂预制,具备集约、绿色、安全、高效的优势,各功能组件均由工厂预制,然后在现场进行积木式拼装,整个部署过程快速简单,缩短了数据中心的建设周期,还可以按需扩容。这种方式能有效满足超大型、大型、小型数据中心快速部署和分期建设的需求。参照数据中心建设规模,通过标准的预制化模块堆叠可以实现数据中心园区级、楼栋级、楼层级、机房级模块化分期建设和灵活部署。

数据中心模块化部署时,柴油发电机、冷站等基础设施可部署在单独的建筑单元,其他如UPS、IT 设备、空调、配电、消防等模块单元可通过多个预制化的集装箱并箱集中堆叠部署在机房。在此方式下,工厂模块预制生产和现场土建可以同步施工,且模块化单元将全部在工厂中调测完成后再运输到土建现场,堆叠时只需在带有钢构件的水泥基座上对模块进行吊装、安装、拼接即可。

7.3 电源类关键技术创新

7.3.1 一体化电力模块技术

一体化电力模块是将变压器、低压配电柜、UPS/高压直流系统等多种供配电设备优化整合成一个完整的产品,采用工厂预制化,现场快速安装和部署,可替代数据中心高压配电系统以下的全链路供配电系统,极大地提升了数据中心电源系统的集成度,减少了现场工程量,实现了快速部署。

一体化电力模块的设计理念源自阿里的巴拿马电源,于 2019 年 11 月正式发布并在阿里的数据中心投入使用。近年来，业界主流的电源厂家陆续推出同类产品，并且在数据中心行业得到越来越广泛的应用。

一体化电力模块由变电部分（10 kV/0.4 kV）、低压配电部分、UPS/高压直流部分、配电部分和智能监控部分组成，采用 10 kV 市电输入，交流 380 V 或直流 240 V 输出，可直接供电给服务器设备和辅助设施。一体化电力模块与传统数据中心供电系统相比，虽然整体链接架构没变，但是提升了设备集成度，简化了供电链路，具有以下显著优势：

（1）整合多种供电设备，减小设备间距，优化连接方式，占地面积缩小 20%～40%。如图 7-1 和图 7-2 所示，以一套 2500 kVA 容量供电系统为例，如果采用传统供电架构，需要两列设备，每列长度约为 10 m；如果采用一体化电力模块，只需要一列设备，长度也是 10 m 左右，相比传统供电架构，占地面积能够减小约 40%。

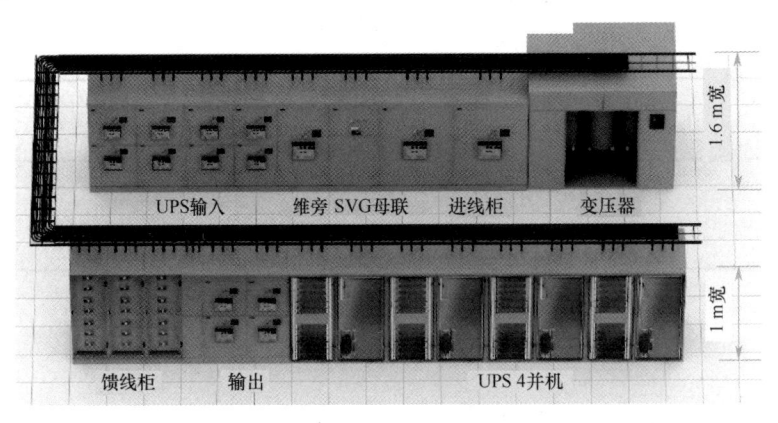

图 7-1　2500 kVA 传统供电架构设备

（2）传统供电系统的变压器、低压配电柜、UPS 等系统需要分别采购、交付、安装，现场敷设连接电缆、走线架等连接材料，施工量大，周期长。而一体化电力模块整体为工厂预制的，设计、采购和交付简单，大幅度减少现场工程量，整个工期缩短约 60%以上。

（3）独立的多台设备被整合成一体化产品，在工厂里完成预制与系统联调，提升了供电系统的整体可靠性。

图 7-2 一体化电力模块

（4）一体化电力模块统一实施智能监控，整套系统具备统一的对外接口和协议，安装完毕后监控即可启用，现场不需要再进行各设备之间的通信协议联调与功能测试工作，整个系统实行集中式监控，实时掌握各个设备的运行状况，随时查询并进行故障处理，便于运维管理。

为体现一体化电力模块的高集成度优势，其中的 UPS 或高压直流系统更倾向于选择大容量设备，配套的蓄电池组总容量也相应提升。由于现阶段铅酸蓄电池组在我国数据中心行业中仍占主流，支持高倍率放电的电池单体容量较低，大容量系统某些情况下需 4 组以上电池并联，将会对电池系统的供电可靠性带来隐患，这个是一体化电力模块现阶段落地使用时需要慎重考虑的问题。未来随着智慧锂电的普及，将较好地解决上述问题。

一体化电力模块技术在空间利用、快速部署、供电安全、运维便捷等方面较传统供电系统具备显著优势，如果与体积小、质量轻、模块化、易维护的智慧锂电相结合，将更加符合数据中心高效、智能、安全的发展趋势，未来必将得到大规模的推广应用。

7.3.2 智慧锂电技术

锂电池是 20 世纪开发成功的新型高能电池，可理解为含有锂元素（包括金属锂、锂合金、锂离子、锂聚合物）的电池，分为锂金属电池（极少生产和使用）和锂离子电池（现今大量使用）。其因具有能量密度高、电池电压高、工作温度范围宽、存储寿命长等优点，已广泛应用于军事、民用电器、电动汽车、储能电站中。常用的锂电池主要分为钴酸锂、锰酸锂和磷酸铁锂三大类，磷酸铁锂电池由于安全性较好，不易发生起火和剧烈爆炸，被通信行业用来替代传统的铅酸蓄电池。通信行业从 2014 年开始大规模使用磷酸铁锂电池。初期磷酸铁锂电池主要用于通信基站，从 2018 年左右才开始进入数据中心。通信用锂电池发展历史如图 7-3 所示。

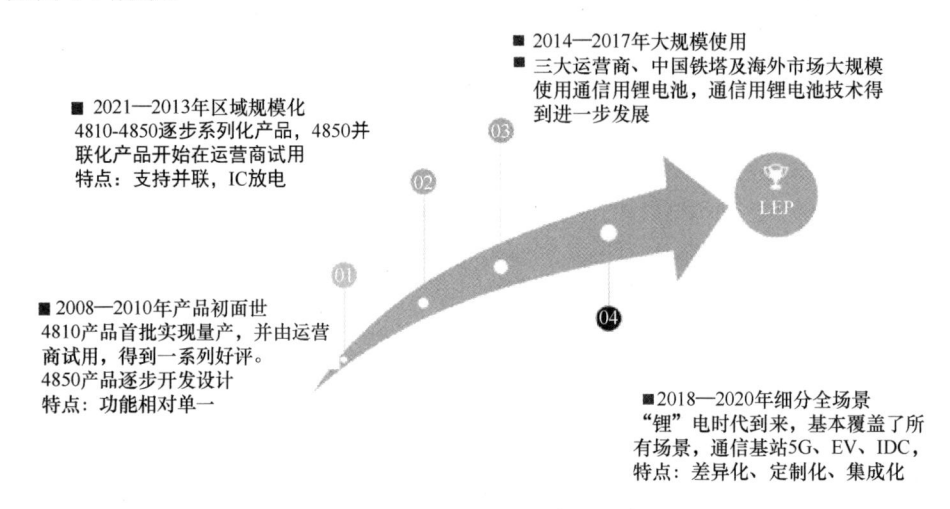

- 2021—2013年区域规模化
  4810-4850逐步系列化产品，4850并联化产品开始在运营商试用
  特点：支持并联，IC放电

- 2014—2017年大规模使用
  三大运营商、中国铁塔及海外市场大规模使用通信用锂电池，通信用锂电池技术得到进一步发展

- 2008—2010年产品初面世
  4810产品首批实现量产，并由运营商试用，得到一系列好评。
  4850产品逐步开发设计
  特点：功能相对单一

- 2018—2020年细分全场景
  "锂"电时代到来，基本覆盖了所有场景，通信基站5G、EV、IDC，
  特点：差异化、定制化、集成化

图 7-3　通信用锂电池发展历史

近年来，数据中心行业的快速发展，对供电系统的标准化、智能化、灵活性、安全性等方面提出了更高的要求。作为供电系统的关键组成部分，电池组也需要不断演进以适应行业发展。现有锂电池组的系统组成模式，可分为直接并联、稳压并联、集中管控等三类。其中集中管控类由于具备在线扩展、智能化管控和精准备电等方面的优势，更加契合数据中心的运行需求。相比于传统锂电池组（锂电池+BMS）架构，基于集中管控的智能锂电池组进行了以下改进：

（1）每组锂电池增加 DC/DC 模块，可以实现电压、电流等电气参数的整定与控制。每组锂电池既可以独立充放电，也可与多组锂电池并联充放电。

（2）每组锂电池采用模块化设计，可在线热插拔，故障维护简单快速。

（3）增加了智能管控、自动运维设计，具备间歇充电、自动后备运行、电池组容量核对、在线状态检测等功能，大幅降低运维人员的工作量，减少运维成本。

为满足备电容量和建设运维灵活的要求，数据中心的蓄电池组大都采用多组

并联方式,在这种工作方式下锂电池组的管控架构有分布式和集中式两种。集中式架构配置了主控模块,虽然成本较高,但是控制功能强、可靠性高,更加适合备电容量大、并联组数多、供电可靠性高的数据中心采用。两种管控架构的具体区别如下:

(1)分布式架构。采用分布式架构的多组电池没有单独配置主控模块,如图7-4所示,系统中任意1组电池可自动/手动设置为系统主控模块,由该电池组的内部控制单元实现对系统各类运行参数的统一设置、按需调整,实现系统均流、电池测试、运行参数采集等功能。若该模块出现故障,则自动选择另一组电池作为主控模块,也可恢复至传统模式,各组电池独立工作,运行状态依据预设的参数自动调整。

(2)集中式架构。采用集中式架构的多组电池配置独立的主控模块,如图7-5所示,系统中所有电池组通过网络(RS485/RS422/CAN总线)连至主控模块,由主控模块实现系统的电压调整、放电电流调整、均流及逻辑控制等功能。当主控模块故障时,这些功能的控制权回归各组电池的内部控制单元。为消除单点故障隐患,系统的通信总线可引入环路保护机制,当某组电池控制单元出现故障或通信线中断时,不影响其他电池组控制单元的数据通信功能。

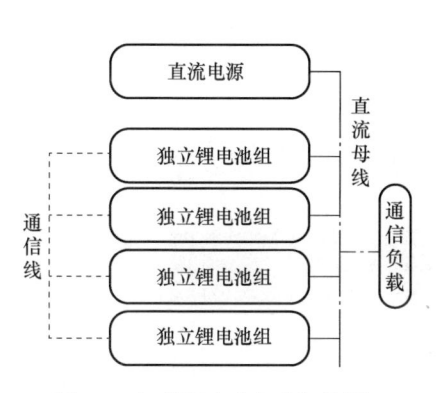

图 7-4　智慧锂电分布式架构图 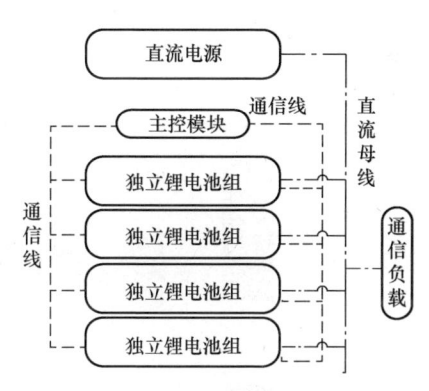　　　　图 7-5　智慧锂电集中式架构图

在过去几年里,锂电池越来越受到数据中心行业的推崇。《全球数据中心锂离子电池分析报告》指出,预计到2025年,数据中心锂电池占比将从2020年的15%上升至38.5%[8]。数据中心锂电池替代铅酸蓄电池已是长期趋势,一个数据中心的"新锂时代"正快步走来。

7.3.3 固态变压器技术

固态变压器（Solid State Transformer，SST），又称为电力电子变压器，是一种将电力电子变换技术和基于电磁感应原理的高频电能变换技术相结合的新型变压器，集电气隔离、电压变换、无功补偿于一身，可直接实现交流 10 kV 至直流 750 V/240 V 等不同直流电压等级的变换，具备体积小、质量轻、环境友好等特点，将会有不错的应用前景。

同传统供电系统和传统变压器相比，固态变压器具有以下显著优势（两种供电架构的系统框图如图 7-6 所示）。

（1）简化了供电系统架构，固态变压器将传统供电系统中的变压器、低压配电设备、UPS/240 V 直流系统的功能集成到一个设备中，中间变换环节少，系统损耗小，效率高。

（2）固态变压器支持交直流多端口输入，光伏发电等直流可再生能源可直接接入直流母线，为数据中心提供多种能源，解决了传统供电系统下光伏发电等可再生能源难以接入的问题。

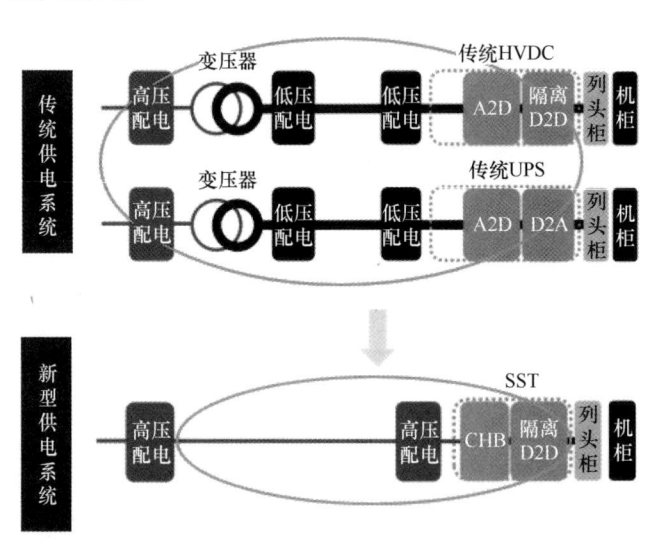

图 7-6 两种供电架构的系统框图

(3）固态变压器支持多端口输出，可以根据用户需要，输出直流 750 V 或直流 240 V 等不同制式的电压，在低压输出侧可以灵活地接入储能电池、分布式电源等，也可以直接为 IT 设施供电。

（4）固态变压器采用碳化硅绝缘栅双极晶体管整流技术，可以吸收负载侧无功功率和隔离谐波电流，抑制谐波双向流动，有效改善电能质量。

固态变压器便于接入可再生能源，简化了供电系统，为数据中心提供了一种新型绿色解决方案。阿里的张北数据中心率先采用了该技术，在园区附近建设了一个 2.5 MW 的光伏电站[9]，并将光伏电站输出的直流电能接入固态变压器，实现自建可再生能源为数据中心直接供电，增强了绿色能源的就地消纳能力，符合国家对于数据中心加大绿电使用的政策导向。接入光伏发电+锂电储能的固态变压器供电系统框图如图 7-7 所示。

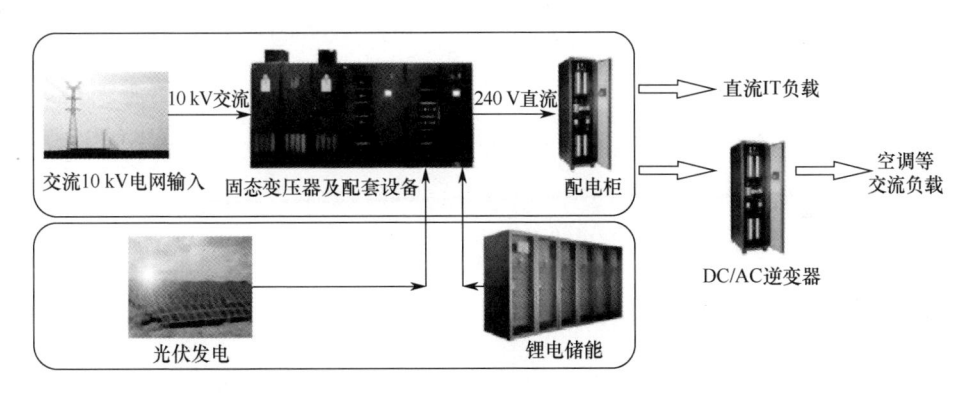

图 7-7 接入光伏发电+锂电储能的固态变压器供电系统框图

固态变压器不仅简化了供电系统架构、提高了供电效率，而且为自建光伏发电等新能源在数据中心的就地消纳提供了便捷条件。在东数西算数据中心规划建设中，可因地制宜地推广采用固态变压器，为提升数据中心的可再生能源使用率奠定坚实基础。

7.3.4 备用油机系统复用技术

在数据中心机电系统的建设成本中，备用油机系统的投资占比高达 15%～

20%。油机投入运行后长期处于备用状态,且由于负荷增长缓慢,多年运行在低负载高耗能的状态,带来高投资、高成本、高碳排放等一系列问题。如何提高运行效率、降低建设运维成本是数据中心备用油机系统规划面临的难题,油机复用技术能够很好地解决上述问题。

油机复用技术是指将传统的油机系统与机房楼配电系统的一一对应关系解耦,优化油机配电和控制系统,实现一套油机系统对应多栋机房楼,输出对象灵活可调,高效利用油机系统的剩余容量,以提升资源利用率。

某超大型数据中心在园区分期建设中将已投产运行的 3 栋数据机房楼油机系统整合优化,调配现有油机系统剩余容量为新建的一栋数据机房楼供电。园区所有油机资源利用率由之前的 30%提升到 89%,避免了采用传统方式增加油机后带来的高能耗、高碳排放问题;同时新建机房楼项目中的油机部分投资减少 77%,总投资下降 14%,还大幅降低后期运营费用,带来显著的经济效益和社会效益。

在东数西算工程积极推进过程中,国家级算力中心必然会有大量的数据中心园区启动建设,面对需求和规模的不确定性,建设资金紧张和初期负载率低的问题难以避免,备用油机系统复用技术可以作为一种较好的解决方案。

7.4 空调类关键技术创新

7.4.1 间接蒸发冷却技术

间接蒸发冷却指的是利用非直接接触的换热器将蒸发冷却后的湿空气输送给待处理的空气对其进行降温处理。间接蒸发冷却技术能从自然环境中获取冷量,与一般常规机械制冷相比,在炎热干燥地区可节能 80%~90%,在炎热潮湿地区可节能 20%~25%,在中等湿度地区可节能 40%,从而大大降低空调制冷能耗。间接蒸发冷却空调机组的核心为间接蒸发冷却器。一般有两股气流同时经过该冷却器,但二者互不接触,这两股气流通常定义为一次空气和二次空气:一次空气指需要被冷却的空气,其主要是来自室外的新风,也可以是来自室内的回风。二次空气通过与水接触使其蒸发从而降低换热器表面温度来冷却一次空气。二次空气一般来自室外，用完后再排到室外。

间接蒸发冷却技术以自然冷却为主，机械制冷为辅。其机组有三种运行模式。在室外空气温度较低的情况下，室外空气直接进入换热器中进行热量交换，在此过程中蒸发制冷功能不开启，此种运行模式称为干模式；当室外温度较高时，制冷机通过换热器进行热量互换，在此过程中需要将蒸发冷却的喷淋降温功能打开，以此来确保整个空调机组的制冷能力，此种模式称为湿模式；当室外温度较高且湿度较大时，就需要蒸发冷却和机械制冷设备共同完成空气的冷却工作，在此过程中机械冷却设备为辅助冷却设备，该模式为混合模式。

间接蒸发冷却技术通过智能化控制，动态调节蒸发冷却系统运行状态，与负载实时联动，实现最优 PUE 运行，适宜在中大型数据中心应用。采用间接蒸发冷却技术时，需要综合考虑数据中心室内设计要求和当地室外气象条件。间接蒸发冷却技术符合当前数据中心模块化、集成化、产品化的发展趋势，满足数据中心快速建设的需求，也是现在新建数据中心选择较多的冷却技术（见图 7-8），使用该技术后，数据中心 PUE 最低可到 1.3。目前，间接蒸发冷却技术的发展方向是增加自然冷却时间，提升设备制冷系数（Coefficient Of Performance，COP），并在芯体、风道等核心部件和技术上进行创新。根据工程所在地的电价和水价及各模式运行的时间，改变各模式之间的切换温度或者优化各模式的运行时间，不仅能提高能效，还能降低数据中心运行费用。在东数西算的背景下，在寒冷干燥地区适宜推广间接蒸发冷却技术，可以达到最佳使用效果。

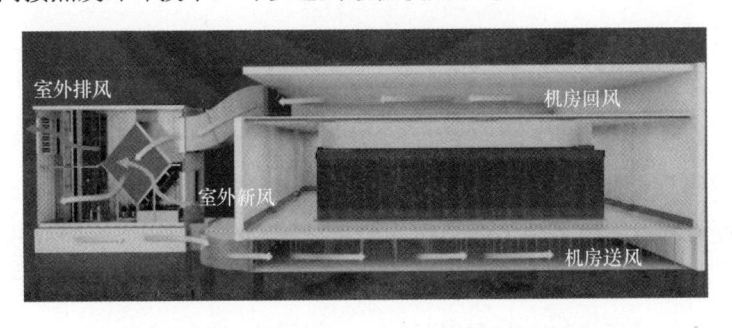

图 7-8 数据中心机房中间接蒸发冷却机组的工作原理

7.4.2 自然冷却技术

自然冷却技术是指充分利用外界自然冷源,为机房内运行的设备提供冷量,以达到节能的目的。自然冷源有水和空气两种形式。地下水是一种常见的自然冷源,地源热泵将常年保持在 18℃左右的地下水作为冷源,用作夏季时热泵的冷却水,完成热量交换。空气作为自然冷源是指当室外空气温湿度低于室内空气温湿度时,室外空气与室内空气换热,从而带走室内的热量,达到制冷的目的。室外空气换热方式分为直接利用和间接利用两种:直接利用方式是将室外空气引入数据中心冷风通道进行换热,间接利用方式是将室外空气与室内空气通过换热器换热。利用自然冷源为机房内的 IT 设备降温,可以减少压缩机的工作时间,达到节能降耗的目的。自然冷源室外新风系统工作原理如图 7-9 所示。

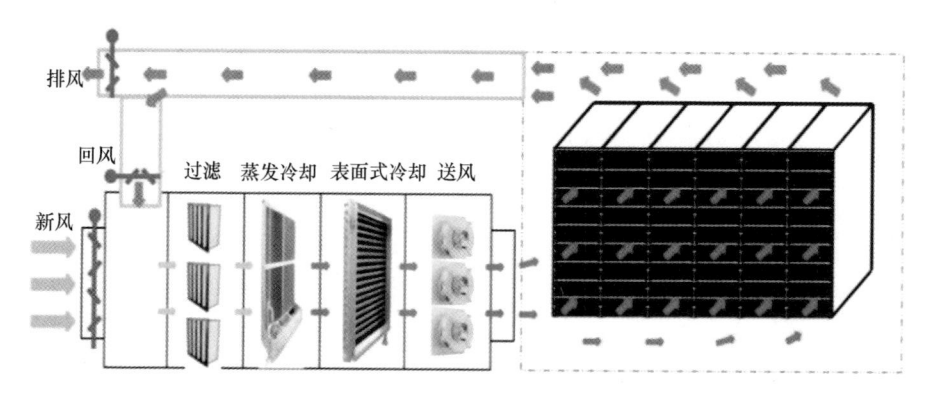

图 7-9 自然冷源室外新风系统工作原理

自然冷源直接利用技术降温效果最好,但由于受到机房洁净度和湿度等指标要求的制约,需要增加额外的空气处理装置来扩大自然冷源直接利用技术的适用范围,导致投资规模不断扩大。而自然冷源间接利用技术和复合冷源制冷技术均能在保证数据中心机房洁净度和湿度等指标要求的前提下实现对自然冷源的利用。复合冷源制冷需要自然冷源与机械制冷两种制冷系统有机结合,实现自由切换。在自然冷源利用率上,复合冷源制冷技术由于可自由切换自然冷源与机械制冷两种系统,延长了自然冷源利用时间,比自然冷源间接利用技术更好,且减少了设备数量,不必额外配置输配系统和控制系统,投资和维护成本降低。因此,复合冷源制冷技术更加适合新建数据中心，而自然冷源间接利用技术更适合现有数据中心的节能改造。

氟泵双循环空调系统采用复合冷源制冷技术，它采用智能双循环设计，在冬季或过渡季室外温度较低时，利用氟泵对制冷剂进行室外循环换热，充分利用室外自然冷源；在夏季或过渡季室外温度较高时，采用压缩机对制冷剂进行压缩循环换热。智能双循环系统能够在同一套制冷系统中实现压缩机制冷、氟泵制冷及压缩机和氟泵混合制冷三套循环系统，在全年一定时间内不必开启压缩机制冷，从而有效降低空调能耗。

自然冷源的冷却可充分利用室外冷源制冷，减少压缩机能耗，在寒冷地区的应用潜力更大。在水资源缺乏的西部地区，全年大部分时间环境温度适宜，可以使用自然冷源进行数据中心散热。如何最大限度利用自然冷源将是东数西算工程中空调系统节能减排研究需解决的关键问题。

7.4.3 末端空调节能技术

1. 气流组织优化

采用气流组织优化技术可提高空调系统的能效。常用的气流组织优化技术有冷/热通道封闭和列间空调等。这些技术从热力学角度均能提高换热效率，节约能源，是常用的数据中心末端空调节能技术。

冷/热通道封闭系统是一项用于提高空调系统制冷效率的技术，目前主要应用于数据中心机房。该系统基于冷热空气分离有序流动的原理，在冷通道封闭系统中，冷空气进入密闭的冷通道，设备由机柜前端吸入冷气，为设备降温后的热空气由机柜后端排出至热通道，空气循环过程中冷空气与热空气隔离。在热通道封闭系统中通过封闭的热通道把热空气汇集，然后通过垂直风管与天花板无缝连接实现空调回风，达到热回风与冷进风完全隔离的目的。从总体能效来说，无论封闭冷通道还是热通道，都能达到提高送风温度、提高空调系统能效的目的，但是封闭热通道能使热量更集中，从而提高空调系统的COP指标。冷通道封闭和热通道封闭两种方案的选择，需要从安装场景、操作空间、运维人员舒适度和使用习惯等多方面来综合考虑。

列间空调是专门解决高功率密度机柜制冷难题的精密制冷系统，它直接放在服务器机柜列间，尽可能靠近热源实现直接制冷。该系统非常适合应用于模块化数据中心。列间空调靠近热源制冷，配合冷热通道设计，进一步优化了室内气流组织，可有效降低机房整体 PUE，提高制冷效率。列间空调虽然能提高制冷效率，但成本较高，适用于追求更低 PUE 的高功率密度数据中心。

2. 热管冷却

热管冷却技术通过在 IT 设备中添加热管导热元件，充分利用热传导与液体相变的热传递性质，将设备的热量迅速传递到外界。液体在热管与发热部件接触端发生吸热相变，变为气态，气态介质在压差的作用下流向冷凝端，在冷凝端发生冷凝相变，释放热量，凝结液通过热管吸液芯的毛细作用或者重力作用流回蒸发段，循环往复传递发热设备的热量，再通过风冷或液冷等手段对冷凝段冷却换热。

热管适用于风冷空调系统与冷冻水空调系统，无论在高热密度机房、局部过热机房、高节能需求机房还是在各类数据中心，均可实现高效节能。热管技术与空调系统叠加使用，可有效提高 IDC 机房的节能效率。

3. 液冷技术

为应对高功率密度数据中心需求，可采用液冷技术，它利用液体介质与热源直接或间接接触进行换热，再由冷却液体将热量传递出去。目前应用于数据中心的液冷技术主要有 3 种：浸没式液冷、冷板式液冷及喷淋式液冷，如图 7-10 所示。

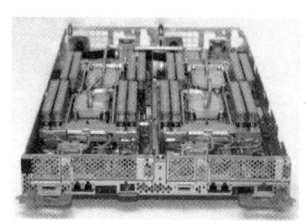

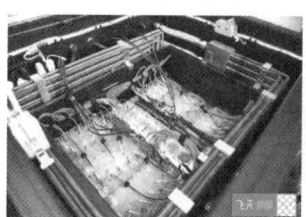

冷板式液冷　　　　　浸没式液冷　　　　　喷淋式液冷

图 7-10　液冷技术

（1）浸没式液冷将服务器里面所有硬件直接浸泡在冷却液（冷却介质）中，依靠流动的液体吸收服务器的热量。按照液体散热过程中是否发生相变，浸没式液冷可以分为单相浸没式液冷（见图7-11）和两相浸没式液冷（见图7-12）。单相浸没式液冷中，低温的冷却液与发热电子元器件直接接触换热，整个散热过程中冷却液不会挥发，控制简单。两相浸没式液冷利用了冷却液的蒸发潜热，具有更高的传热效率，但是相变过程中存在压力波动，控制复杂。

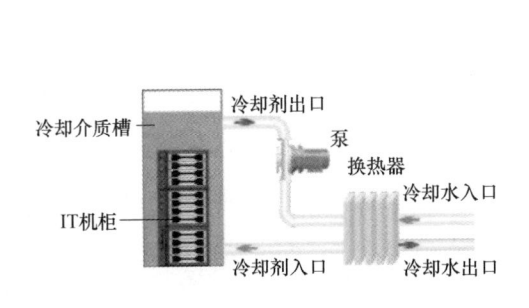

图7-11 单相浸没式液冷

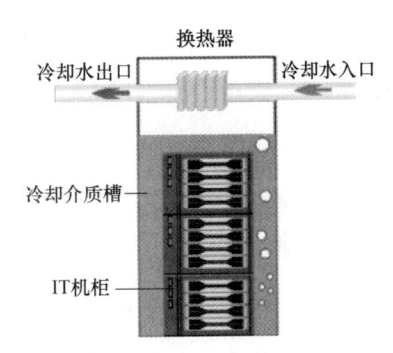

图7-12 两相浸没式液冷

（2）冷板式液冷中，冷却液不与服务器元器件直接接触，而是通过冷板进行换热，所以称为间接液冷。冷板式液冷是指将服务器内的风冷散热片换为水冷散热片，在水冷散热片中使用去离子水将芯片发出的热量带走。为了增大换热系数，目前绝大多数的服务器芯片采用微通道冷板。与浸没式液冷类似，冷板式液冷依据冷却液在冷板中是否发生相变，分为单相冷板式液冷及两相冷板式液冷。

（3）喷淋式液冷是新近出现的液冷技术，保留了服务器的传统形式，将绝缘单相的冷却液喷淋在服务器内部芯片等主要热源处，换热后的冷却液依靠重力从每个服务器中流出并汇集后进入循环系统。喷淋式液冷结合了其他两种液冷的特点，既保证了高效换热，又基本保留了服务器的传统形式，具有一定的优势。

液冷技术在数据中心的散热方面具有显著的优势，适用于高功率密度散热，采用液冷技术后单柜功率可显著提高；但要在数据中心大规模应用，则需要进行长期的实验，改善液冷技术的稳定性、适用性，优化技术架构，降低运营成本。在东数西算的背景下，液冷技术建议应用于高功率密度的数据中心，或不适合使用自然冷源的地区，通过液冷来降低数据中心 PUE。另外，在高海拔地区液冷数据中心仍然可以保持较高的散热效率，故液冷技术也适用于高海拔地区。

由于目前液冷系统建维成本较高，可以考虑采用"风液共存"建设模式。所谓风液共存，是指在同一个数据中心，服务器既可以放置在采用风冷的机房，也可以放置在采用液冷的机房，风冷系统和液冷系统分别处于不同的子机房，适用于不同功率密度机柜，互相之间独立无干扰。这种建设模式可以平衡初投资和 PUE 要求，能够使成本降低和 PUE 目标达成。

现有的数据中心从原有冷却形式改造为液冷形式，需要改造原有 IT 设备、连接线缆及配电部分，系统改造成本过高，工期较长，存在一定的执行风险。因此，做好提前规划，建造新的液冷数据中心会具有更大的经济优势。如果将多个小型数据中心合并为高功率密度的大型数据中心，能在一定程度上降低液冷系统的成本，提高能量利用效率。

7.4.4 AI 群控

制冷系统的控制参数和过程参数非常多，且相互之间存在依赖关系。AI 群控技术通过机器学习，将采集的冷却塔、板式换热器等相关传感器的数据进行收集处理（见图 7-13），形成精准的知识表数据，然后记录主机在不同负荷率、不同温差下的 COP 数据，根据各部件在不同工况下的性能曲线、当地气象参数、机组运行记录，以保持系统最高能效运行为原则调整压缩机与冷却泵的运行台数、运行频率，风机的运行台数与转速，冷水出水温度等参数，确保一体式机组始终在最低能耗状态下运行。它可以帮助空调系统合理降低能耗，保证在外部条件变化时，空调系统的 COP 最优，进而降低数据中心系统的运行 PUE，也对空调系统的运维管理带来帮助。

AI 群控可以叠加多种空调系统，应用于东数西算的数据中心集群时，可以根据应用地区的气候特点，使机组实时自我调控，不仅确保一体式机组始终在最低能耗状态下运行，在使用自然冷源的系统中还可以充分利用室外低温空气，减少压缩制冷的时间，从而降低能耗。

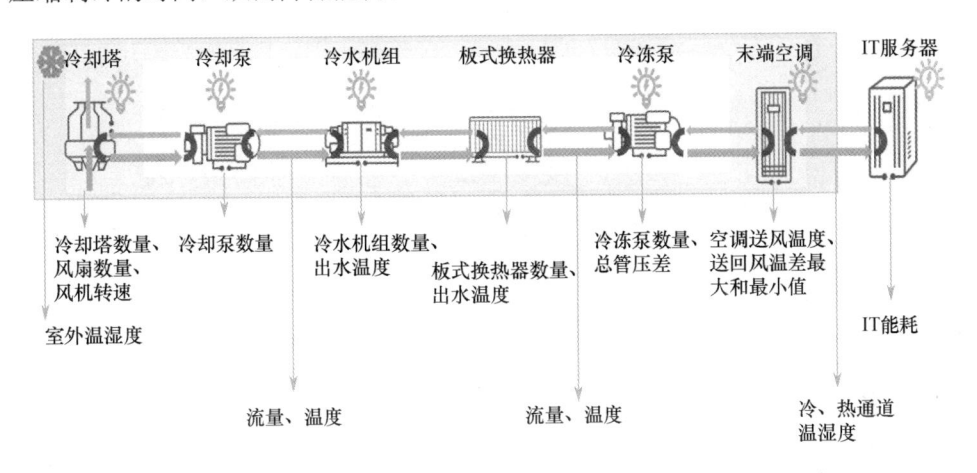

图 7-13 AI 群控相关数据

7.4.5 余热回收

数据中心余热主要有三个特点：热源品质较低、热量稳定、产热量大，它属于低品位余热，存在余热利用价值和经济性平衡的问题。目前数据中心余热回收技术需要与数据中心的制冷系统相结合来实现，制冷系统冷却 IT 设备后将产生大量的余热，在我国北方和中部地区可通过热泵机组进行热量交换后作为冬季取暖/生活热水热源，南方地区可利用余热提供生活热水。

国内数据中心常用的制冷方式分为水冷和风冷两种，水冷空调系统普遍应用于大型数据中心，由机房精密空调末端、水冷冷水机组、室外冷却塔和管路等组件构成。对于水冷空调系统进行余热再利用改造比较简单，只要在冷冻水侧增加水源热泵直接与供暖管网或热水管网连接即可（见图 7-14），水源热泵采用热交换原理利用机房余热使热力管网中的水升温，同时减少了水冷冷水机组能耗。

风冷空调系统在新建大型数据中心中应用较少，多应用于老旧中小型数据中心和通信机房，由于现存数量较多，对它们进行余热再利用改造对于减少行业碳排放意义巨大。对风冷空调系统的余热再利用改造技术较为复杂，需要将分布式换热器串入风冷冷凝管路，并新增外接冷却塔和水源热泵机组，再将水源热泵与热力管网或热水管网连接，如图 7-15 所示。数据中心风冷空调系统的余热再利用还处于研究和初步应用阶段，实际落地案例较少。

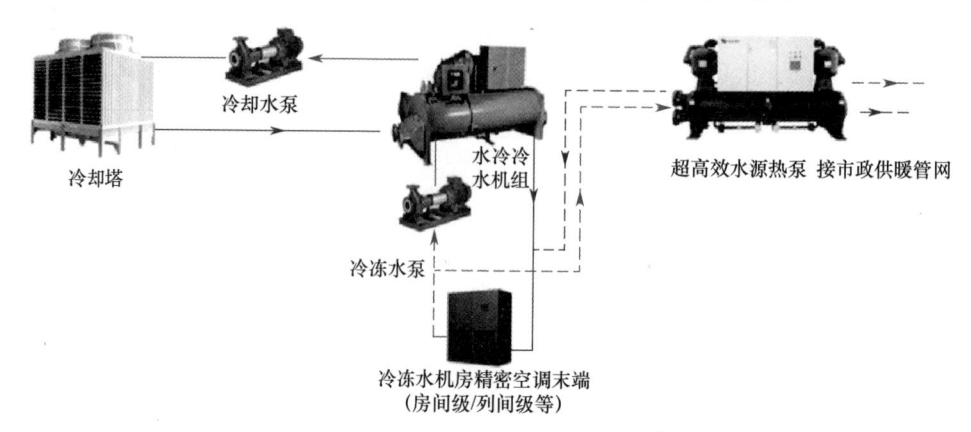

图 7-14　余热再利用系统（水冷）架构图

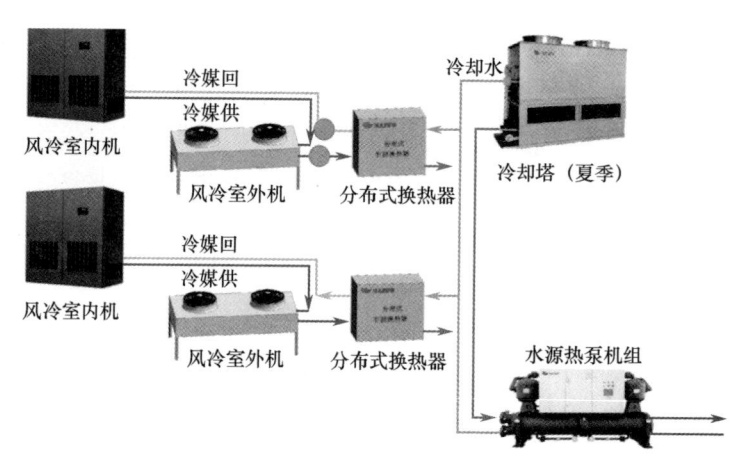

图 7-15　余热再利用系统（风冷）架构图

对于东数西算新建的数据中心来说，如果能合理地利用余热回收技术为周边地区供暖或提供生活热水，则能有效减少能源损耗，实现能源的梯级利用，提高能源的综合使用效率，推动东数西算向绿色低碳方向发展。但采用余热回收技术，需要考虑余热用途的便利性和经济性，多适用于选址周边有余热使用客户或者余热改造方便的地区。

7.5 数据中心集成与运营技术创新

7.5.1 集装箱式模块化数据中心

集装箱式模块化数据中心提供了一种数据中心基础设施快速解决方案，部署效果图如图 7-16 所示。它不依赖土建机房，箱体成本较低，单个箱体制作周期为 3～5 天，工厂可并行生产，周期较短；可以根据规划和实际使用情况调整部署，还可以分期部署，避免一次性过多投入，供电及制冷均可按照需要进行模块化扩容；生产制作在工程预装前完成，在现场只进行简单的紧固拼接工作，从而大大减少工程量。

图 7-16 集装箱式模块化数据中心部署效果图

相比于传统数据中心，集装箱式模块化数据中心的优势主要体现在两个阶段：一是初期建造阶段，二是后期运维阶段。集装箱式模块化数据中心与传统数据中心建设对比见表 7-1，集装箱式模块化数据中心与传统数据中心运维表现对比见表 7-2。

表 7-1 集装箱式模块化数据中心与传统数据中心建设对比

	集装箱式模块化数据中心	传统数据中心
成本	模块批量生产，现场施工少，成本低	定制、建造成本均高
产生垃圾、噪声	现场工程量少，垃圾、噪声少	施工产生大量垃圾、噪声
设计难度	有专业流水线，设计简单	需多方协调，无成型流水线，设计复杂
周期	短，一般 6～8 个月	长，一般 12～24 个月
扩展性	模块结构，易于扩展	规模基本固化，难以改动

表 7-2 集装箱式模块化数据中心与传统数据中心运维表现对比

	集装箱式模块化数据中心	传统数据中心
售后对接方式	与模块单元厂家协调即可，专业、简洁	需要针对不同设备协调不同厂家，售后过程烦琐、复杂
联网程度	高	低
人工智能程度	高，能进行故障预判和自动处理	低，需要结合人工经验进行分析、处理
绿色节能	在自动最优点运行，避免浪费	粗犷运行，浪费严重
故障元件更换难度	直接插拔，简单易操作	传统更换，复杂

7.5.2 微模块数据中心

微模块数据中心将多架机架组合为一个基本单位，集成空调系统、供配电系统、机柜、密闭通道、网络系统、综合布线系统、监控系统、消防系统等于一体，采用模块化部件和统一的接口标准，实现各种组件的无缝集成，相当于一个不含土建设施的小型、完整的机房。每个微模块接入外部电力、空调管路之后，都可以独立运行，互不干扰。微模块的各功能组件都在工厂里预制完成，再运输至现场搭建。这种模块化的设计，使得微模块作为功能完备的基础设施单元快速部署到数据中心机房楼内。而且每个微模块可以匹配相应的客户需求，实现分期建设、模块化复制、灵活扩容等目的。微模块总体结构如图 7-17 所示。

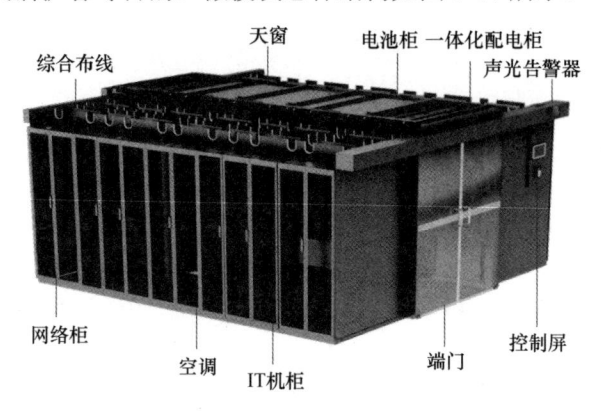

图 7-17 微模块总体结构

微模块的适用范围非常广泛，无论新建或改造的大、中、小型数据中心，土建形式为多层机房式、仓储式还是集装箱式，只要土建条件满足，都能够采用微模块快速完成数据中心的部署。微模块方案将数据中心标准化、工厂预制化、模块化，微模块内的IT机柜、空调、配电模块等的部署位置可灵活调整，配电模块可根据建设或维护要求灵活部署在微模块内部，也可部署在微模块外部。微模块具备集约、绿色、安全、高效的优势，能有效满足超大型、大型、小型数据中心快速部署和分期建设的需求，并且实现了一体化智能化运维。

微模块的供配电系统主要由列头柜、模块化不间断电源（Uninterruptible Power Supply，UPS）或高压直流系统、电源分配单元（Power Distribution Unit，PDU）、电线电缆和防雷接地附件等组成，具备供电数据采集、检测、故障报警、防雷等功能，对于微模块中的IT设备、空调设备、照明设备、消防设备等实现安全可靠供电。UPS及高压直流系统采用模块化架构，支持按需部署、柔性扩容；各个功能模块都可以热插拔，大大缩短了设备的故障处理时间。

备用电池可采用锂电池替代传统的铅酸蓄电池，锂电池的功率密度是铅酸蓄电池的3倍，与传统方案相比，突破了空间、承重的限制，节省机房面积50%以上；并且采用模块化设计，支持按需部署、柔性扩容、故障快速排除，提升了供电可靠性；完善的智能化设计，极大地简化了日常维护工作。

新型智能小母线可替代传统的列头柜，采用即插即用的模块化设计，配置灵活，扩展性好，可从容应对单机柜容量增加及机柜数量增加的情况；仅占用机柜顶部少量空间，提升机房出柜率10%以上；安装简单，走线简洁美观，便于维护。

微模块只包含空调末端和连接管道，与外部空调管线连接后，可与各种类型的空调主机结合使用，支持各种新型空调节能技术。目前，微模块的空调末端多采用底座式空调或列间空调，对周围机柜就近送风，减少各个气流组织间的干扰，大大提升了制冷效率。而且这种方式对于架空地板高度没有特殊要求，降低了数据机房的层高限制，适用范围广。

微模块的应用优势归纳起来，主要有以下几点。

（1）节能效果好。传统数据中心机房通常采用房间级空调+密闭通道设计，机柜与空调相距较远，制冷效果较差。微模块数据中心机房则采用行级空调+密闭通道设计，就近制冷，气流组织规范，节能效果好。而且列间空调支持的单机柜的功率密度显著提升，可达到传统数据中心机房单机柜功率密度的 3 倍，有效推动高功率密度数据中心的建设和发展。另外，微模块的灵活部署方式能够有效解决传统数据中心过度规划的问题，可按需扩容，供电系统和空调系统容量可精确匹配负荷需求，提升设备能效，节约电力成本，降低 PUE。

（2）建设周期短。传统数据中心机房在建设过程中需要根据机柜部署需求对地板、强弱电布线、接地系统及照明系统等进行现场设计及施工，建设过程中可能会受到多种未知因素的影响而耽误施工进度，这导致传统数据中心机房建设周期较长，通常情况下其建设周期可达一年。微模块数据中心机房则能够将大部分设计、施工及安装环节转移到工厂预制环节，大大简化了现场勘察及施工环节，机房土建、装修及预安装调试可同步进行，建设周期较传统数据中心机房建设周期通常可以缩减一半以上。

（3）可拓展性强。随着市场应用需求增长，数据中心会随时根据业务需求对机房进行拓展，传统数据中心机房的扩容往往会对现有设备和业务造成影响，带来设备掉电的风险。微模块数据中心机房相互独立，拓展性强，通过增加微模块来支撑业务需求增长，提升了整个数据中心的运行稳定性。

7.5.3　基础设施管理系统

数据中心基础设施管理（Data Center Infrastructure Management，DCIM）系统结合信息技术和设备管理技术，对数据中心关键设备进行集中监控、容量规划等管理。通过软件、硬件和传感器等，DCIM 系统提供了一个独立的管理平台，对数据中心 IT 设备和基础设施进行实时监控和管理。

DCIM 系统是涵盖传统不间断电源（交流/直流 UPS）、空调等关键基础设施管理及 IT 设施管理的综合管理平台，它通过统一平台实时收集资产信息、资源使用情况及各个组件的运行状态，对这些信息进行分类、聚合和分析，并加以应用，从而提升数据中心运营管理的效率和水平。DCIM 系统的价值不仅在于设备动态维护，还在于设备的静态资产管理、机房资源管理和设备连接管理，并涵盖系统影响分析及设备管理、变更规划管理，进而实现多种基础设施的实时运行状态与指标的智能化协同，提升数据中心的整体运行效率，降低运行维护成本。

DCIM 产品的体系架构以四层居多：数据采集层（对高低压配电设备、柴油发电机组、冷水机组、冷却塔、水泵、UPS、蓄电池、空调和智能电表等数据进行采集）、聚合层（包括变配电子系统、动环子系统、冷机群控子系统、楼控子系统等）、服务层（数据库、存储设备等）和显示层（用户界面、监控大屏）。

7.5.4 基础设施管理技术的研究方向与发展趋势

1. 系统架构标准化

大型数据中心的基础设施规模庞大，存在非常多的专业系统，其中设备种类、品牌、型号多样，由于不同行业的系统通信协议标准差异较大，需针对 DCIM 系统的每个子系统专门开发接口，这会造成 DCIM 系统实际连接困难。对 DCIM 系统，需要解决以下几个标准化问题。

1）设备信息名称标准化

设备信息包括被监控设备的开关量、模拟量、告警名称等信息。需要对不同品牌、不同型号的同类设备和同类监控信息的命名进行规范和统一，以提高监控识别率。

2）告警分级标准化

按照数据中心业务的重要性，应对所有被监控设备的告警进行分级，以便监控人员及时发现问题。蓄电池、环境温/湿度等监控信息也应实现多级告警。

3）采样周期标准化

针对被监控设备的特性对采集周期进行分类，在系统建设初期应充分评估拟采用的网络架构和预期的采样周期，明确各类设备的采样周期。

4）采集协议标准化

数据中心中的机房、暖通设备、电力设备、安防设备等实体，是原始信息的来源。所有的被管理对象应通过广泛认可的标准协议向中心侧提供各种性能和事件数据,降低不同系统、设备接入 DCIM 系统的技术难度与成本。

5)数据存储机制标准化

大型数据中心 DCIM 系统采集的数据量非常庞大,若缺乏良好的数据存储机制,会增加初期硬件投资,造成系统稳定性下降。优化数据存储机制,降低关键数据的存储密度,减少入库数据量,对大型数据中心部署 DCIM 系统具有重要的意义。

2. 引入流程管理理念

将流程管理理念融入数据中心基础设施的运维管理中,不同数据中心的管理体系不同,造成流程的差异化,DCIM 系统中的运维管理流程应具备灵活的配置和调整功能,以满足不同客户的需求。

3. IT 设备与基础设施的融合共管

传统数据中心中,IT 设备运维体系负责运维 IT 设备、网络设备、存储设备和软件。基础设施运维体系负责运维电源、空调、安防设备、消防设备等。这两个运维体系包含众多运维系统,因为设备属性、功能、通信协议、运维模式与运维需求优先级等千差万别,这些独立的运维系统间缺少有效数据沟通,实时运行状态不能自动协同,不利于提高运营效率。随着数据中心运维体系的数字化转型,这些运维体系与 DCIM 系统需要实现融合与协同发展。

4. 云化部署

数据中心的整体规模和数量在快速增长,数据中心的运维越来越复杂,专业性也越来越高。将 DCIM 系统的能力云化,可更高效、更快捷、更专业地对数据中心进行运维管理,并实现运维资源(人才、服务)的集中共享。

在 DCIM 云化服务模式下,微服务架构成为最佳选择。相对于传统架构,每个微服务结构独立,功能专一,便于快速开发和迭代;微服务之间是松耦合的关系,接口确定后无须关注实现,不会产生歧义,从而大幅降低协调沟通成本;每个微服务都可以独立部署,快速实现新功能,且不会影响整个系统的运行。预计市面上采用微服务架构的 DCIM 云服务产品会越来越多。

指标的智能化协同,提升数据中心的整体运行效率,降低运行维护成本。

DCIM 产品的体系架构以四层居多:数据采集层(对高低压配电设备、柴油发电机组、冷水机组、冷却塔、水泵、UPS、蓄电池、空调和智能电表等数据进行采集)、聚合层(包括变配电子系统、动环子系统、冷机群控子系统、楼控子系统等)、服务层(数据库、存储设备等)和显示层(用户界面、监控大屏)。

7.5.4 基础设施管理技术的研究方向与发展趋势

1. 系统架构标准化

大型数据中心的基础设施规模庞大,存在非常多的专业系统,其中设备种类、品牌、型号多样,由于不同行业的系统通信协议标准差异较大,需针对 DCIM 系统的每个子系统专门开发接口,这会造成 DCIM 系统实际连接困难。对 DCIM 系统,需要解决以下几个标准化问题。

1)设备信息名称标准化

设备信息包括被监控设备的开关量、模拟量、告警名称等信息。需要对不同品牌、不同型号的同类设备和同类监控信息的命名进行规范和统一,以提高监控识别率。

2)告警分级标准化

按照数据中心业务的重要性,应对所有被监控设备的告警进行分级,以便监控人员及时发现问题。蓄电池、环境温/湿度等监控信息也应实现多级告警。

3)采样周期标准化

针对被监控设备的特性对采集周期进行分类,在系统建设初期应充分评估拟采用的网络架构和预期的采样周期,明确各类设备的采样周期。

4)采集协议标准化

数据中心中的机房、暖通设备、电力设备、安防设备等实体,是原始信息的来源。所有的被管理对象应通过广泛认可的标准协议向中心侧提供各种性能和事件数据，降低不同系统、设备接入 DCIM 系统的技术难度与成本。

5）数据存储机制标准化

大型数据中心 DCIM 系统采集的数据量非常庞大，若缺乏良好的数据存储机制，会增加初期硬件投资，造成系统稳定性下降。优化数据存储机制，降低关键数据的存储密度，减少入库数据量，对大型数据中心部署 DCIM 系统具有重要的意义。

2. 引入流程管理理念

将流程管理理念融入数据中心基础设施的运维管理中，不同数据中心的管理体系不同，造成流程的差异化，DCIM 系统中的运维管理流程应具备灵活的配置和调整功能，以满足不同客户的需求。

3. IT 设备与基础设施的融合共管

传统数据中心中，IT 设备运维体系负责运维 IT 设备、网络设备、存储设备和软件。基础设施运维体系负责运维电源、空调、安防设备、消防设备等。这两个运维体系包含众多运维系统，因为设备属性、功能、通信协议、运维模式与运维需求优先级等千差万别，这些独立的运维系统间缺少有效数据沟通，实时运行状态不能自动协同，不利于提高运营效率。随着数据中心运维体系的数字化转型，这些运维体系与 DCIM 系统需要实现融合与协同发展。

4. 云化部署

数据中心的整体规模和数量在快速增长，数据中心的运维越来越复杂，专业性也越来越高。将 DCIM 系统的能力云化，可更高效、更快捷、更专业地对数据中心进行运维管理，并实现运维资源（人才、服务）的集中共享。

在 DCIM 云化服务模式下，微服务架构成为最佳选择。相对于传统架构，每个微服务结构独立，功能专一，便于快速开发和迭代；微服务之间是松耦合的关系，接口确定后无须关注实现，不会产生歧义，从而大幅降低协调沟通成本；每个微服务都可以独立部署，快速实现新功能，且不会影响整个系统的运行。预计市面上采用微服务架构的 DCIM 云服务产品会越来越多。

DCIM 云服务，对于多租户数据中心的管理意义非凡，它不仅能为管理人员和多租户提供管理服务入口，还能提供远程巡检服务，并能对检查中发现的隐患通过平台故障工具进行修复。

5. 数字化转型

DCIM 的数字化转型是数据中心数字化的重要组成部分，包括以下几方面的内容：

（1）基于运行数据与运维管理的数字化转型，DCIM 从传统等着故障发生的被动运维模式，向提前发现可能故障因素的主动模式转变。这种运维模式变革将有效降低潜在的系统宕机概率及系统停机维护时间，大大提高企业运营效率。

（2）基于 DCIM 高效的规划和建模及数字化服务，企业可以提前预判故障风险，获得可靠的维修方案和充裕的故障修复时间，并在设备的整个生命周期内优化基础设施性能和节省成本。

（3）DCIM 互联网化能够轻松实现多地域、多数据中心的数据交互与远程协同，也可以实现移动用户的快速、安全接入。

本章参考文献

[1] 工业和信息化部电子第五研究所. 中国数字基建的脱碳之路[R]. 2021.
[2] CDCC. 2021 年中国数据中心市场报告[R]. 2021.
[3] 工业和信息化部. "十四五"信息通信行业发展规划[R]. 2021.
[4] 工业和信息化部. 新型数据中心发展三年行动计划（2021-2023 年）[R]. 2021.
[5] 国家发展改革委. 全国一体化大数据中心协同创新体系算力枢纽实施方案[R]. 2021.
[6] 徐彬. 东数西算是实现"双碳"目标的关键举措[N/OL]. 2022-02-19 [2023-02-14]. 百度百家.
[7] 国家发展改革委. 贯彻落实碳达峰碳中和目标要求 推动数据中心和 5G 等新型基础设施绿色高质量发展实施方案[R]. 2021.
[8] Frost & Sullivan. 全球数据中心锂离子电池分析报告[R]. 2021.
[9] 数据中心观察室. 阿里张北数据中心[EB/OL].（2020-12-18）[2023-02-14]. 百度百家.

第 8 章
东数西算与算力网络产业链分析

2022 年 2 月，东数西算工程已正式全面启动。东数西算所涉及的产业链庞大，环节多，需要产业链上中下游的全面助力。本章对东数西算与算力网络产业链上游（空调、供配电系统、服务器、网络设备）、产业链中游（数据中心服务商、云计算服务商、通信网络服务商）、产业链下游（互联网企业、金融行业、政府机构、电力行业）进行了全面分析。

8.1 产业链上游

8.1.1 空调

1. 空调行业概况

东数西算实施方案鼓励使用高效环保制冷技术降低能耗，支持数据中心采用自然冷源技术、间接蒸发冷却技术、余热综合利用技术乃至液冷技术（解决高功率密度设备散热问题）。近年来，空调产业在数据中心领域以节能为导向，朝着技术融合、集成化方向发展，并逐步通过智能化手段提高与 IT 设备运行状态的动态适配性。

以间接蒸发冷却技术、自然冷源技术、液冷技术等为代表的技术能大幅降低 PUE。间接蒸发冷却技术适用于新建的大型数据中心。减少连续制冷配置、预制化、模块化、智能化及与其他制冷技术结合等将成为间接蒸发冷却技术下一步发展的重点。未来间接蒸发冷却机组的市场份额也会逐步提升，根据工业和信息化部发布的《国家绿色数据中心先进适用技术产品目录（2020）》，预计到2025年，间接蒸发冷却技术及机组的市场份额会达到10%~20%[1]。

采用自然冷源技术具有良好的经济效益和社会效益，自然冷源技术后续还需通过提升设备性能来解决受环境限制的问题。

液冷技术多适用于高功率密度的数据中心，数据中心液冷技术现阶段在国内外都处于探索阶段。随着英特尔、曙光、华为等国内外企业逐渐深入探索液冷技术，预计数据中心液冷技术的发展将进一步加速。表8-1介绍了工业和信息化部发布的目前我国绿色数据中心先进适用液冷技术的情况。在双碳政策的推动下，液冷技术具有很大的发展可能性，并驱动数据中心绿色低碳化加速发展。

表8-1 数据中心先进适用液冷技术的情况

序号	技术名称	适用范围	主要节能减排指标	应用现状和推广前景	技术产品提供方
1	数据中心液/气双通道冷却技术	新建数据中心	PUE≤1.2；服务器CPU在满负荷条件下工作温度低于60℃时单机架装机容量≥25 kW	预计未来5年普及率能达到10%以上，并且每年以不低于10%的增长率获得推广应用	广东申菱环境系统股份有限公司
2	数据中心用单相浸没式液冷技术	新建数据中心/在用数据中心改造	制冷/供电负载系数为0.05~0.1 可实现静音数据中心	预计我国未来应用前景广阔	深圳绿色云图科技有限公司
3	冷板式液冷服务器散热系统	新建数据中心/在用数据中心改造	风扇功耗降低60%~70%，空调系统功耗降低80%（北方地区）；PUE低于1.2	预计未来5年内，使用率可以提高至15%	曙光节能技术（北京）股份有限公司

2. 空调行业竞争格局

2021年国内数据中心平均PUE为1.49。东数西算工程严格的PUE政策对空调设备的能效提出了更高的要求，推动空调设备的高端化及技术升级。根据CDCC数据预测，目前国内数据中心机架总数达415万架，预计国内存量机房改造市场空间近300亿元[2]，将带动空调行业进入一个新的更新换代期，以数据中心为代表的东数西算工程将给空调产品提供更多的契机，对相关产业的带动力不断增强。

空调产业在数据中心领域以节能为导向，各厂商都在开展核心技术创新，结合智能技术，研发众多解决方案、高效制冷技术和配套设备，促进暖通空调行业的技术革新。

空调行业厂家较多，市场份额较分散，国内主要的机房空调厂家有维谛、华为、英维克等，国外的机房空调厂家有艾默生、施耐德、顿汉布什等。面对我国的东数西算战略给空调行业带来的机遇，国内机房空调厂家有较大的增长空间和广阔的发展前景。

8.1.2 供配电系统

1. 供配电系统行业概况

数据中心的供配电系统由高低压配电系统、不间断电源系统（含 UPS、高压直流电源和蓄电池）和油机系统三部分组成，是保障数据中心安全稳定运行的关键要素，同时建设成本占比最高。按照国内大型、超大型数据中心普遍采用的 T3 等级建设标准测算，供配电系统的建设成本占基建总成本的 50%左右。随着国家政策和市场对于建设成本、建设周期和 PUE 要求的提升，供配电设备向高能效、预制化、智能化发展，绿色、节能、高效的设备将占据市场的主导地位。

高低压配电系统将由传统的集中式大系统向分布式模块化系统演进，由独立设备现场安装方式向厂家集成系统方式演进，设备本身将向高集成度、高能效演进。融合高低压配电系统和不间断电源系统的一体化供电系统、模块化 UPS、高压直流系统、智能锂电池在市场上的占比将逐步提升。

数据中心普遍采用节能、高效的 10 kV 柴油发电机组系统替代低压柴油发电机组，随着源网荷储技术的进步和可再生能源的扩大利用，业内已经提出采用可再生能源替代柴油发电机组作为备用电源的思路，目前还处在可行性探讨阶段，未来如果能够实施，将对柴油发电机组市场带来比较大的冲击。

不间断电源系统方面，高功率、模块化 UPS 市场需求占比将不断提升。UPS

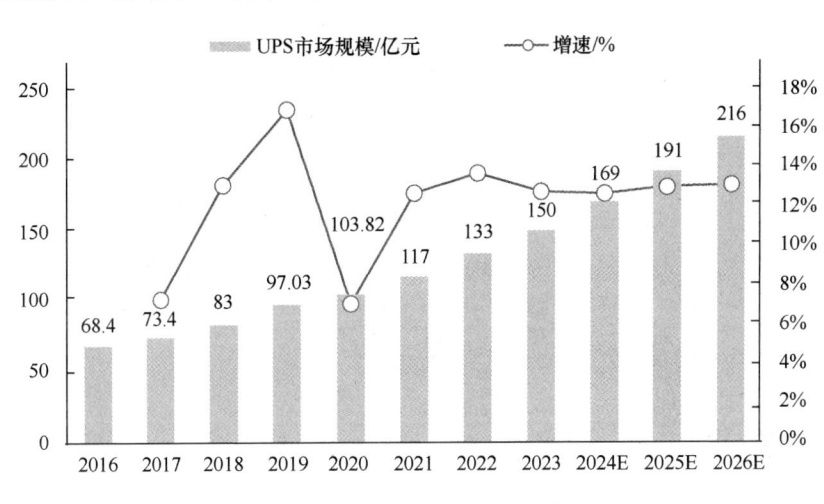

市场规模及增速如图 8-1 所示，图中的 E 表示预测值。

图 8-1　UPS 市场规模及增速

不间断电源系统的后备电池，国内目前还是以铅酸蓄电池为主，锂电池占比不超过 5%。随着锂电池安全管控技术的不断提升，凭借能量密度高、寿命长等优势，未来锂电池将得到更广泛的应用。Frost&Sullivan 发布的《全球数据中心锂离子电池分析报告》指出，预计到 2025 年，全球数据中心的锂电池占比将上升至 38.5%[3]。

2．供配电系统行业竞争格局

目前供配电系统设备市场份额主要由国内厂商主导，完全进口类设备较少。

在高低压配电柜方面，国外品牌施耐德、ABB、西门子等均为国内本地化生产，因具备部分先发技术优势，市场份额较多，国内厂商在高低压成套配电柜方面具备较大的成本优势，正在迅速赶超。

在 10 kV 柴油发电机组方面，国外品牌卡特彼勒、康明斯、威尔逊在大型数据中心占比较高，其中只有卡特彼勒为进口产品，其他国外品牌大部分为本地化生产，国内厂商正在迎头赶上。

不间断电源新增市场主要由国内厂商华为、科华、科士达主导，国外品牌（本地化生产）维谛、施耐德占据部分份额，高压直流电源市场则基本由国内厂商中恒、中达、动力源等瓜分。后备电池方面，市场份额完全由国内厂商占据，主流厂商有双登、南都、圣阳和理士等。

不间断电源方面，大功率 UPS 市场份额持续提高，UPS 整体市场中 80~200 kVA 的中大功率 UPS 产品比例继续增长，200 kVA 以上的大功率和超大功率 UPS 产品需求持续走高。从厂商产品线的分布看，施耐德不间断电源 Easy UPS 3M 系列从 60~100 kVA 扩展到 120 kVA、160 kVA 和 200 kVA；华为推出 1200 kVA 大功率不间断电源，实现高集成、高能效；维谛则专门针对 5G 数据中心发展的趋势提出供电最佳颗粒度模型，从 UPS 的容量、可靠性等方面提出更高效的供电设计。具体产品系列方面，模块化 UPS 产品发展迅速。模块化 UPS 比传统塔式高频机占地面积小，可以把电源设备分布到数据设备的列头来供电，一方面节省机房和数据中心独立供电室的建设投入；另一方面能够实现按需投资、按需部署的建设模式；此外，模块化 UPS 可以按功率需要进行组合，能够实现灵活的电源配置，满足机房 IT 设备不同等级的供电需求；由于不需要单独建设供电室，数据中心的整体利用率得到大幅提升，从而提高机房设备的装机率。2020 年中国不间断电源（UPS）行业（数据中心领域）市场规模约 103.8 亿元，同比增长 7%，预计 2026 年将超过 210 亿元；其中 100 kVA 以上不间断电源（UPS）占比 50.7%，模块化不间断电源（UPS）市场占比 34.2%[4]。2019 年中国 UPS 市场工作方式销售量构成如图 8-2 所示。

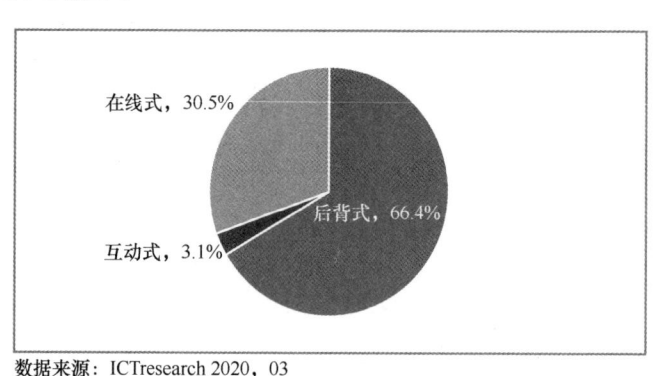

数据来源：ICTresearch 2020，03

图 8-2　2019 年中国 UPS 市场工作方式销售量构成

8.1.3 服务器

1. 服务器行业概况

随着经济发达地区土地、电力等资源的日益紧张,数据中心的建设模式从扩大服务器规模转向建设高密度数据中心,提高单位面积的算力,降低运营成本。研发和部署高密度服务器是建设高密度数据中心的关键。

近年来,数据中心平均机柜功率密度在不断提升。数据中心功率密度与数据中心规模、上层承载业务、服务模式、IT 设备技术演进密切相关。数据中心规模越大,功率密度相对越高。一般而言,当服务器承载复杂计算型任务时,因处理器芯片配置较高、较多,其功率密度较高;当服务器承载存储业务、传统通信传输业务时,功率则相对较低。当数据中心采用整机柜服务器、微模块、预模块、间接蒸发冷却技术时,其功率密度相对较高。2020 年,国内运营商的数据中心平均机柜功率密度为 4.5 kW/架,在建数据中心的平均功率密度达到 5.1 kW/架。大型互联网公司数据中心在规模、IT 设备、上层应用等方面均具备优势,其功率密度相对更高,尤其是近两年新投入运营的数据中心,如百度云计算(阳泉)中心的功率密度是 8.8 kW/架;阿里乌兰察布大数据中心的功率密度是 15 kW/架;腾讯清远清新云计算数据中心的功率密度是 7 kW/架[5]。

中国服务器出货量规模仍整体保持平稳增长,根据 IDC 统计,2021 年,全球服务器出货量约为 1353.9 万台,同比增长 6.9%,市场规模约为 992.2 亿美元,同比增长 6.4%。中国服务器出货量为 391.1 万台,同比增长 8.4%,市场规模约为 250.9 亿美元,同比增长 12.7%。中国服务器市场持续领涨全球,在全球服务器市场规模占比 25.3%,同比提升 1.4%[6]。其中,x86 服务器是目前最主要的服务器类型。根据 IDC 统计,2020 年,中国 x86 服务器出货量 343.93 万台,同比增长 8.1%;市场规模约 1433.2 亿元(2020 年中国服务器市场规模约 1489.9 亿元),同比增长 17.7%[7]。

2. 服务器行业竞争格局

在服务器整机方面,全球服务器市场格局清晰,戴尔、新华三、浪潮、联想占据主要市场份额。在国内服务器市场，国产服务器成为市场主力军，根据 IDC 统计，2021 年，我国服务器前五大厂商分别为浪潮、新华三、戴尔、联想、华为，各企业的市场份额如图 8-3 所示。华为的市场份额为 6.6%，收入同比减少 62%。由于芯片供应、贸易争端等负面影响，华为出售 x86 服务器业务，2021 年 11 月，华为将全资控股的超聚变数字技术有限公司全部权益出售给第三方，2021 年超聚变份额约 3.2%[6]。

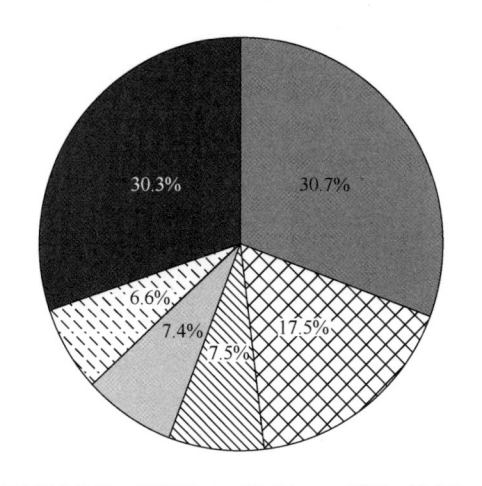

图 8-3 中国服务器市场中各企业的市场份额

在 CPU 芯片方面，服务器 CPU 芯片可按照架构分为 x86 架构与非 x86 架构。主要有 x86、ARM、MIPS、Power、Alpha 几种。x86 的 CPU 是服务器市场的主流，绝大部分市场份额被英特尔（Intel）及 AMD 占据，两家市场份额合计超过 95%，国产 x86 芯片渗透率不及 5%。Intel 公司的 CPU 制程 2020 年达到 10 nm，2022 年将更新至 7 nm。AMD 在 2022 年推出 5 nm 的 Genoa、7 nm+的 Snowy Owl Gen2 代的服务器 CPU 芯片[8]。

ARM 架构的主要优势是低成本、高效率、低能耗，稳居移动端芯片领域的霸主地位，其中，高通、苹果、联发科占据市场份额前三名。2008 年，ARM 架构开始进入服务器芯片市场。近年来，随着 ARM 架构的不断成熟和云计算、大数据、人工智能等需求的日益增长，国内外主要云服务商开始加速采用 ARM 架构芯片。

IDC 数据显示，2020 年第四季度，ARM 架构服务器同比增长了 345%。Statista 预测，到 2028 年，ARM 架构处理器在数据中心和云的市场份额将从 2019 年的 5% 增长到 25%，2028 年的市场规模将达到 580 亿美元。

近两年，受国际环境的影响，基于国产芯片的服务器市场份额增长较快，如图 8-4 所示，主要是基于 ARM 架构的华为鲲鹏和飞腾系列芯片，以及基于 x86 架构的海光芯片，三大运营商 2021 年、2022 年的服务器集中采购结果也证实了这一点[9]：

（1）中国电信 2022—2023 年服务器集中采购规模约为 20 万台，其中基于鲲鹏、海光、飞腾等国产 CPU 的服务器采购量为 5.34 万台，占比 26.7%。

（2）中国移动 2021—2022 年第 1 批 PC 服务器集中采购项目中，基于鲲鹏和海光等国产 CPU 的服务器累计采购量达 4.4 万台，占招标总量的 27.03%。

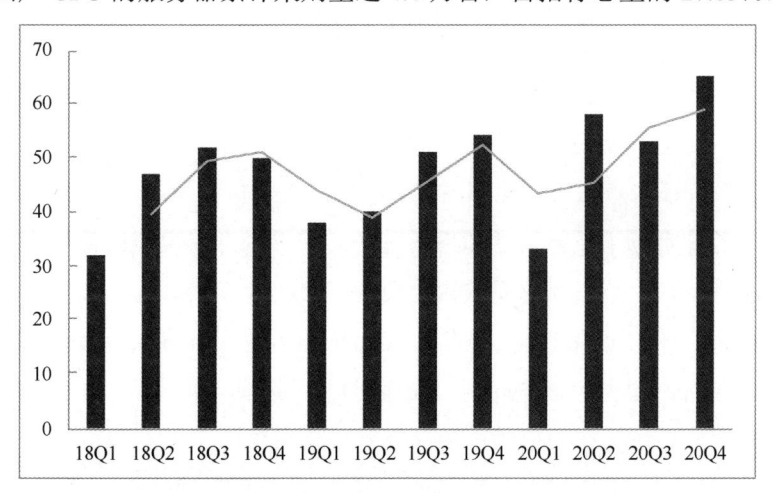

图 8-4 中国 x86 服务器市场规模（亿美元）

在 2021 年云栖大会上，阿里旗下半导体公司"平头哥"发布自研云芯片倚天 710。该芯片是业界性能最强的 ARM 服务器芯片，并用于自研的"磐久"系列服务器，说明国内大型云公司在采用的 CPU 芯片国产化方面也有较大进展。

龙芯中科在 2022 年 6 月发布了 MIPS 架构的龙芯服务器芯片，开始进军服务器市场；申威芯片采用 Alpha 架构，主要市场是超算领域。

智能算力芯片排名前三的是英伟达（NVIDIA）、AMD、Intel，AMD 已量产

7 nm 制程的 GPU，NVIDIA 工艺仍然基于 14 nm。

存储芯片行业壁垒高。全球存储芯片三大厂商是三星、美光、海力士，国内合肥长鑫是目前我国唯一拥有 DRAM 自主生产能力的公司。

BMC 系统通过监视系统的温度、电压和风扇、电源等，并做相应的调节工作，以保证系统处于健康的状态。BMC 芯片是除 CPU、GPU 外的服务器关键芯片，也是服务器的主要上游材料之一。BMC 芯片厂商主要为信骅科技（ASPEED），占据着 BMC 芯片的龙头位置。在 BMC 固件方面，有美商安迈（AMI）、中电昆仑、卓易信息等公司。

8.1.4 网络设备

在通信网络设备方面，国内设备供应商已经达到国际领先水平，华为、中兴、烽火等在国际市场的影响力都比较大；在数据中心交换机领域，国内供应商较多，有华为、新华三、星网锐捷、中兴、浪潮、神州数码等，竞争比较激烈，但部分关键器件和芯片还依赖国外，比如高端光模块、大容量交换芯片、可编程芯片等。大容量交换芯片市场主要被博通和思科垄断，国内华为等大型设备供应商也在自研大容量交换芯片。盛科网络是国内主要的交换芯片厂家，近几年发展很快，市场竞争力不断提升。可编程芯片主要由 AMD、英特尔（Intel）、莱迪思（Lattice）等美国厂商垄断，国内的紫光同创、安路科技、高云半导体、复旦微电子等企业在研发中低端产品，并有一定的市场竞争力。

光模块是网络设备中比较有代表性的关键部件，所有网络设备目前都采用光模块连接，规格型号众多，市场规模巨大，国内企业数量也比较多，在国际市场上也有较大影响力，但高端光模块及核心芯片还比较依赖国外厂商。

1. 光模块行业市场分析

东数西算工程将进一步加速国内数据中心和云计算产业的发展，目前大量传统数据中心采用"接入+汇聚+核心"的传统三层架构，光模块数量为机柜数量的 8～9 倍。在云商数据中心"脊叶"大二层网络架构下，光模块数量或达到机柜数量的 40 多倍。随着东数西算工程的实施，光模块需求将持续高速增长。

随着容量的增加和数据速率的不断提升，过去 8 到 10 年，企业服务器的接入光模块从 1 Gbit/s～10 Gbit/s 转向 10 Gbit/s～25 Gbit/s，大型云服务器的接入光模块从 10 Gbit/s～40 Gbit/s 转向 25/50 Gbit/s～50/100 Gbit/s，数据中心园区内光模块的速率以 100 Gbit/s 为主，400 Gbit/s 光模块从 2021 年开始起量，市场研究机构 Cignal AI 预计，400ZR/ZR+光模块的出货量将在 2022 年增加两倍[17]。同时，预计传统 400G+光模块和 400GZR/ZR+光模块的出货量的年平均增长率分别为 46%和 86%，2022 年 400GZR/ZR+光模块市场规模将达 6.5 亿美元。

2．光模块市场竞争格局

疫情之后光模块行业将迎来较快增长。根据 Yole 的预测，2021 年至 2025 年，全球光模块市场将以 17%的年复合增长率快速发展。光模块的主要成本来自光芯片与电芯片，受制于芯片技术，国外厂商在高端芯片上占据优势。市场格局上，高端光模块主要由国外厂商菲尼萨（Finisar）、思科（收购 Acacia）等提供，中低端光模块以国内厂商为主，竞争激烈，国内市场由中际旭创和光迅科技占据主要份额。未来几年，随着国内光芯片逐渐代替国外光芯片，光模块厂商的成本会有所下降。

（1）25 Gbit/s 及以下速率的光芯片全品类，包括光发射次模块（TOSA）、光接收次模块（ROSA）和 Driver 等，均可实现全国产，具备这种能力的厂商包括华为海思、光迅科技、昂纳等。25 Gbit/s 以下低速率电芯片产业链基本具备 70%的国产化能力，具备能力的厂商有华为海思、光迅科技等，部分 DSP 芯片仍需外购。

（2）部分高速率光电芯片可以实现国产，大部分仍需要进口。

8.2　产业链中游

产业链中游主要包括：互联网数据中心（IDC）、云计算和通信网络服务商，主要通过对上游资源进行整合，向下游提供高效、稳定的算力及网络服务。

8.2.1 数据中心服务商

1. 数据中心行业概况

数据中心服务商主要面向互联网厂商、金融机构、政府机构等提供专业化服务器托管、网络服务等基础业务和内容分发网络（Content Delivery Network，CDN）、数据安全、负载均衡等增值业务。IDC 的竞争力主要在于基础层的土地资源、电力成本及能源效率。

数据中心规模按标准机架数量可划分为小型数据中心、大型数据中心和超大型数据中心。其中，超大型数据中心是指规模大于或等于 10000 架标准机架的数据中心；大型数据中心是指规模大于或等于 3000 架标准机架、小于 10000 架标准机架的数据中心；中小型数据中心是指规模小于 3000 架标准机架的数据中心。

在数据中心等级认证方面，目前国内主要标准分为三大类：一是由国家和政府发布的指导性认证标准，目前主要指的是《数据中心设计规范（GB 50174—2017）》，该标准将数据中心分为 A、B、C 三级；二是行业和协会组织推动的认证标准，一般参考国家标准针对数据中心某一领域进行认证和评估；三是企业内部的评估认证标准，比如中国电信和中国联通的星级机房标准，将机房划分为一星到五星。国际上，主流的认证标准是 Uptime Institute 制定的 Tier 等级标准，将数据中心分为 Tier I、Tier II、Tier III、Tier IV 四个等级。

数据中心服务模式主要可以分为零售、批发、订制、基地。零售型的单机柜盈利水平较高，但是稳定性和增速会相对较弱；批发+订制型主要与大体量客户合作开发，确定性相对较高；基地型主要是为单一客户量身打造的，各种模式均有自身的特点。

2. 数据中心行业市场分析

在规模方面，我国数据中心机架规模持续稳步增长，大型及以上数据中心规模增长迅速。工业和信息化部数据显示，按标准机架 2.5 kW 统计，截至 2021 年底，我国在用数据中心规模达 520 万架，如图 8-5 所示，近五年年均复合增速超过 30%。其中大型及以上数据中心机架规模增长更为迅速，按标准机架 2.5 kW 统计，

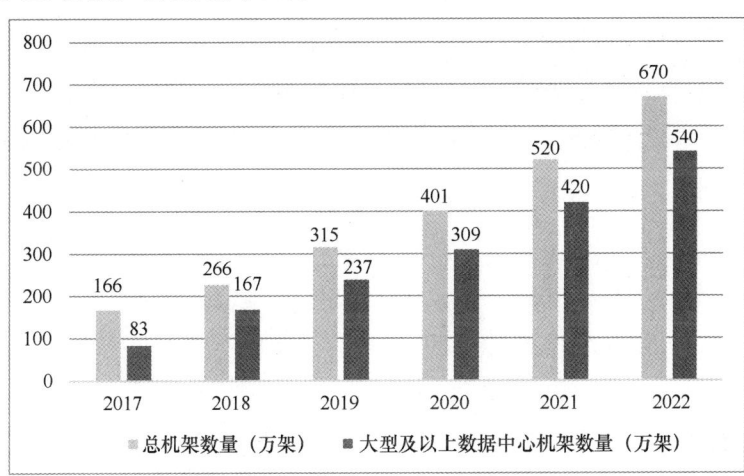

机架规模 420 万架，占比达到 80%[10]。

图 8-5　中国数据中心机架规模

在收入方面，受新基建、数字化转型及数字中国等国家政策促进及企业降本增效需求的驱动，我国数据中心业务收入持续高速增长。2021 年，我国数据中心行业市场收入在 1500 亿元左右，近三年年均复合增长率达到 30.69%[10]，随着我国各地区、各行业数字化转型的深入推进，我国数据中心行业市场收入将保持持续增长态势。中国数据中心市场规模如图 8-6 所示。

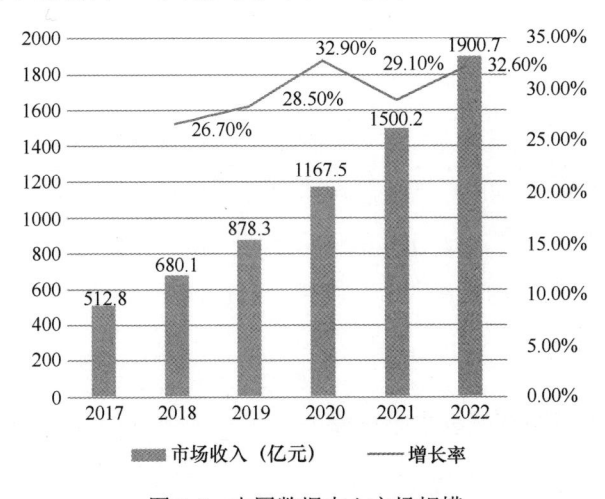

图 8-6　中国数据中心市场规模

目前，中国 IDC 市场份额仍然以三大基础电信运营商为主。电信运营商布局较早，拥有网络和土地资源等行业优势，当前在我国数据中心市场占据主导地位。2020 年电信运营商收入规模约占总市场规模的 54.3%，其中中国电信市场规模约占 23.8%，中国联通约占 16.7%，中国移动约占 13.8%[11]。2020 年中国 IDC 市场收入分布如图 8-7 所示。

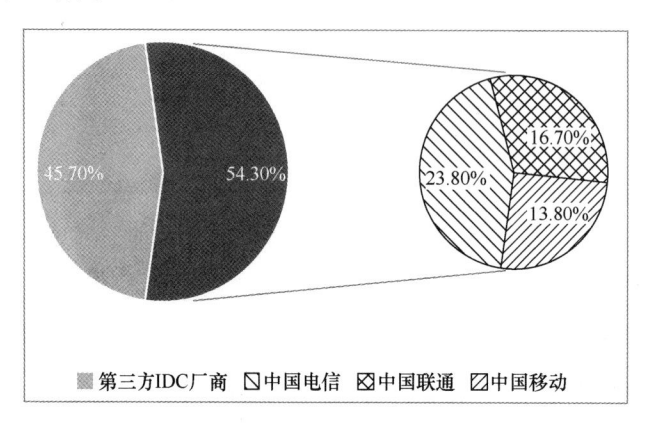

图 8-7　2020 年中国 IDC 市场收入分布

相较于电信运营商，第三方 IDC 厂商具有定制灵活的优势，2020 年第三方 IDC 厂商市场规模占比为 45.7%[11]。第三方 IDC 厂商的数据中心建设模式包括自建自营、合作建设和定制化建设三类，其中合作建设主要是与所在地电信运营商合作建设，定制化建设主要面向云服务商。

云服务商既是产业链下游用户，同时大力发展数据中心业务，通过自建数据中心来满足计算和存储需求，或通过合作向第三方 IDC 厂商以批发定制模式建设 IDC。除电信运营商、第三方 IDC 厂商及云服务商外，最近涌现了一批以杭钢、宝钢等钢铁企业为代表的新进入者，钢铁企业在能耗与土地资源方面优势明显，但其运维能力较弱。

3．主要 IDC 服务商数据中心布局

1）电信运营商数据中心布局

截至 2021 年末，中国电信、中国移动及中国联通 IDC 机架数达 47 万架[12]、

40.7 万架[13]和 31 万架,且大部分在东数西算规划的八大枢纽节点内,和政策要求的匹配度高。

中国电信明确按照"2+4+31+X+O"的结构进行全国布局。其中,"2"指内蒙古、贵州两个枢纽的内蒙古和贵州数据中心园区,定位为全国数据存储备份、离线分析基地;"4"为京津冀、长三角、粤港澳大湾区和成渝四个枢纽的布局,定位为热点地区高密度人口高频次访问的视频播放、电子商务等实时要求较高的业务承载;"31+X"为包括甘肃、宁夏两个枢纽在内的 31 个省及 X 个重点城市的布局,重点定位为车联网、自动驾驶、无人机、工业互联网、AR 与 VR 等超低延迟、大带宽、海量连接的业务;"O"为海外节点。目前,中国电信在"2+4"区域拥有数据中心机架数达 40 万架,占比达到 80%。按照全国一体化大数据中心的布局要求,中国电信将继续加大在国家枢纽节点的数据中心建设力度,预计"十四五"末八大枢纽节点数据中心规模占比达到 85%,同时,进一步优化东西部比例,使数据中心由现在的 7∶3 调整至"十四五"末的 6∶4。

中国联通围绕数据中心建设,提出了"5+4+31+X"的战略布局。其中,"5"是京津冀、长三角、粤港澳大湾区、川渝、鲁豫陕五大区,"4"是蒙、贵、甘、宁四大西算枢纽节点,对应包含了 8 个国家算力枢纽节点;"31"是全国 31 个省的省级核心数据中心,"X"是地市级城域及边缘数据中心,主要满足低时延的、本地化的需求。响应东数西算工程,中国联通在京津冀、长三角、粤港澳大湾区、成渝、蒙贵甘宁地区初步规划了 14 个数据中心集群,推动算力向绿色化和集约化方向加速演进。

中国移动作为信息通信领域的领先运营商,规划布局了"4+3+X"数据中心,其中"4"是京津冀、长三角、粤港澳大湾区、成渝四大热点区域中心,"3"是呼和浩特、哈尔滨、贵阳三大跨省中心,"X"是省级数据中心和业务节点。

2)第三方 IDC 厂商数据中心布局

目前,第三方 IDC 厂商的节点大多集中在一线城市及周边。以万国数据为例,据测算,截至 2021 年底,其累计建成机柜数达 19.52 万个(其中自建的京津冀地区 8.86 万个、长三角地区 6.29 万个、粤港澳大湾区 3.27 万个、其他 1.09 万个),

在建机柜数达 6.46 万个（其中自建的京津冀地区 3.12 万个、长三角地区 1.57 万个、粤港澳大湾区 1.43 万个、成都和重庆 0.35 万个），上架率 65.5%[14]。

第三方 IDC 厂商客户主要以云服务商、互联网厂商为主，第三方 IDC 厂商在数据中心布局时仍主要以一线城市及其周边地区为主。随着东数西算工程的开展，未来一线城市外溢的需求将会落在一线周边的枢纽地区，第三方 IDC 厂商会选择性参与一线周边枢纽节点。部分第三方 IDC 厂商也在关注东数西算工程，积极研讨在国家枢纽集群建设数据中心的规划，但第三方 IDC 厂商的布局通常需要有客户需求的牵引。

3）云服务商数据中心布局

云服务商数据中心布局详见云计算部分的内容。

8.2.2 云服务商

1. 云计算行业概况

云计算作为算力输出的重要方式，是东数西算工程算力的关键载体。随着东数西算工程的开展，云计算行业将迎来新的发展机遇。从业务形态来看，云计算业务可分为基础设施即服务、平台即服务和软件即服务三类。

（1）基础设施即服务（IaaS），通过虚拟化、动态化技术为用户按需提供计算资源、存储资源、网络资源等基础设施，用户可以在上面部署和运行任意软件，包括操作系统和应用程序。用户不管理或控制任何云计算基础设施，但能控制操作系统的选择、存储空间、部署的应用程序，也有可能获得有限制的网络组件（例如路由器、防火墙、负载均衡器等）的控制权。最常见的 IaaS 为服务器托管业务。

（2）平台即服务（PaaS），有时也称为中间件，主要面向开发人员提供应用程序开发运行环境，包括应用代码、SDK、API、操作系统等 IT 组件。用户不需要管理或控制底层的云计算基础设施，包括网络资源、服务器、操作系统、存储资源等，但能控制部署的应用程序，以及运行应用程序的托管环境配置。常见的 PaaS 平台包括：BAE、新浪云（SAE）、阿里云、腾讯云等。

（3）软件即服务（SaaS），为用户提供在云计算基础设施上运行的应用程序，用户可以通过客户端界面或者应用程序接口访问应用程序。用户不需要管理或控制任何云计算基础设施，包括网络、服务器、操作系统等。SaaS 按照业务类型可分为 ERP、CRM、OA、HRM、WMS、TMS、呼叫中心客服系统、FMS 财务管理系统及项目管理系统等，常见的 SaaS 应用程序包括阿里钉钉、腾讯企业微信、腾讯会议、金山在线文档、Adobe Acrobat、金蝶、用友、销售易、云之家、北森、C-WMS、快货运、网易七鱼、简道云等。

据艾瑞咨询统计数据，2021 年上半年，中国整体云服务市场规模为 1620 亿元，同比增长 38.3%。在细分领域，IaaS 市场规模达到 962 亿元，占比接近 60%；PaaS 市场规模达到 286 亿元，占比 17.7%；SaaS 市场规模达到 371 亿元，占比 22.9%。公有云市场规模为 1235 亿元，同比增速为 48.8%，占整体云市场规模的 76.2%[15]。

在公有云市场份额方面，阿里云、华为云、腾讯云位列 2021 年上半年中国 IaaS 公有云市场和中国 IaaS+PaaS 公有云市场前三名，其中作为云计算行业龙头的阿里云市场份额接近 40%[15]。

三大运营商也持续发力云服务市场，2021 年底三大运营商公布的云收入总额达到 680 元，增速达到 50%以上。在东数西算政策吸引下，三大运营商都在规划在数据中心集群部署云服务[15]。

2．云服务商数据中心建设情况

阿里、腾讯、华为等云服务商均通过自建、共建与租赁方式加速部署数据中心，以降低数据中心建设及运营成本。

阿里在京津冀、内蒙古、成渝等枢纽节点均有数据中心。在京津冀枢纽，张北数据中心已于 2016 年 9 月投入运营，大力采用风电、光伏发电等绿色能源，部署国内云计算数据中心规模最大的浸没式液冷集群。在建的宣化数据中心也属于东数西算工程中的京津冀枢纽。在内蒙古乌兰察布建设的超级数据中心于 2020 年 6 月开始正式对外提供云计算服务；在成渝枢纽，阿里云西部云计算中心及数据服务基地于 2020 年 11 月落户成都，将综合采用各项技术，如服务器定制化、人工智能芯片、异构计算、大规模网络集群等，提升整体项目技术水平和算力产出。

腾讯在贵州枢纽里投产贵安七星数据中心，总占地面积约为 47 万平方米，隧洞的面积超过 3 万平方米，是一个"高隐蔽、高防护、高安全"的灾备数据中心，按照规划将存放 30 万台服务器，已于 2018 年 5 月开启一期试运行；在京津冀枢纽，腾讯在怀来瑞北和东园部署两个数据中心，规划容纳服务器均超过 30 万台，并已部分投产；在长三角枢纽内，腾讯拥有青浦数据中心；在成渝枢纽中，腾讯云在重庆部署了两个云计算数据中心，其中一期已于 2018 年 6 月投用，可容纳 10 万台服务器，是腾讯继天津、上海、深汕合作区三地之后的第四个自建大型数据中心集群。

华为自 2017 年起就在逐步加大在西部枢纽节点的数据中心布局，每年的投资额都在数十亿元左右。目前，华为云全国共布局了五大数据中心。其中，贵安、乌兰察布是华为云一南一北两大云数据中心，被称为"南贵北乌"。贵安数据中心规划为华为全球最大的云数据中心，可容纳 100 万台服务器，是华为云业务的重要承载节点，承载了华为云和华为流程 IT、消费者云等业务。乌兰察布数据中心是华为云全球最大渲染基地，具有超过 30 万核的云渲染能力。除了"南贵北乌"两大数据中心，华为还在全国建立了多个数据中心，如廊坊华为云数据中心、苏州华为云数据中心、东莞华为云数据中心，主要服务京津冀、长三角、粤港澳大湾区等地区。

2020 年，随着新基建政策的出台，阿里宣布未来 3 年将投入 2000 亿元用于数据中心建设，腾讯宣布未来 5 年将在新基建领域投入 5000 亿元。在东数西算工程的牵引下，预计几大云商将会在国家枢纽集群进行较大规模的数据中心投资。

8.2.3 通信网络服务商

运营商是通信网络建设的主体企业。第三方 IDC 厂商和云服务商主要向电信运营商租用线路和带宽。《全国一体化大数据中心协同创新体系算力枢纽实施方案》明确要求降低长途传输费用，并支持建立新型的互联网交换中心，以降低网络连接费用。

作为通信网络基础设施建设的"国家队",三大运营商积极推动国家互联网骨干直联点建设,以减少跨区域间的流量绕转,实现流量就地交换。目前已有北京、天津、沈阳、呼和浩特、济南、青岛、郑州、上海、西安、重庆、成都、杭州、广州、武汉、南宁、贵阳、福州 17 个直联点。随着东数西算工程的开展,运营商将继续配合在西部地区推进国家级互联网骨干直联点建设,以促进数据跨网、跨区域流动,改善西部互联网性能,推动互联网产业向西部聚集。

东数西算工程的高效落地必然离不开经营网络和数据的运营商,显然,电信运营商具备在东数西算工程中扮演"顶梁柱"角色的天然优势。东数西算建设主要包含两个方面,即算力和网络基础设施建设,算力和网络协同调度能力建设。在能力优势上,运营商既有完善的通信网络,又是算力基础设施建设的领头羊,在云计算市场占比 20%左右,且近一两年的云计算业务增速远高于行业总体增速。在安全优势上,相比于互联网公司由资本驱动发展,运营商在安全、可靠、合规方面具有良好的口碑,在维护国家和人民的数字主权、隐私安全,以及落实国家战略等方面责无旁贷。因此,为深入贯彻党中央关于加快建设高速泛在、天地一体、云网融合、智能敏捷、绿色低碳、安全可控的智能化综合性数字信息基础设施的决策部署,运营商在积极主动、全面承接国家东数西算工程中,持续加强算网规划、加大有效投资,主动服务国家战略,积极融入数字经济主赛道,构建新型算力网络,争当东数西算工程实施和运营服务的国家队、主力军。

1. 运营商担当建设和运营的双重角色

东数西算工程建设中,三大运营商积极布局高算力、高安全、绿色低碳的新型数据中心,以国家发展云计算产业为契机,加强技术创新,加大云计算、大数据等共性平台研发和网络技术创新力度,发挥骨干龙头企业在算力产业和通信产业的带动作用和技术溢出效应,不断完善产业生态体系建设。在"数网"层,运营商充分发挥网络优势,围绕东数西算国家枢纽节点,积极构建低时延、高质量的"光+IP"算力承载网络,为东数西算提供超强运力;不断优化产品服务能力,丰富云计算相关产品,并增强产品的市场竞争力。

东数西算绝不仅仅是"将客户的服务器从东边搬到西边",未来客户的算力和存储需求及资源分布将更加分散,实时业务以东部数据中心为主,非实时业务以西部数据中心为主,分布式资源调度与协同服务是东数西算工程成功的关键。对于电信运营商来说,这将是一个重大的"新赛道"契机。三大运营商通过打造新型算力网络服务体系,在"数纽"层建立提供算网协同、算力协同和交易服务的新优势,降低算力使用成本和门槛,为客户提供算网一体化的解决方案与咨询服务。

数据安全是东数西算工程发展的重中之重。运营商具有网络和算力的双重资源优势,应加大算网内生安全技术创新,实现数据安全"全领域、全要素、全类型"的覆盖,达到"全面防护,智能分析,自动响应"的数据安全防护效果,在"数盾"层做东数西算工程中数据安全的坚强守护者。

产业带动是东数西算工程的核心目标,运营商既要完成市场和政策环境要求的基础设施服务,也要面向市场,发挥运营商的全国性运营能力和管理能力,加强在相关领域的基础研究和应用研发,将"大数据""大应用"领域的局部领先优势变为独特优势,开拓在"数链""数脑"层的产业能力和市场机会。

2. 运营商在东数西算领域的总体布局

1)中国移动:打造"连接+算力+能力",形成新型信息服务体系

中国移动正在全力构建以 5G、算力网络、智慧平台为基础的新型信息基础设施,加速形成"连接+算力+能力"新型信息服务体系。积极落实国家东数西算工程部署,科学合理布局数据中心,发挥既有的通信网络优势,推动网络从连接算力到感知、承载、调配算力,实现算力泛在、算网共生。

在算力基础设施方面,一是对接国家东数西算部署,深化顶层设计,完善全网算力服务资源池、网络互联互通等规划建设方案,依托"4+3+X"数据中心布局,打造京津冀、长三角、粤港澳大湾区、成渝四大热点区域中心,以及呼和浩特、哈尔滨、贵阳三大跨省中心;二是强化全网算力资源的互联和统一调度,加快边缘云建设部署;三是持续推进"三朵云"融合,优先推动移动云、IT 云底层架构

及通用能力共享，研究制定 IaaS 层整合的架构方案和部署策略。

在算网建设方面，算力网络在标准路线、体系架构等方面仍处于起步阶段，一批重大原创成果和关键核心技术亟待突破，原创性技术创新的紧迫性与日俱增，中国移动正积极面向原创技术突破，布局下一代光通信、下一代 IP 等前沿技术研究，牵头十余项国内外标准制定，将开展 10 余项前沿技术与 30 余项业务场景验证，着力打造技术创新和生态聚合产业大平台。在建设过程中，围绕"数网""数纽""数链""数脑""数盾"五大要素，精准匹配国家东数西算战略要求，以网强算，大力探索算网融合新技术，提出"网云数智安边端链"深度融合，推动算网一体化发展，预计 2022 年底算力网络的资本开支将达 480 亿元。

在算力服务方面，中国移动目前正开展东数西存、东数西算、东数西渲、东数西训四个场景 10 项验证。东数西算工程的成功实施依赖于与之匹配的业务场景。中国移动面向移动市场、家庭市场、政企市场和新兴市场四大市场，深度挖掘东数西算等业务场景需求，将按照先内部再外部、先存量再增量的思路，先行推动自有业务、自有系统升级改造，再积极引导第三方业务从东部向西部迁移，加快建立完善算网资源接入和一体化调度机制，构建"算网大脑"，推进"网云数智安边端链"等多要素一体化供给。例如，东数西渲方面，中国移动位于克拉玛依的云计算和大数据中心已为《大秦帝国》《大笑江湖》等影视作品提供渲染支撑。

2）中国电信：发挥云网融合优势，推进东数西算工程

优化数据中心布局，促进东西部比例平衡。中国电信于 2020 年明确"2+4+31+X"的数据中心/云布局，是国内数量最多、分布最广、最大的 IDC 服务提供商，拥有 794 个数据中心，机架 50 万架。该布局与全国一体化大数据中心的国家枢纽节点的选址、业务定位及核心集群与城市数据中心的分类高度吻合。2022 年，中国电信计划在资本支出占收比进一步下降的基础上，优化投资结构，其中计划 IDC 投资 65 亿元，新建 4.5 万架机架，算力投资 140 亿元，通过新增投资，激活现有的资产和资源，全力承接国家东数西算工程。

打造新型直连通道，提升经济热点区域互联质量。中国电信拥有全球最大的宽带互联网络、光纤宽带网络及干线光缆网络，已率先建成全球最大的 ROADM

全光网，运营全球最大的政企 OTN 精品专网。近年来，根据客户网络连接需求的变化，中国电信持续推动通信网络从传统以行政区划方式组网向以数据中心和云为中心组网转变，实现了四大经济发展区域的扁平化、低时延的组网。同时，将骨干通信网络核心节点直接部署到内蒙古和贵州数据中心园区，直达北京、上海、广州、深圳等一线经济热点区域，为全国用户提供低时延、高质量的快速访问服务。下一步，中国电信将围绕全国一体化大数据中心，优化网络架构、降低网络时延，实现算网高效协同，承接东数西算业务，提升国家枢纽节点核心集群所在区域的网络级别，实现全国至核心集群的高效访问；大力推动国家互联网骨干直联点建设，在有效监管下，提高数据中心的跨网交换能力；根据东西部节点间的互补特点，协同架构优化和新技术引入，打造多条连接东西部数据中心节点的大带宽、高质量、低时延的直连网络通道；在枢纽节点内部构建高速的互联网络，全面提升核心集群间、核心集群与城市数据中心之间的互联质量。

多数据中心智赋低碳，"绿色"助力东数西算。近年来，中国电信多个数据中心都在致力于绿色低碳的发展模式。在西部，中国电信云计算贵州信息园以绿色发展为引领，在运营期间，探索建立了一套自主的节能运行体系，通过末端空调送风改造、智慧 AI 试点、智慧化园区智能逻辑控制等项目，使能效大幅提高。园区年均 PUE 低于 1.35，年节约电量上千万千瓦·时。如今，中国电信天翼云用户大量落户到此，它将以优质云计算能力和先进能效服务社会，致力于建立节能运营体系，打造云计算绿色信息园，助力实现"双碳"目标，向着"积极构建绿色低碳，赋能千百行业数字化转型"的愿景奋力前进。在北部，中国电信云计算内蒙古信息园也致力于打造绿色低碳数据中心，实现绿电占比近 70%，开拓由低碳到零碳再到负碳的科技创新之路。园区充分利用自然冷源、机房气流组织优化技术、中水循环技术、余热回收技术、间接蒸发冷却技术、高效变频技术、中国电信 240 V 高压直流专利技术等提质增效，年均 PUE 达到 1.27，最优机楼年均 PUE 达到 1.19。

3）中国联通：致力算网融合发展，铸造"大计算"新引擎

中国联通 2021 年发布 CUBE-Net 3.0 网络创新体系，提出建设"连接+计算+智能"的新型数字信息基础设施。在 CUBE-Net 3.0 架构指导下，中国联通全面承

接国家东数西算工程，制定了《建设新型数字信息基础设施行动计划》和《算网融合发展行动计划》，优化"5+4+31+X"数据中心资源布局，成立专班机制。2022年，完成上海青浦、浙江嘉善、江苏苏州、安徽芜湖、广东韶关、甘肃庆阳6个国家东数西算起步区内补充选址。截至目前，全网数据中心机架数已达34.5万架，5大核心区域新增机架2.25万架。

在算力方面，积极引入GPU、DPU等新型算力，提高算效和高性能算力占比；加强自主可控，积极开展鲲鹏、海光等多样性算力在通信云、大数据等领域的适配验证和应用。

在网络建设方面，优化网络结构，建设国家枢纽节点间骨干低时延高效直达光缆，打造架构领先、体验领先、运力充沛、智能开放的全光传送底座。优化IP骨干网络架构，将东数西算国家枢纽节点升级为骨干节点，提升用户访问质量。构筑SRv6技术底座，打造低时延保障、路径随选、算网可编程等差异化能力。

在统一运营方面，实现全网资源集约管控、全面实现可视化；提供一点受理，云池计算、存储、网络资源一体交付服务。中国联通算网编排调度与应用服务体系，具备在云、网、边之间按需分配和智能调度算网资源的能力，满足不同计算场景对带宽、延迟、算力等的需求，为客户提供随需可调、场景多样、质量感知的云网边一体化算力服务。同时中国联通构建了广泛的算力资源汇聚体系，打造了泛在多样化的算力生态，提供多层次的算力服务，实现算力随需可用。

在具体实施方面，中国联通聚焦"大连接、大计算、大数据、大应用、大安全"五大主责主业，制定"1+9+3"战略规划体系，打造"连接+感知+计算+智能"的新一代数字信息基础设施。一是做强算力承载网络，全面夯实算力网络底座，打造以算力为核心的低时延圈和路径随选等差异化能力，建立算力网络技术标准体系，推动"冬奥智慧专网"等IPv6演进技术行业标杆算力网络方案的全面部署，建成结构合理、运力充沛、体验领先的算力承载网络。二是夯实"5+4+31+X"多层级算力体系布局，形成网络与计算深度融合的算网一体化格局。中国联通正在建设算网一体化编排调度平台，发挥多云连接优势，已经可提供10多个主流云服务商，覆盖全国 200 多个边缘云资源，提供领先的网络随需定制和算网资源一站式交付与管理服务。三是做优低碳数据中心，引领新一代绿色数据中心高质量发展。建立健全绿色建维技术体系，打造国内首个集中式蒸发冷却空调系统在新疆（开发区）联通云数据中心机房的实践案例，以及国内首例运营商分布式能源项目在浙江德清数据中心的应用，实现最优能效运营。

例如，面向全国存量机房的低碳化改造，中国联通自研的 VRM 智能双循环多联模块化机房空调已经在郑州第二长途枢纽运行，可以实现室外机集中小型化，室外机占地面积减少约 30%；将 PUE 由原来的 1.6～1.8 降至目前实测的 1.28，每年节电约 143 万千瓦·时，减少二氧化碳排放 1400 t。人工智能应用方面，中国联通自主研发的数据中心数字孪生全过程平台，以及基于数字孪生的机房空调系统能效管理与实时优化工具，已在中国联通重庆西南水土数据中心试用，预期实现该算力中心约 15%的实际运行节能率。

8.3 产业链下游

产业链下游主要涉及算力应用，东数西算的推进从算力供给加大和产业布局优化两个层面降低了云计算厂商的运营成本，进而传导至消费侧，以低成本方式激活云计算相关应用需求（如智慧城市、工业互联网等），其中数字经济作为后续政策主线，将成为云计算资源的主要使用方[16]。东数西算产业链下游客户主要包括大型互联网企业、金融机构、传统企业和政府机关等。

8.3.1 互联网企业

大型互联网企业算力需求较大，在一线城市，一般租用电信运营商或者第三方 IDC 厂商机房，多采用定制型交付模式，签约期较长，在一线周边城市或西部地区通常自建或者与第三方 IDC 厂商合作建设数据中心。随着东数西算工程的开展，预计大型互联网企业在一线城市枢纽内仍采取租用模式，在国家数据中心集群将采用自主建设模式，在非一线城市以自建或与第三方 IDC 厂商合作建设为主。

中小型互联网企业算力需求较小，目前多以服务器租赁和 TKF 模式（一站式服务）与 IDC 服务商达成合作，签订的合约期限较短。中小型互联网企业对价格的敏感性尤其高，对 IDC 服务商来说，这部分客户是经济下行时最容易退租、风险最高且最难保证盈利的群体。

东数西算工程数据中心集群有很强的成本优势，将会吸引大量对成本敏感的互联网企业将时延不敏感的业务西迁。但网络质量、远程运维等也是影响互联网企业业务西迁的主要因素。受远程运维、分布式算力使用等的影响，预计未来中小型互联网企业算力需求将以 IaaS 等云服务为主。

8.3.2 金融企业

金融企业是东数西算下游的主要用户，需求量仅次于互联网企业。金融机构业务的数据量激增及出于安全稳定的考虑，促使其对数据中心和算力的需求增加。数据中心在金融市场将保持良好增长势头。金融企业（含银行、证券、保险、基金、互联网金融等）是典型的时延敏感型客户，尤其是交易型业务对时延的敏感度极高，但各类互联网业务对时延的敏感度并不高，因此随着东数西算工程的推进，金融企业可能会将一些时延不敏感的业务迁移到西部，东部数据中心集群也将承接金融企业数据中心或灾备中心的需求。

金融企业在数据中心布局上一般都布局在北、上、广、深等全国性一线城市和省会城市等区域性的核心城市。从国内外银行的数据中心建设模式来看，主要有多中心、双中心和一个中心三种模式。而国内银行，如一些中小商业银行都是全国一个数据中心；国有商业银行则不尽相同，中国工商银行是集中到南北两大中心，中国银行集中到多个中心，中国农业银行则已建成一个大中心。金融企业对数据中心的建设标准要求较高，对网络的稳定性和安全性有更高的要求。

8.3.3 政府机构

数字政府和智慧城市建设是政府成为算力设施用户的主要原因。数字政府市场扩大，加大政府机构对数据中心和算力使用的需求。2021 年初，国务院提出未来需加快建设数字政府，将数字技术广泛应用于政府管理服务，不断提高决策科学性和服务效率。预计2025年数字政府行业市场规模还将增长。受限于政府属地性特征，政务类一般有默认的"数据不出省、不出市"规则，数字政府业务主要在本地数据中心部署，短期西迁的可能性不大。但中央级机构的算力需求有可能响应东数西算政策，逐步向西部迁移。

在数据中心布局上，政府机构对安全性要求较高，要求遵循国家安全等级规范，对各安全域（互联网络区、专用网络区、公共服务区）之间采用相应的安全防护手段进行有效的隔离，并对各安全域进行有效的整理和归并，减少接口数量，提高安全域的规范性，做到"重点防护、重兵把守"，保证了系统、网络和数据的安全。

8.3.4 电力行业

数字化转型在电力行业不断深入，电力行业对数据中心的需求将不断增长。随着互联网信息技术、可再生能源技术的发展，电力数字化改革进程的加快，开展综合能源服务可提升能源效率、降低用能成本、促进竞争与合作。用电网络正在由原来的单向电能量采集向双向互动转变，电力行业的新应用、新业务也需要更多的双向互动，电力能源部门对数据中心未来的需求也将进一步扩大。

本章参考文献

[1] 工业和信息化部. 国家绿色数据中心先进适用技术产品目录（2020）[EB/OL].（2020-10-23）[2023-02-14]. http://www.gov.cn/zhengce/zhengceku/2020-11/06/5557794/files/c478 fece368246 279fbb71bcb3bdf829.pdf.

[2] CDCC第九届数据中心标准峰会. 2021年中国数据中心市场报告[R]. 2021.

[3] Frost & Sullivan. 全球数据中心锂离子电池分析报告[R]. 2021.

[4] 华经产业研究院. 2021—2026年中国不间断电源UPS行业市场调研及行业投资策略研究报告[R]. 2021.

[5] 李宁东，易宁. 数据中心功率密度演进趋势分析[EB/OL].（2021-09-22）[2023-02-14]. 知网.

[6] IDC. 2021 年第四季度中国服务器市场跟踪报告[R]. 2022.

[7] IDC. 2020 年第四季度中国服务器市场跟踪报告[R]. 2021.

[8] 东兴证券. 国产算力时代，服务器及 CPU 投资正当时[R].2022.

[9] 价值线.东数西算太大，我们拆细了看，今天先说说服务器的国产替代[EB/OL].（2022-03-22）[2023-02-14]. 腾讯微信.

[10] 中国信息通信研究院. 数据中心白皮书（2022 年）[R]. 2022.

[11] 中国信息通信研究院. 中国第三方数据中心运营商分析报告（2022 年）[R]. 2022.

[12] 中国电信. 中国电信股份有限公司 2021 年年度报告[R]. 2022.

[13] 中国移动. 中国移动有限公司 2021 年年度报告[R]. 2022.

[14] 长江证券.东数西算：IDC 行业的供给侧改革[R]. 2022.

[15] 艾瑞咨询.2021 上半年中国基础云服务市场追踪[R]. 2021.

[16] 郭倩. 锚定新赛道 三大运营商加码布局东数西算[N]. 经济参考报，2022-03-28.

[17] Cignal AI.4Q21 Transport Applications Report[R]. 2022.

… Chapter 9

第9章 建议与展望

算力基础设施作为国家数字经济发展的数字基座,未来有较大的发展空间,但其合理布局和科学规划是促进算力基础设施高质量发展和进行风险防范的基础。东数西算工程的实施是算力产业的供给侧改革,能够有效解决"东数"的稀缺问题,释放"西算"的巨大潜能,推动产业链良性发展。从供需角度出发,电信运营商有望借助资源布局、算网建设和网络安全的优势,通过东数西算工程建设实现转型升级、提质发展。

9.1 发展建议

东数西算工程的大幕已经开启,国家、地方政府及产业链的相关方都在紧锣密鼓地推进,但依然面临多方面的挑战。本章结合全书的内容进行了总结与展望,并根据东数西算发展的重点方向,提出如下八点建议。

1. 完善顶层设计和组织体系

东数西算工程是实现我国一体化大数据中心体系的重要工程,是从全国视角下进行的一体化布局,通过国家枢纽节点布局,引导数据中心向西部资源丰富地区或一线城市群的周边地区集聚,最终实现数据中心集群有序发展,推动算力供需平衡。围绕国家枢纽节点进一步打通网络传输通道,实现跨区域算力灵活调度、东西部算力深化协同,建议从政策、市场、技术和产业等多方面加强东数西算工程的顶层设计，完善全国一体化大数据中心及算力服务协同运营的组织体系，明确基础运营商的主体责任，鼓励基础运营商进行市场化服务创新和产业协作。

2. 强化监督管理和政策引导

东数西算工程涉及多地域、多省份、多领域、多目标，规模宏大，系统复杂，任务艰巨。在建设过程中要遵循经济规律、自然规律、社会规律，按规律办事，强化统筹和政策引导，稳步推进，推动全国数据中心适度集聚和集约发展，形成梯次布局和合理分工，避免盲目发展和重复投资。从监管角度，应加强对市场化运作的数据中心的建设、运营等环节的监管，保证数据中心高标准建设，坚决杜绝弄虚作假、套取补贴等现象。从政策引导和准入角度，建议制定算力一体化服务评测体系和市场准入政策，避免产业无序竞争。

3. 鼓励产业西迁和东西协同

我国东西部资源特点不同，东数西算工程将推动东西部资源互补，需要通过需求与供给的统一协调来带动产业发展和融合，促进数字经济的发展。作为国家队和排头兵，政府和央企应发挥示范带动作用，进一步加强当地政府数据和电子政务服务系统的建设及应用，并鼓励部分东部地区将数字政府的冷数据西迁，不仅能够实现东数西算的需求侧开发，也为打造全国一体化的电子政务服务体系奠定了基础。鼓励央企率先在西部地区打造示范应用，作为我国先进生产力聚集地的央企，在新一代信息技术发展和应用中发挥了良好的示范作用，在西部地区落地实施，不仅能够为新技术提供培育落地的基地，也能作为风向标将相关产业吸引到西部来，盘活西部资源。积极在西部建立与东部发达地区的供需对接机制与平台，进一步优化营商环境，发挥应用集聚效应，带动更多企业将算力和数据应用系统向西部迁移。

4. 加强技术攻关和标准制定

东数西算工程的总体方向已经明确，但如何让算力服务发展到像电力服务一样的水平，还有很多不确定性。多样化的算力需求对算力服务提出了诸如计算速度、计算规模、计算时延等多样化要求。数字经济的快速发展，催生了云边端协同、强大且多样化的计算需求和网络连接。算力网络成为未来算力服务的发展方向，算力网络涉及全局资源感知、资源采集、统一管控、统一注册/建模/度量、最优化灵活调度、计费与结算、生命周期管理等多方面。虽然我国算力网络的标准化工作已经取得了较大进展，但如何实现东数西算应用中的高效调度、按需匹配、算力泛在服务，还有很多需要研究解决的问题。我们需要加强对算力网络总体架构、算力服务化及发展范式、算力资源的开放和可度量、算力交易技术、算力网络支撑体系和算力协同发展的研究，制定国家和行业标准，提高算力网络服务企业间的系统兼容性和互通性，推动东数西算向泛在算力服务方向发展。

5. 保障算网安全和数据安全

算网安全可靠是东数西算工程安全可控的重要保障。外挂式安全体系难以满足东数西算工程的安全需求，应研发新型安全技术体系或架构，基于内生安全技术，提高安全保障和服务能力，统筹建立网络安全预警感知系统和国家级态势指挥系统，对重点领域进行动态感知，提前识别重大风险，加快制定网络与数据安全统一标准，加强对重要数据、个人信息等敏感数据的保护，增强数据流动的规范性、安全性、可管控性。

6. 推进产业自立和供应链可控

近年来，我国算力产业发展的内部条件和外部环境发生了深刻变化，产业链安全风险逐渐凸显。应鼓励供应链企业加强技术创新，不断提高产业自主创新水平，提升产业基础能力和供应链安全水平。

7. 坚持开源开放和生态共建

建设如电网一般的算力网络，是东数西算战略推进的基础，其中最关键的是如何让算力像水电一样沿着网络流动。我国现有算力资源规模已超过 150 EFLOPS，位居全球第二，我国算力基础设施发展较快，但我国算力服务水平、算力运用的能力尚在发展初期，算力服务的多样性需求决定了技术架构和基础设施的多样性。多种架构并行发展模式下，需要协同产业多方共同开展通用基础平台软件的研发，构建开源开放、共建共享的技术生态，屏蔽底层技术的差异性，保证各类应用在多样化算力设施上的通用性，降低应用研发的成本和难度，加速应用创新。

8．重视融合创新和注智赋能

东数西算工程将推动算力服务化的发展，也大大增强了算力服务和网络服务的复杂性，需要加强 AI、大数据、区块链等数字新技术在算力网络中的应用研究，研发面向智能运营和敏捷服务的算网大脑，构建智能、可靠、面向服务的"数纽"层，提高算力网络的智能化服务能力，实现东数西算服务从数字化、网络化向智能化跃迁。

9.2 未来展望

数字经济成为我国"十四五"的重要创新增长引擎，国家把"网络强国、数字中国、智慧社会"作为"十四五"新发展阶段的重要战略进行部署。我国的电信运营商着眼于加快建设高速泛在、天地一体、云网融合、智能敏捷、绿色低碳、安全可控的智能化综合性数字信息基础设施，立足数字产业化、产业数字化的时代风口，全面提升企业自身数字化水平和技术创新能力，全力围绕数字经济新需求创造新供给。

算力网络是中国信息通信行业倡导的新兴技术概念，反映了通信与计算服务融合的现实需求和演进趋势，其技术标准和内涵、外延还需要通过实践探索不断丰富和发展。东数西算工程的总体方向已经明确，在此背景下，算力网络如何发展到像当前的电力服务一样的水平，还有很多不确定性。近年来，产业界也一直在加强对算力网络总体架构、发展范式、算力服务化的研究，以形成业界一致的标准，指导东数西算向普遍算力服务方向发展。同时，顺应千行百业数字化转型要求，将 CT、IT 和 DT 的能力打包提供。算力即服务的目标涉及 IT 产业、CT 产业、DT 产业的超级融合，每个产业的能力均需做强，使其产生化学效应，实现"1+1+1>3"的效果。目前，信息通信行业正在协同开展算力网络能力定义、技术研究，推动算网产业健康稳定发展。

展望未来，中国信息通信行业将继续巩固云网时代的发展优势，把握算网时代的发展机遇，坚持市场和创新双轮驱动，依托网络优势，携手产业合作伙伴聚合计算资源，拓展应用生态，实现算力服务的网络化高效输送，打造高速泛在、开放智能、安全可信、绿色低碳的新一代数字基础设施，打造高品质算力网络，提升客户上云用云的服务体验，不断满足人民对美好信息生活的需求，向着建成网络强国、数字中国和智慧社会的目标奋勇前进。

附录 A 缩略语表

缩略语	英 文 全 称	中 文 名 称
5G	5th Generation Mobile Communication Technology	第五代移动通信技术
ACL	Access Control Lists	访问控制列表
ACTN	Abstract and Control of Traffic Engineering Networks	流量工程网络抽象与控制
AD/DA	Analogue-to-Digital conversion / Digital-to-Analogue conversion	模拟到数字/数字到模拟的转换
AI	Artificial Intelligence	人工智能
API	Application Programming Interface	应用程序接口
APN ID	Application-aware Networking Identification	应用感知网络 ID
APN6	Application-aware IPv6 Networking	应用感知的 IPv6 网络
AR	Augmented Reality	增强现实
AS	Autonomous System	自治系统
ASBR	Autonomous System Boundary Router	自治系统边界路由器
ASIC	Application Specific Integrated Circuit	专用集成电路
ASON	Automatically Switched Optical Network	自动交换光网络
BBF	Broadband-Forum	宽带论坛
BGP	Border Gateway Protocol	边界网关协议
BIERv6	Bit Index Explicit Replication IPv6 Encapsulation	IPv6 封装的位索引显式复制
BOD	Bandwidth on Demand	带宽按需
BAS	Broadband Access Server	宽带接入服务器
BSID	Base Station Identity Code	基站识别码
BSID	Binding Segment Identifier	绑定段标识
BSS	Business Support System	业务支持系统
BUM	Broadcast，Unknown-unicast，Multicast	广播、未知单播、组播流量
C Band	Conventional Band	C 波段
CCSA	China Communications Standards Association	中国通信标准化协会
CDN	Content Delivery Network	内容分发网络
CE	Customer Edge	用户边缘
CFITI	CFN Innovative Test Infrastructure	算力网络试验示范网
CFN	Compute First Networking	计算优先网络
Cloud VR	Cloud Virtual Reality	云虚拟现实

（续表）

缩略语	英文全称	中文名称
CO	Central Office	局端机房
COP	Coefficient of Performance	制冷系数
CPE	Customer Premise Equipment	客户前置设备
CPN	Computing Power Network	算力网络
CPU	Central Processing Unit	中央处理器
CSMF	Communication Service Management Function	通信服务管理功能
CUII	China Unicom Industrial Internet	中国联通产业互联网
DC	Data Center	数据中心
DCI	Data Center Interconnect	数据中心互连
DCIM	Data Center Infrastructure Management	数据中心基础设施管理
DDoS	Distributed Denial of Service	分布式拒绝服务
DHCPv6	Dynamic Host Configuration Protocol for IPv6	支持IPv6的动态主机配置协议
DOH	Destination Options Header	目的选项报文头
DoS	Denial of Service	拒绝服务
DPI	Deep Packet Inspection	深度报文检测
D-Router	Dyncast Router	动态任播路由器
DWDM	Dense Wavelength Division Multiplexing	密集波分复用
E2E	End to End	端到端
EBGP	External Border Gateway Protocol	外部边界网关协议
eOTDR	embedded Optical Time Domain Reflectometer	内置光时域反射仪
EPON	Ethernet Passive Optical Network	以太网无源光网络
ETSI	European Telecommunications Standards Institute	欧洲电信标准化协会
EVPN	Ethernet Virtual Private Network	以太虚拟私有网
F5G	The 5th Generation Fixed Networks	第五代固定网络
FE	Fast Ethernet	快速以太网
FIEH	Flow Instruction Extension Header	流指令扩展头
FIH	Flow Instruction Header	流指令头
FII	Flow Instruction Indicator	流指令标识
FlexE	Flex Ethernet	灵活的以太网
FOADM	Fixed Optical Add/DropMultiplexer	固定光分插复用器
FPGA	Field Programmable Gate Array	现场可编程门阵列
FRR	Fast Reroute	快速重路由
FTTH	Fiber To The Home	光纤入户

附录A 缩略语表

（续表）

缩略语	英文全称	中文名称
FW	Firewall	防火墙
GDP	Gross Domestic Product	国内生产总值
GIS	Geographic Information System	地理信息系统
GPON	Gigabit-Capable PON	吉比特无源光网络
GPU	Graphics Processing Unit	图形处理器
HBH	Hop-by-hop Options Header	逐跳选项报文头
HPC	High Performance Computing	高性能计算
HTTP	Hypertext Transfer Protocol	超文本传输协议
IaaS	Infrastructure as a Service	基础设施即服务
IDC	Internet Data Center	互联网数据中心
IEEE	Institute of Electrical and Electronics Engineers	电气与电子工程师协会
IETF	The Internet Engineering Task Force	国际互联网工程任务组
iFIT	in-situ Flow Information Telemetry	随流检测
IGP	Interior Gateway Protocol	内部网关协议
IOAM	In-band Operation，Administration and Maintenance	带内操作、管理和维护
IP FPM	IP Flow Performance Measurement	IP 流性能测量
IP	Internet Protocol	互联网协议
IPSec	Internet Protocol Security	互联网安全协议
IPv4	Internet Protocol version 4	互联网协议第4版
IPv6	Internet Protocol version 6	互联网协议第6版
IS-IS	Intermediate System to Intermediate System	中间系统到中间系统
ITO	Information Technology Outsourcing	信息技术外包
ITU-T	ITU Telecommunication Standardization Sector	国际电信联盟电信标准局
L Band	Long-wavelength Band	L 波段
L2VPN	Layer 2 Virtual Private Network	二层虚拟专用网
L3VPN	Layer 3 Virtual Private Network	三层虚拟专用网
LDP	Label Distribution Protocol	标签分发协议
MCN	Metro Computing Networking	算力网络国际标准城域算网
MCR	Metro Core Router	智能城域网城域核心路由器
MEC	Multi-Access Edge Computing	多接入边缘计算
MER	Metro Edge Router	城域边缘路由器
MP2MP	Multipoint to Multipoint	多点到多点
MP-BGP	Multiprotocol Border Gateway Protocol	多协议边界网关协议

（续表）

缩略语	英文全称	中文名称
MPLS	Multi-Protocol Label Switching	多协议标签交换
MPM	Multi-PON Mode	多 PON 模式
MSG	Micro Segmentation	微隔离
MSTP	Multi- Service Transport Platform	多业务传送平台
NAT	Network Address Translation	网络地址转换
NDP	Neighbor Discovery Protocol	邻居发现协议
NFT	Non-Fungible Token	非同质化通证
NFV	Network Functions Virtualization	网络功能虚拟化
NGN	Next Generation Network	下一代网络
NIC	Network Interface Card	网络接口卡（网络适配器）
NP	Network Processor	网络处理器
NSH	Network Service Header	网络服务报文头
NSMF	Network Slice Management Function	网络切片管理功能
NSSMF	Network Slice Subnet Management Function	网络切片子网管理功能
OAM	Operation Administration and Maintenance	操作维护管理
OCH	Optical Channel	光通道
ODN	On-Demand Next-hop	按需下一跳
ODN	Optical Distribution Network	光分配网
ODSP	Optical Digital Signal Processing	光数字信号处理
ODU	Optical channel Data Unit	光通道数据单元
ODUflex	flexible Optical channel Data Unit	灵活光通道数据单元
OLT	Optical Line Terminal	光线路终端
OMSP	Optical Multiplex Section Protect	光复用段保护
ONT	Optical Network Terminal	光网络终端
ONU	Optical Network Unit	光网络单元
OSPF	Open Shortest Path First	开放最短路径优先
OSS	Operation Support Systems	操作支持系统
OSU	Optical Service Unit	光业务单元
OSUflex	flexible Optical Service Unit	灵活光业务单元
OTDR	Optical Time Domain Reflectometer	光时域反射仪
OTSN	Optical Transport Sliced Network	光传送切片网络
OXC	Optical Cross-Connect	光交叉连接
PaaS	Platform as a Service	平台即服务

（续表）

缩略语	英文全称	中文名称
OTN	Optical Transport Network	光传送网
PBR	Policy Based Routing	基于策略的路由
PDU	Power Distribution Unit	电源分配单元
PE	Provider Edge	服务提供商边缘
PeOTN	Packet enhanced OTN	分组增强型 OTN
PIC	Photonic Integrated Circuit	光子集成电路
PON	Passive Optical Network	无源光网络
PUE	Power Usage Effectiveness	电源使用效率
QAM	Quadrature Amplitude Modulation	正交振幅调制
QoS	Quality of Service	服务质量
QPSK	Quadrature Phase Shift Keying	正交相移键控
QUIC	Quick UDP Internet Connection	快速 UDP 网络连接
RCA	Root Cause Analysis	根因分析
RDMA	Remote Direct Memory Access	远程直接内存访问
REIT	Real Estate Investment Trust	不动产投资信托基金
RH	Routing Header	路由报文头
ROADM	Reconfigurable Optical Add-Drop Multiplexer	可重构光分插复用器
RSVP-TE	Resource Reservation Protocol-Traffic Engineering	基于流量工程扩展的资源预留协议
SaaS	Software as a Service	软件即服务
SCM	Sub-Carrier Multiplexing	子载波复用
SDH	Synchronous Digital Hierarchy	同步数字系列
SDN	Software Defined Network	软件定义网络
SD-WAN	Software Defined Wide Area Network	软件定义广域网
SF	Service Function	服务功能
SFC	Service Function Chain	服务功能链
SFF	Service Function Forwarder	服务功能转发器
SFP	Service Function Path	服务功能路径
SID	Segment Identifier	段标识
SL	Segment List	段列表
SLA	Service Level Agreement	服务级别协议
SLAAC	Stateless Address Autoconfiguration	无状态地址自动配置
SNCP	SubNetwork Connection Protection	子网连接保护
SR	Segment Routing	段路由
SRH	Segment Routing Header	段路由头
SRLG	Shared Risk Link Group	共享风险链路组
SR-MPLS	Segment Routing MPLS	基于 MPLS 转发平面的段路由

(续表)

缩略语	英 文 全 称	中 文 名 称
SR Policy	Segment Routing Policy	分段路由策略
SRv6	Segment Routing IPv6	基于 IPv6 的段路由
SRv6 BE	Segment Routing IPv6 Best Effort	分段路由的 IPv6 尽力而为模式
SRv6 Policy	Segment Routing IPv6 Policy	分段路由 IPv6 策略
SSL	Security Socket Layer	安全套接层
SST	Solid State Transformer	固态变压器
STM-1	Synchronous Transfer Module-1	同步传输模块–1
TCO	Total Cost of Ownership	总体拥有成本
TCP/IP	Transmission Control Protocol/Internet Protocol	传输控制协议/网际协议
TE	Traffic Engineering	流量工程
TEE	Trusted Execution Environment	可信执行环境
TI-LFA	Topology-Independent Loop-free Alternate	拓扑无关的无环路备份
TLV	Type-Length-Value	类型–长度–值
TSN	Time Sensitive Networking	时间敏感网络
TTM	Time To Market	上市时间
TWAMP	Two-Way Active Measurement Protocol	双向主动测量协议
UDP	User Datagram Protocol	用户数据报协议
UEBA	User and Entity Behavior Analytics	用户实体行为分析
UPS	Uninterruptible Power Supply	不间断电源
VAS	Value Added Service	增值服务
VPLS	Virtual Private LAN Service	虚拟专用局域网业务
VPN	Virtual Private Network	虚拟专用网络
VPWS	Virtual Private Wire Service	虚拟专线服务
VR	Virtual Reality	虚拟现实
VRF	Virtual Routing Forwarding	虚拟路由转发
WAF	Web Application Firewall	网站应用防火墙
WAN	Wide Area Network	广域网
WDM	Wavelength Division Multiplexing	波分复用
WSON	Wavelength Switched Optical Network	波长交换光网络
WSS	Wavelength Selective Switch	波长选择开关
WUE	Water Usage Effectiveness	水使用效率
λaaS	λ as a service	波长即业务